JN022560

デジタル化する世界と金融

北欧のIT政策とポストコロナの日本への教訓

中曽 宏 [監修]

山岡 浩巳・加藤 出・長内 智 [著]

一般社団法人 **金融財政事情研究会**

はしがき

　江戸時代末期、鎖国から開国へと転じたわが国はその後、目を見張る経済発展を実現したものの近年ではその面影はなく、海外の先進的な取組みにも変化を躊躇する国民性から、見て見ぬふりを決め込んでいたようにも思えます。

　このようななかでの新型コロナウイルスの感染拡大は、行政、教育、医療、そして経済金融など広範な分野におけるデジタル化やリモート対応の遅れを浮き彫りにさせるものでした。そしていま、遅ればせながら、日本の将来のためにもデジタル対応を加速させなければならないとの機運が高まりつつあります。

　決済のデジタル化の方向性については、視察団の事前勉強会として当会が2年前に始めた「わが国におけるフィンテック・キャッシュレス化のあり方セミナー」でも「業界横断的なキャッシュレスプラットフォームを整備していく必要性」について頻繁に議論がなされましたが、なかなか進まないことへの苛立ちの空気がありました。行く手を阻むものとして指摘されたのが、各社、各行が独自路線を貫こうとするがゆえの"連携べた"でした。

　しかし、決済インフラの分野でも、さまざまな取組みが始まっています。その1つとして、2020年6月には、インターネットイニシアティブ（IIJ）傘下のディーカレットが事務局を務めるかたちで、デジタル通貨に関する勉強会（座長は本書の執筆陣の1人である山岡浩巳氏）が、業界を横断するかたちでスタートしました。

　私たちが北欧視察で感じたことは、中曽団長が記されているように「日本が北欧諸国と比べて安穏としていられる理由は何ひとつなく、欠如しているのは切迫感だ」（22ページ）との強烈な不安でした。

第4章で語られているさまざまな提言は、北欧諸国の現状を鑑としてわが国が早急に取り組まなければならない体制的なあるいは生まれながらにしてもつ民族の弱点を指摘しつつ、それでも進むべき方向を示しています。

　執筆いただいた視察団の中曽団長、視察メンバーの山岡、加藤、長内の各氏の想いのこもった筆は、すべての団員が強く感じたことです。

　多忙を極める執筆者の皆さまは、時間を捻出し、今後の日本の指針になるすばらしい問題提起を行ってくださいました。

　この北欧視察（中曽ミッション）報告は、金融に従事する方のみならず、あらゆるビジネスパースンにとって、漠然と感じている不安を払拭する道標の書になると信じています。

　2020年7月

一般社団法人金融財政事情研究会　専務理事　**古川　浩史**

（「北欧フィンテック・キャッシュレス視察団」事務局長）

執筆者一覧

【監修】

中曽　宏（なかそ　ひろし）

株式会社大和総研理事長。東京国際金融機構（FinCity. Tokyo）会長。

1978年日本銀行入行。97年信用機構課長、2003年金融市場局長、08年に日本銀行理事。13年日本銀行副総裁に就任。

バブル崩壊後の日本の金融システム不安に対処したほか、07～09年の国際金融危機時には各国中央銀行と協調して収拾にあたった。

国際決済銀行（BIS）市場委員会、指標金利に関するBIS・経済諮問委員会ワーキンググループおよびG20コモディティ・スタディグループ等の議長を歴任。

18年大和総研理事長就任（現職）。19年東京国際金融機構（FinCity. Tokyo）会長就任。

【著者】

山岡　浩巳（やまおか　ひろみ）

フューチャー株式会社取締役。ニューヨーク州弁護士。

2007年IMF理事代理、12年バーゼル銀行監督委員会委員、13年日本銀行金融市場局長、15年同決済機構局長。『国際金融都市・東京　構想の全貌』（小池百合子氏らと共著）、「情報技術革新・データ革命と中央銀行デジタル通貨」（柳川範之氏と共著）、『金融の未来』など。

加藤　出（かとう　いずる）

東短リサーチ株式会社代表取締役社長・チーフエコノミスト。

1988年東京短資入社。2002年東短リサーチ取締役。13年より現職（東京短資執行役員兼務）。『バーナンキのFRB』（共著）、『日銀、『出口』なし！』、『東京マネーマーケット　第8版』（編集代表）など。

長内　智（おさない　さとし）

株式会社大和総研主任研究員。

2006年大和総研入社（金融資本市場担当）。08～10年大和証券に出向。12～14年内閣府参事官補佐として経済財政白書、月例経済報告などを担当。14年大和総研に帰任（日本経済担当）、18年より現職（金融資本市場担当）。『トランプ政権で日本経済はこうなる』（共著）など。

CONTENTS

2 ケーススタディ

第2章 **フィンランド**
世界一幸福で起業意識の高い「森と湖の国」 〈長内 智〉

1 **総論──最先端を走るMaaSを生んだ「起業立国」のかたち**

2 ケーススタディ

第3章 エストニア
電子国家化とオープン化こそが生き抜く道〈山岡浩巳〉

1 総論——広範なプロセスを電子化しデータを活用するe-Estonia

第4章 | 金融は"Super Fun"（超楽しい！）
日本へのインプリケーション〈山岡浩巳〉

序 章

新たな
金融産業の
構築に邁進する
ダイナミズム

中曽 宏

▌フランクフルトのスウェーデン人

銀行券を使わない中銀マン

　私が、北欧、なかでもスウェーデンで急速に進むキャッシュレス決済の動きをはっきりと認識したのは、日本銀行副総裁としての任期も終盤にさしかかった2018年の初め頃、ドイツのフランクフルト市で開催された国際会議に出席した際に、スウェーデンの中央銀行であるリクスバンクの副総裁が、合間のコーヒータイムに話してくれた次のようなエピソードだ。

　「会議に間に合うように、フランクフルト空港に着いて急いでタクシーを拾ったんだ」
　市内の目的地に着いたところで、運賃をカードで支払おうとした時の運転手とのやりとりを再現してくれた。
　「お客さん、現金はないのかい？」
　「空港で両替をする暇がなかったんだ。それに現金はもう何年も使っていない」
　「お客さん、あんたはスウェーデン人だね？　でも、ここはドイツだよ」
　運転手は不愉快そうな顔をしてドアを閉め、タクシーは走り去っていった。

　これは、フランクフルトでスウェーデン人が頻繁に経験することなのだそうだ。私は、まず、中央銀行の副総裁が、自らの組織が発行している銀行券を何年も使っていないことに驚いた。また、同じ欧州でもスウェーデンとドイツでは、なぜこれほどまでに現金選好に差があるのか不思議に思った。ただ、その時はそれ以上の深追いはしなかった。このようなドイツでも、今般の新型コロナウイルスの感染拡大で、現金に接触しないキャッシュレス決済

が進む可能性がある。中央銀行出身の自分にとっても新型コロナウイルスはキャッシュレス決済の便利さを知り、日銀券（現金）から離れる契機になった。

　私が、一般社団法人金融財政事情研究会（金財）の倉田勲理事長（当時）から「キャッシュレス化で先行するデジタル先進地域の北欧に、日本の金融機関の視察団を派遣して、今後の日本への教訓を探りたいので団長を引き受けてくれないか」との打診を受けたのは、2018年3月に日本銀行副総裁を退任し、残務整理をしている最中のことだった。

　私は、フランクフルトのスウェーデン人の話を思い出した。また、デジタル化を今後、金融をはじめとする日本の経済社会の広範な領域でどの程度のスピード感をもって進められるかが、今後の日本経済の命運を左右する、という問題意識をかねてよりもっていたので、おおいに興味をそそられた。また、倉田氏の「久しぶりの視察団派遣を自分の職業人人生の締めくくりとしたい」という言葉にも、うながされた。彼とは長い付き合いで、日銀時代には金財が定期的に開催する講演会である「金曜例会」の講師も何度かお引き受けした。

デジタル化のエネルギー、ベルリンの壁崩壊に匹敵

　倉田氏との最初の出会いは、彼のイニシアティブで大型海外視察団が結成された30年前にさかのぼる。

　1990年11月、平澤貞昭横浜銀行頭取（当時）を団長、福井俊彦日本銀行理事（当時）を副団長とし、日本の主要金融機関のトップから構成される総勢32名からなる金財主催の「ソ連・東欧経済情勢視察団」が結成され、ベルリンの壁崩壊後間もない旧ソ連・東欧諸国を訪問して同地域の経済金融の改革・開放の動きを視察した。当時、日本銀行の国際局副調査役だった私は、同期で大蔵省（現財務省）出身の本田悦朗氏とともに報告書作成の役割を担う事務局として代表団の末席に名を連ねた。当時、各訪問先で、中央指令型計画経済から市場経済への移行を果たすために結集された、若いエネルギー

の熱い勢いを感じたことを鮮明に記憶している。その後、旧ソ連では、いわゆるペレストロイカによって政治経済改革が推進され連邦制が崩れて東西冷戦が終結した。また、東欧の多くの国では、市場経済への移行が進展してEU（欧州連合）への加盟が実現するなど、欧州の経済構造は劇的な変化を遂げた。

　東西冷戦の象徴だったベルリンの壁の崩壊を契機に世界経済のグローバル化が進展し、世界経済の景色が一変したように、デジタル化という技術革新が金融産業はもとより経済社会の至る所に存在していた「壁」を崩していくのではないか、と漠然と感じていたので「北欧フィンテック・キャッシュレス視察団」の団長をお引き受けすることにした。

デジタル化の波　金融にとどまらず経済構造を変える

　2019年9月19日、金財の古川浩史専務理事により編成された「北欧フィンテック・キャッシュレス視察団」は羽田空港を出発。日本の金融機関幹部やエコノミストの方々から構成される総勢11名からなる視察団は、デジタル技術革新で変貌を遂げつつある北欧の金融産業の現状を10日間にわたり視察した。

　北欧で私たちが目の当たりにしたのは、デジタル化によって社会の広範な領域で進展する劇的な変化だった。視察団は、デジタル化がキャッシュレス化をはじめ金融産業に及ぼす影響を調べることを主眼に置いていたが、現地で調査を進めるにつれ、デジタル化の波によって変貌を遂げているのは経済構造そのものであり、金融産業はその一角にすぎないということを認識した。

　もちろん、金融産業でも大きな変化が生じつつあった。銀行など伝統的な金融機関を外界から遮っていた「壁」がデジタル技術革新によって崩された結果、FinTech企業などの新興の事業者との融合や協働が急速に進んでいた。視察に出かける前にある程度予習をして臨んだつもりだったが、現実の変化を前に、そのスピード感に圧倒されることが多かった。

若い起業家と政府の信頼関係

　視察団は、スウェーデン、フィンランド、エストニアを訪問した。スウェーデンではキャッシュレス化に向けた動きを、フィンランドでは人の移動に革命をもたらすサービスとして期待されるMaaS（Mobility as a Service）の動向を、そしてエストニアでは電子政府の実情を調査することに主眼を置いた。どの国においてもスタートアップ企業やFinTech企業が主導的な役割を果たしていた。若い起業家たちのエネルギーが改革の推進力となっている点は、30年前に東欧で目撃した構図と同じだった。また、そうした起業家たちの活動を、政府や議会が良き理解者として透明性の確保や柔軟な制度運営により支えていることも印象に残った。起業家と政府との距離が短く保たれ、相互の信頼関係が「イノベーション立国」に向けてモメンタムを増していると思われた。

　イノベーション立国に邁進する北欧諸国のダイナミズムは、日本にとって迂遠な動きではない。むしろ、少子高齢化が進展するなかで、日本にとってこそ経済を持続的な成長経路に乗せるために必要なことだ。この点、北欧諸国の動きから学べることは多い。日本経済再生のためにイノベーションが不可欠であることを明確にするため、まず、日本経済の構造的問題と中期的課題について整理しておきたい。

日本経済の構造的問題と課題

アベノミクス「3本の矢」

　日本経済は、1990年代の初頭、資産バブル崩壊後、長い停滞の時期に入った。その背景は、第1に、バブル崩壊で生じた金融危機によって金融機関の貸出機能が損傷を受け、経済成長を支える金融仲介機能が毀損したことであ

る。第2に、長期にわたるデフレのもとで企業の設備投資や研究開発投資が抑制されイノベーションの芽が育ちにくくなったことである。そして、第3に、21世紀に入り少子高齢化が進む日本は、生産年齢人口（15〜64歳）が総人口よりも速いペースで減少する人口オーナス社会となった。この結果として、日本経済の実力ともいえる潜在成長率が低下したことである。

このように、日本経済の停滞の背景は需要面と供給面の双方にわたる複合的な要因に起因するものであったので、処方箋としての政策対応も複合的なものである必要があった。このような問題意識に基づいて、第二次安倍政権下で必要な政策を総動員したのが、いわゆる「アベノミクス」における「3本の矢」である。

第1の矢は「大胆な金融政策」である。これによりデフレを克服し需要を拡大することを目指した。第2は「機動的な財政政策」である。これは、短期的には財政支出の拡大により景気回復を支援し、中期的には持続可能な財政構造の確立を目指すものであった。そして第3が民間投資を喚起したり、岩盤規制を撤廃したりする「成長戦略」。これは、経済に対する供給面からの制約を緩和し、経済の実力といえる「潜在成長率」を引き上げることをねらったものである。第1、第2の矢で需要不足を解消するための金融・財政政策は広範に講じられてきた。そして、中長期的には日本経済にとって最も重要であり、そうして容易ならざる課題は、第3の矢を、より高く、より速く飛ばすことによって、潜在成長率を引き上げることである。

米国を凌ぐ女性の労働参加率

■0-1は、日本の「潜在成長率」について、実線で推移を、棒グラフでその要因を分解して示している。要因は、資本ストック、全要素生産性、労働投入の3つから構成される。資本ストックは設備投資によって蓄積される。全要素生産性は、Total Factor Productivity（TFP）と呼ばれるもので技術革新などによるイノベーションを示す。労働投入は、就業者数と労働時間をあわせたものだ。このように、設備投資、イノベーション、そして労働

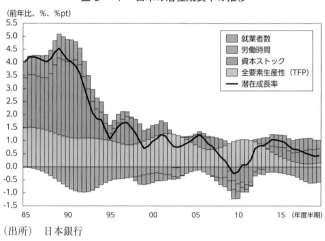

■0−1　日本の潜在成長率の推移

（出所）　日本銀行

　投入の3つの要素が、経済の実力である潜在成長率を決めることになる。設備投資とイノベーションは労働生産性を向上させるので、潜在成長率は、労働投入の増加と労働生産性の改善によって引き上げることができる、と言い換えることができる。

　このうち、まず、労働投入の面では日本の現実は厳しく、この先、生産年齢人口が毎年約1％ずつ減っていく。これを食い止めるには出生率の引上げが必要だが、仮に出生率が上がっても、ゼロ歳児が労働力になるのには20年近くかかってしまうので即効性はない。

　しかし、手がないわけではない。それは労働参加率の引上げ、つまり、生産年齢人口に占める働く人の割合を高めることである。この点、鍵を握るのは女性だ。■0−2の左のグラフは、1990年代以降の日本女性の年代別労働参加率の推移を示している。従来、子育て世代が労働市場から退出する傾向が強かったので、グラフは、この世代の労働参加率を表す真中部分がへこむM字形になっていた。実際、青色の線で表されている1990年には30−34歳の母親世代の労働参加率が明確に下がり、かなりはっきりしたM字形をしてい

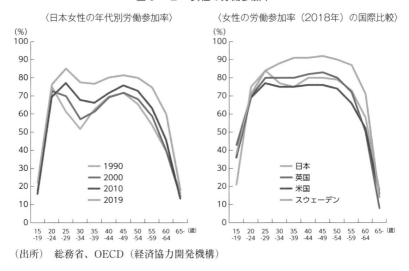

■0−2　女性の労働参加率

〈日本女性の年代別労働参加率〉
(%)

1990
2000
2010
2019

〈女性の労働参加率（2018年）の国際比較〉
(%)

日本
英国
米国
スウェーデン

（出所）　総務省、OECD（経済協力開発機構）

る。しかし、緑色の線で表されている2019年には、この世代も含め女性の労働参加率が上がり、M字形はかなり崩れていることがわかる。

　次に、右のグラフで2018年の国際比較をしてみると、青色で示した日本の25−34歳の子育て世代における女性の労働参加率は約80％、つまり10人中、8人が働いている状況に達し、黒の米国を凌ぐところまで上昇している。日本のほうが働く女性の割合が米国よりも高くなっているわけだ。これは、政府の成長戦略の一環として推進された保育所等の整備など、働く女性に対する支援措置が効果を発揮した結果と思われる。とはいえ、視察で訪れたスウェーデンなど北欧では、この世代の労働参加率はグラフに示されているように約9割なので、まだ日本は引上げの余地があるといえる。

潜在成長率引上げの鍵握るデジタル化

　次に労働生産性についてはどうだろうか。この先、日本経済にはどの程度労働生産性を引き上げることができる余地があるのだろうか。■0−3のグ

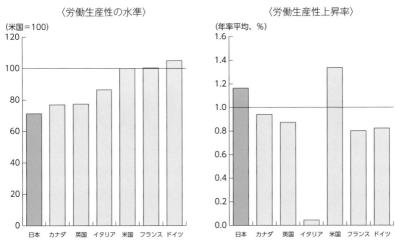

■0-3　労働生産性の国際比較

〈労働生産性の水準〉　　　　　　　　　　　〈労働生産性上昇率〉

（注）　左図は2016年の名目GDPベースの時間当たり労働生産性。右図は2000年から2016年にかけての、実質GDPベースでみた労働生産性の伸び率を年率換算したもの。
（出所）　英国国家統計局

ラフは労働生産性の水準を、先端を走っていると考えられる米国を100として国際比較したものだ。これをみると、日本の労働生産性の水準は相対的に低く、米国の7割程度しかない。しかし、これは換言すれば、労働生産性を上昇させる余地は相応に残っているということだ。実際、右のグラフで2000年以降における毎年の労働生産性の上昇率を比較してみると、日本の伸び率が高くキャッチアップの過程にあると解釈できる。

　では、日本で労働生産性を引き上げる余地は具体的にどのような分野で大きいのだろうか。■0-4で、日米の産業別の労働生産性水準を比較してみると、製造業では日本の労働生産性は米国に比べて遜色のない業種もある。ところが、非製造業になると、おしなべて米国より低いことが見て取れる。言い換えれば、労働生産性を引き上げていくうえでは非製造業、なかんずく、サービス産業の労働生産性の引上げを図ることが「成長戦略」の重要な

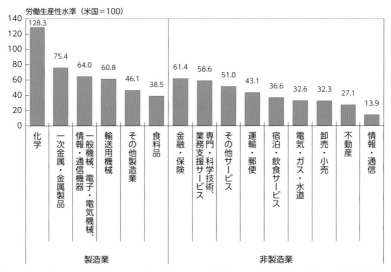

■０－４　日米の産業別生産性の比較（2017年）

労働生産性水準（米国＝100）

製造業
- 化学　128.3
- 一次金属・金属製品　75.4
- 情報・通信機器　64.0
- 一般機械、電子・電気機械、　60.8
- 輸送用機械　46.1
- その他製造業　38.5
- 食料品

非製造業
- 金融・保険　61.4
- 専門・科学技術、業務支援サービス　58.6
- その他サービス　51.0
- 運輸・郵便　43.1
- 宿泊・飲食サービス　36.6
- 電気・ガス・水道　32.6
- 卸売・小売　32.3
- 不動産　27.1
- 情報・通信　13.9

（注）　生産性は、１時間当たり付加価値。一般機械は、はん用・生産用・業務用機械。
（出所）　滝澤美帆（2020）「産業別労働生産性水準の国際比較～米国及び欧州各国との
　　　　比較～」（日本生産性本部）

鍵であることをこのグラフは示唆している。

　ここで、重要な役割を果たすのがデジタル化である。デジタル化により財やサービスの生産が効率化する。また、イノベーションで経済は活性化し人々の暮らしがより快適で豊かになる。これらは、いずれも潜在成長率を引き上げる要因である。北欧諸国がイノベーション立国に向けて邁進する理由は、まさに、こうした点にねらいがある。日本は、今後、デジタル化の推進で潜在成長率を引き上げる余地が相応にあると考えられるだけに、北欧諸国の経験から得られる教訓は多いと思われる。

　デジタル化は、労働生産性の向上を通じて潜在成長率の上昇に寄与する。しかし、北欧視察で認識したのは、「労働市場の流動性」が高いことも重要な要素だという点だ。「労働市場の流動性が高い」とは、具体的には失業し

ても比較的早く新しい職を見つけることができる、という意味で労働移動が容易な状態を指す。

労働市場の流動性と労働生産性の関係

今回視察で繰り返し聞くことになったのはフィンランドの巨大企業ノキアの蹉跌だ。詳しい内容はフィンランドを扱った第2章に委ねるが、かつて世界最大の携帯電話端末メーカーであったノキアは、スマホ出現への対応に出遅れ経営は危機的状況に陥った。このため、ノキアは中核事業だった携帯ビジネスを米マイクロソフト社に売却するとともに、人員面で大幅なリストラにも踏み切った。多くの優秀な技術者が職を失ったが、彼らは、比較的早い段階で異業種企業やスタートアップ企業に新たな活躍の場を見出すことができたほか、自ら起業家になって新たなビジネスを立ち上げる事例も多かった。実際、FinTechを含むテクノロジー系のスタートアップ企業の創業者や技術者には、かつてのノキアの従業員が多いとのことだった。経済の各分野に散った人材が、それぞれの分野で新しいイノベーションの芽を生み、経済の活性化に貢献したのである。

この点、日本の労働市場の流動性は、■0−5で示すように主要国との対比でみても、低水準で推移している。これは、日本の労働市場が、正規雇用者・非正規雇用者で分断されていることが主因と考えられる。流動性の水準をみると、非正規雇用者では高いものの、正規雇用者では低くなっている。労働者に占める正規雇用者の比率は低下傾向にあるとはいえ、依然6割程度の水準にあるので、日本全体の労働市場の流動性は低位にとどまっている。正規雇用者の労働市場における流動性の低さは、経営者と労働者の間で暗黙のうちに交わされている長期雇用契約によるものと考えられる。正規雇用者は雇用の安定を優先し、労働需給が逼迫していても、大幅な賃上げ要求を行うことを避ける傾向があるようだ。

労働市場の流動性と労働生産性の関係をみると、流動性が高い国ほど労働生産性の上昇率が高い傾向にある。こうした相関関係をもって因果性を主張

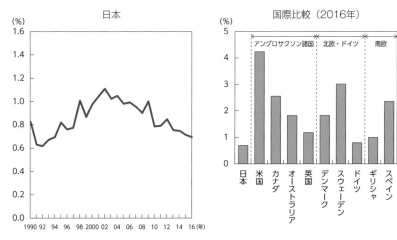

■ 0 - 5　労働市場の流動性

日本
(%)

国際比較（2016年）
(%)

（注）各国の労働市場の流動性は、短期失業（失業期間1カ月未満）への流入者数と流出者数の合計を生産年齢人口で除して算出。
（出所）世界銀行、OECD、日本銀行

することはできないが、労働市場の流動性が低いことが日本の労働生産性の低さをもたらす一因となっている可能性がある。労働移動が活発であれば、ノキアの実例が示すように、フロンティア企業から追随企業へ、最先端の技術やスキルがよりスムースに伝播されるはずだ。成長戦略の要は、デジタル化の推進であることは間違いないが、労働市場改革など、取り組むべき課題が多いことを北欧の経験は示している。

スウェーデンの金融経済危機

90年に不動産バブル崩壊　政策金利500％、銀行国有化も経験

　今日の北欧の経済社会は、男女平等が徹底し高福祉の幸福な社会として知

られている。また、国民のITリテラシーも高く、金融産業では、キャッシュ
レス化が進み民間の提供するデジタル決済手段が普及していることもよく知
られている。今回の視察団を「北欧フィンテック・キャッシュレス視察団」
と銘打ち、その実情を調査することを目的としたのも、そのような認識に基
づく。

　ただ、私には、かねて大きな疑問があった。それは、自分の職業人人生の
記憶に、1990年代初頭に見舞われた大規模な金融危機によって経済や金融産
業が大打撃を受けた北欧の姿が色濃く残っていることに由来する。打ちひし
がれた状態から、北欧の経済や金融機関はどのようにして今日の姿へと再生
を果たしたのだろうか。そこで、まず北欧の金融危機がどのようなもので
あったか、スウェーデンを例に振り返ってみる。

　スウェーデンは1985年に金融自由化を完了し、89年には外為管理規制をす
べて撤廃した。この結果、内外から流入した投資資金により猛烈な勢いで不
動産価格が上昇するとともに、これを担保とした不動産融資が急拡大し、さ
らに不動産価格を押し上げるといった自己増殖的なメカニズムが働いた。そ
うしたプロセスを助長したのがファイナンス・カンパニーである。当時ス
ウェーデンには商業用不動産関連融資を専門に行う約150のファイナンス・
カンパニーが存在し、銀行からの借入枠を使い果たし切った顧客に対し有利
な条件で商業用不動産担保貸出を行っていた。その多くは銀行子会社であ
り、CP（コマーシャル・ペーパー）等の資金調達手段によって銀行からファ
イナンスを受けていた。さらに、歪んだ税制が借入需要を加速させた。当時
の税制のもとでは、利払費用は8割が所得控除されたのでインフレ率が10％
を超える当時の状況のもとでは借り手の実質的な借入コストはきわめて安
かった。

　しかし、こうしたスウェーデンの不動産バブルは、90年のイラクによるク
ウェート侵攻を機に破裂した。商業用不動産価格は2カ月のうちにピークか
ら60％という急ピッチで下落し、銀行のバランスシートを直撃した。90年か
ら91年にかけてファイナンス・カンパニー向け融資の不良債権化から商業銀

行の損失は急膨張した。

　この間、マクロ経済面では80年代に財政規律が弛緩し、拡張的な財政政策がとられてきたことから80年代後半にかけて経済はオーバーヒート気味であった。一方、スウェーデンの通貨クローナの切下げを回避することが82年の通貨切下げ以降の政治的な至上命題となっていたので、金融政策は通貨防衛のために割り当てられていた。91年にクローナはECU（欧州通貨単位、参加国通貨の加重平均をとったもの）にペッグされ、その為替相場水準の維持がいっそう重要な政策課題となっていた。92年晩夏に至り、スウェーデン経済は失業率の急上昇等ファンダメンタルズが悪化し、欧州通貨混乱の余波も受けてクローナは投機筋から激しく売り浴びせられた。ECUへのペッグもこの時点で停止された。中央銀行であるリクスバンクは、クローナ売り圧力に対抗するため、９月にオーバーナイト金利を500％という猛烈な水準に引き上げた。ところが、これは不良債権処理ですでに疲弊していた大手銀行の資金繰りの途を事実上ふさぎ、致命的な打撃を与えることになった。

　事態の悪化に対処するため、92年９月にスウェーデン政府がまず全銀行の全債務を保証する方針を宣言し、預金者の動揺の鎮静化を図った。11月には外国為替が完全フロート制に移行された。その後、12月に「金融システム強化法」が成立した。そして、93年５月には銀行救済庁（Bank Support Authority、BSA）が設立され、問題銀行への対処が本格化した。政府が銀行の全債務保護を宣言してからは預金者不安は鎮静化し、銀行の資金繰りも危機的状況を脱した。この後はBSAの主導によりNordbankenとGota Bankの２行の国有化、両行から切り離された不良債権の資産管理会社（いわゆるバッド・バンク）への移管が行われた。そして、国有化された２行とバッド・バンクに対して公的資金の投入（計650億クローナ〈約8,000億円、GDP比約４％〉）が行われた。銀行に注入された公的資金は実際に不良債権の償却原資として用いられた。

　こうした包括的な措置がとられた後も、銀行の信用仲介能力が回復するまでは、しばらく時間がかかった。大幅な人員削減や支店網の縮小などの抜本

的なリストラと業務の見直しを行う必要があったからだ。結局、スウェーデンの経済がプラスの成長を取り戻したのは、94年になってからだった。一般には金融危機対応のモデルケースとして評価されることが多いスウェーデンでも、問題克服までの道のりは決して平坦ではなかったのである。

日本の金融危機と酷似

　それにしても、あらためて驚くのは、スウェーデンの金融産業がたどった道が、1980年代後半の資産バブルとその崩壊後の日本の経験に酷似している点だ。不動産価格の高騰と暴落にファイナンス・カンパニーというノンバンクが介在したことは日本の住専問題と同じだ。傷ついた銀行のバランスシートを修復するために、大規模な公的資金が用いられたことも同様だ。そして、銀行が大規模なリストラと統合を迫られたことも似ている。

　少し本論を離れるが、日本の金融危機が始まった1993年からピークを越える2000年まで、私は日本銀行の危機対応の最前線部署であった信用機構課に在籍した。危機対応の初期、私たちは、日本の金融危機が拡大することを予想して、海外の金融危機の事例研究を行っていた。ただ、すでに深刻化していた北欧の金融危機には目を向けず、私たちは危機の当初、もっぱら米国の1990年代の貯蓄金融機関（S&L）の危機とか、英国の1970年代のセカンダリーバンクと呼ばれた中小金融機関の破綻処理事例を研究対象にしていた。1990年代初頭の日本では、念頭に置いていたのは協働組織型の中小金融機関の破綻であり、大手金融機関の連続破綻といった事態は想定していなかったためである。しかし、その後の経過から明らかなように、1990年代の後半になると、大手金融機関の破綻も連続し不良債権問題は、未曾有の規模と広がりをもつ金融経済危機へと拡大していった。「もし、当初からスウェーデン型の抜本対応ができていたら、結果はどのくらい違っていたのだろうか」と時々思う。

国家戦略としてのIT産業育成

キャッシュレス化から始まった　銀行の業務効率化

　金融危機で辛酸をなめたスウェーデンの金融産業であるが、いまやIT化の先頭を走るイノベーション産業だ。キャッシュレス化の進展は北欧諸国のなかでも群を抜く。今回の視察で、いまの日本金融界とのいちばん大きな差として感じたのは、北欧の金融機関で働く人々が、すこぶる元気が良かったことだ。日本では金融、特に銀行業が成長産業として語られることは少ない。この点、北欧で面談した若手の金融機関職員から聞かれたのは、「変革期の金融界でバンカーでいられることはきわめて楽しい（super fun）」という、驚くほど前向きな言葉だった。1990年代のほぼ同時期に同じような金融危機を経験してきたのにもかかわらず、両者の間にこうした差が生じたのは、なぜだろうか。その背景や理由については、スウェーデンを扱った第1章で詳しく解説するが、一言で要約すれば、金融危機を契機に大きな経営転換が図られたからだと考えられる。

　金融危機で傷ついたスウェーデンの銀行が経営を立て直すためには、業務の効率化が不可欠だった。そこで最初に着手されたのがキャッシュレス化に向けた動きだった。スウェーデンは国土が日本よりも広く人口は12分の1程度である。広大な国土の津々浦々にまで銀行券を搬送したり、ATM網を維持するのは大変なコストがかかる。そこで、金融機関は、ATMの共通化を起点とした連携・連合を進めるとともに、支店・ATM網を統合した。それにより浮いた経営資源が電子マネーの開発・普及に投入された。そうした好循環のなかで、銀行主導のイノベーションが次々に出現した。その1つが、「Swish」と呼ばれる、携帯電話番号と銀行口座とを紐づけたモバイル個人送金システムだ。

社会人が無償で学び直せる　リカレント教育

　キャッシュレス決済の進展は、たしかにスウェーデンをはじめとした北欧諸国で非常に目立つ現象だ。しかし、それだけに目を奪われていると、北欧諸国で進行しているIT化を基軸とした社会経済構造の大きな変化を見逃すことになる。1990年代の金融経済危機の後、グローバル化が進展する世界のなかで、相対的に小さな開放経済であるスウェーデンでは「国家目標としてIT化を徹底的に進めていくしかない」ことが国民の間で共有され、政府が主導するかたちでIT産業育成が国家戦略として推進されてきた。金融業はイノベーションを担う「クール」な産業としてIT化の一翼を担ってきたのである。同じような国家戦略がフィンランドでもエストニアでも進められ、北欧は世界でも有数のIT先進地域として一躍、注目を集めるようになったのだ。IT立国を目指すためには、IT分野で確固たる技術基盤を構築することが当然に必要であるが、同時に、社会、経済の仕組みがそれを支えるように回らないと完結しない。

　たとえば、スウェーデンでは、金融危機の後、支店・ATM網の整理と大規模な人員削減を行ったが、削減対象となった銀行職員はその後、どこへ行ったのだろうか、という疑問が当然生じる。この点を、いくつかの面談先で問いかけたところ、即座に返ってきた答えが「リカレント教育」だった。

　リカレント教育は、最近では日本でも重要性が認識されるようになってきたが、どちらかというと、定年退職後の人々が教養を高めたり、再就職のための素養を身に付けたりする機会として語られることが多い。これに対して、北欧では現役社会人が必要に応じて大学や専門学校で新たに学び直す仕組みとして定着していることが特徴だ。IT産業のように技術革新のペースが速い産業を支えていくうえで、こうした枠組みは特に重要と考えられる。しかも、こうした教育は、基本的に無償で受けることができるとのことだった。

　したがって、リストラで職を失った銀行員たちは、まずは手厚い失業手当

の給付を受ける。生活の不安を覚えることなく、無償で通える大学や専門学校で学び直し、新たな技量を身に付けて再び社会へと復帰する。ノキアの事例で示したように、流動性の高い労働市場で新たな職を見出すことは、経済情勢に左右される面はあるにしても、さほど困難ではないことのようであった。そして、社会的にも、そうした労働市場からの退出と再参入を繰り返すことは、人生を歩むうえでのごく当たり前のサイクルとして受け止められているようであった。この点も、新卒時の就職の失敗が人生の負の経験として尾をひいたり、リストラの対象となることを不名誉と受け止める日本の企業風土とはかなり異なるとの印象を受けた。

　手厚い失業保険や無償のリカレント教育は、当然に財政の負担になる。財政構造の持続性に問題はないのだろうか、という疑問が次にわいてくる。この点については、たしかにスウェーデンの所得税率や付加価値税率は相対的に高い。しかし、現地でのヒアリングによると、政府の財政運営に対する国民の信認は厚いようであり、財政構造の持続性に対しても不安はもたれていないようすであった。それゆえ、国民は老後を年金で暮らしていけると考えている。将来への不安がないので現役世代の消費が抑制されることもない、という経済にとっての好循環が生まれているようであった。このように、教育、労働慣行、社会通念、財政など社会・経済構造において、イノベーションを促進し、経済の好循環を生むような仕組みができあがっていることが大きな特徴であると認識された。

　キャッシュレス化は、そうしたサイクルから生み出される多くの成果の1つにすぎない。IT化の促進は日本経済の持続的成長にとって、遅れをとることができない重要な課題であるが、IT化あるいは、キャッシュレス化の促進だけに焦点を当てた対応では、十分な成果はあげられないだろう。北欧諸国が手掛けてきたように、教育、労働慣行の改善や財政構造の持続性の確立などが並行的に進められないと、真のIT化に向けたモメンタムはつきにくいであろう。

IT化の影

　IT化の動きは、北欧諸国でまばゆい光を放っているが、それゆえ「影」の部分もある。詳しくは、各章に委ねるが、たとえば、キャッシュレス決済は「クール」であるかもしれないが、効率化のペースが速すぎると、遠隔地の住人や老齢者など恩恵にあずかれずに取り残される人々が出てくる。このため、スウェーデンでは、地方においても現金の引出しや口座への入金が確実にできるようにするための法律が、銀行界の反対を押し切るかたちで成立し、2021年初に施行される予定である。性急すぎるキャッシュレス化は社会厚生に反するとして、一定の範囲で銀行券の使用・流通を担保する措置である。

　こうした配慮は、今後の日本でも必要であろう。銀行券に対する日本人の信認は厚く、清潔度維持や偽造券の少なさがそれを支えている。また、自然災害の多い国土では、電子媒体が使用不能になることも想定され、そうした場合は銀行券が決済手段として最後の拠り所になる。実際、阪神淡路大震災や東日本大震災では被災地に銀行券を遅滞なく届け、決済手段として円滑な流通を確保することが日本銀行の大きな役目だった。また、老齢化が急速に進展する日本社会においてはキャッシュレス決済になじめない人々に配慮することも必要だろう。現金は、今後も重要な支払手段であり続ける。キャッシュレス決済は社会全体がついていけるペースで進めていく視点が必要だと思われる。

　もう1つの「影」は、サイバー攻撃やマネー・ロンダリング（マネロン）のリスクが増していることである。実際、2018年にはDanske銀行のエストニア支店を舞台とした史上最大規模（26兆円相当）のマネロン事件が発覚した。ちょうど今回の視察中の2019年9月25日、Danske銀行の元エストニア支店長が遺体で発見されるという痛ましい事件が起こった。また、新興のFinTech企業が銀行と組んで提供する決済サービスについても、サイバー攻撃からの防御や詐欺を防ぐ対策が重要な柱となっていることがうかがえた。

マネロンの横行を許すことは北欧諸国が推進するIT化戦略そのものを揺るがしかねないため、各国当局ともマネロン対策には十分な経営資源を割いて注力しているようすだった。

▌北欧は日本のモデルになるのか

北欧モデルの背景に　歴史と経済規模

　IT化を国家プロジェクトとして掲げ、官民が一致してそれに向けて邁進する北欧諸国の姿は印象的だ。それでは、この北欧モデルと呼べる方法は、同じようにIT化が重要な課題である日本にとってのモデルとなるのだろうか。視察団のメンバーは北欧に滞在中、この点についても幾度か意見交換した。単純に日本のモデルとはならない、という立場の根拠は2点あった。第1は、日本と北欧諸国ではたどってきた歴史的経緯が異なり、日本経済の規模や構造は小国開放経済型の北欧諸国とは異なる、という点だ。第2には、北欧モデルに不可欠なIT力と語学力を兼ね備えた多くの人材を日本では即座に見出すことができない、という点だ。

　まず、第1の歴史的な背景と経済規模の問題については、たしかに、今回訪問した多くの先で聞かれたのは、「自分たちは、東の大国と西の列強の狭間で翻弄され続けてきた」という声である。たとえば、フィンランドの独立は帝政ロシアが崩壊した1917年だったが、それ以降も東西冷戦のなかで東からの軍事圧力に晒され続けてきた。1995年にEUに加盟し1999年に統一通貨ユーロを導入したのも、ユーロ圏の一角としての立場を強化することが目的だった。エストニアに至っては、第一次大戦後、いったんは帝政ロシアから独立したものの、第二次大戦中に旧ソ連に再び占領され、2度目の独立を勝ち取ったのは東西冷戦終結後の1991年のことだった。過酷な歴史を経てきただけに、国民の帰属意識を高めると同時に経済の高付加価値化による比較優

位領域を確立することが、民族として、国家として生き残るために達成しなければならない切迫した課題だった。そうした課題の達成のために「IT立国」という方向性が非常にうまくマッチしたということだったのだろう。

　翻って、日本はどうか。単純な経済規模でみても、世界第2位の経済大国はもう過去の面影である。一国の経済規模を示す名目GDP（国内総生産）は、米国はもとより、第2位を2010年に明け渡した中国とも、どんどん差が開いている。1人当たり名目GDPは、スウェーデン、フィンランドを下回っている。前述したように、この先、少子高齢化が進んでいくことが不可避である以上、IT化の推進を柱とする経済の高付加価値化は、日本にとって、実は北欧諸国よりも切迫した課題だといえる。経済の高付加価値化により潜在成長率を引き上げていくことが、日本の次の世代が希望をもって生活していくために、どうしても必要だ。EUのような経済圏を構築することが、少なくとも直ちには困難である以上、日本は単独でその切迫した課題の達成に挑まなければならないのだ。

日本人に欠如していた切迫感

　第2にIT力と語学力を併せ持った人材という点についてはどうだろうか。

　今回訪問した先は、中央銀行はもとより金融機関でも、FinTech企業でも担当者は例外なく専門的な事項でも流暢な英語で応接してくれた。最先端のITのテキストが基本的には英語であることをふまえれば、英語力が不可欠であることは当然としても、驚くのは、多くの国民、特に若い世代は複数の外国語を操るマルチリンガルであるということだ。これに対しては、日本人にとって、英語をはじめ外国語を学ぶ障壁は、北欧人よりも高いという反論があるかもしれない。ところが、フィンランド語もエストニア語もウラル語系であり、英語やドイツ語などとは言語系が異なる。言語面の障壁という意味では、日本人と同じはずである。それにもかかわらず、IT分野はもとより、街中でも普通に英語が通用するのは、北欧諸国では幼稚園の時から複数の外国語を学ぶ機会が与えられていることが大きい。また、幼い時分から

IT機器に慣れ親しむ教育も施されている。つまりITと外国語を両輪とする教育システムが確立されている訳である。

　北欧諸国でさまざまな人々の意見を聞き実地の見聞を重ね、帰国が迫ったころには、視察団のメンバーの意見は大方１つに収束した。それは、日本が北欧諸国と比べて安穏としていられる理由は何ひとつなく、欠如しているのは切迫感だ、という点である。課題を認識して素早く手を打っていかなければ、彼我の差は回復不能な距離に開いてしまう。北欧は、日本が目指すべきモデルを提示している。コロナショックは日本人を覚醒させる契機となるかもしれない。

　日本人の語学力について、また少し横道にそれるが、韓国での経験を紹介したい。よく、韓国人と日本人は英語が不得意だといわれてきた。しかし、これも過去のステレオタイプとなりつつある。2010年、韓国はG20議長国を務めた。この年、日本銀行の国際担当理事だった私は韓国各地で開催された財務大臣・中央銀行総裁会議の代理者会合に出席した。会合開催期間中の夜は歓迎夕食会が催されるのが通例だ。そうした、ある夕食会の時のことだ。着席はアルファベット順だったので、韓国とイタリアの代表が両隣だった。宴もたけなわとなったところで、特設の舞台で韓国伝統のアリランの歌と踊りが演じられた。これに続き、女性のアイドルグループが登場し、一転してアップビートのK-POPの曲に乗って見事な歌と踊りを披露した。ちょうど、少女時代やKARAといった人気グループが台頭している頃だった。出演したのはそうしたアイドルグループの１つだったのだろう。しばらくすると、隣の日本通の韓国代表が「彼女たちと日本のAKB48との違いがわかるか」と語りかけてきた。彼は日本の芸能通でもあるのかな、と思いながら「わからない」と答えると、次のように解説してくれた。

　「AKB48のビジネスモデルは、手の届きそうな身近なアイドルだろう。それに対し、彼女たちは、国際戦略の先兵としての役割を担っている。彼女たちは多くがバイリンガルかマルチリンガルだ。英語でも日本語でも中国語で

もコミュニケートできる。彼女たちは新興国での海外ツアー公演に出かけ、韓国のクールなイメージをまず伝える。その後に韓国のいくつもの工業製品がさりげなく登場する韓流ドラマが輸出される。自然に購買意欲が刺激されるわけだ。」

なるほど、と答えて、ふと反対側の隣をみると、イタリアの代表は「なんて可愛いんだ」と感激して見入っていた。たしかに効果は抜群だろうと納得した。

韓国はG20議長国を担うにあたり、国際社会で通用する人材の育成を強化してきた。当時、母国でのG20の運営をサポートした多くの人々が、今日国際機関で活躍している。たとえば、IMF（国際通貨基金）のアジア太平洋局長のチャンヨン・リー氏やBIS（国際決済銀行）調査局長のヒュン・ソン・シン氏たちである。

▍コロナショックに見舞われた世界経済

経済金融危機への「変異」を止められるか

2020年、世界は、新型コロナウイルスの出現により「コロナショック」とも呼べる社会や経済を揺るがす激震に見舞われた。新型コロナウイルスは、2019年12月、中国の湖北省武漢市にて原因不明の肺炎として発見されてから、米国、欧州を中心に爆発的に感染が拡大し、世界の累積の感染者数は6月下旬には1,000万人に達した。世界経済への影響も甚大であり、2020年6月のIMF世界経済見通しによると、感染が2020年第2四半期にピークを迎え、年後半には感染抑制策を徐々に解除するというシナリオに基づいても、2020年の世界経済の成長率は−4.9％、2021年は＋5.4％となる。IMFは2020〜21年に世界で失われるGDPが約12.5兆ドルに達すると説明しており、それは日本とドイツのGDPが丸ごと消滅するほどの規模である。ちなみにリー

マン・ショック直後の2009年の世界経済成長率が－0.1％、2010年が＋5.4％であったので、コロナショックによる世界経済の振幅は、リーマン・ショックを超える大きさとなることが予想されている。

　コロナショックは、よくリーマン・ショックとの比較で語られることが多いが、単純に比較できない点も多い。大きな違いは、リーマン・ショックの場合、米リーマン・ブラザーズの経営破綻（リーマン破綻）に1年ほど先立ち、サブプライム関連証券化商品の価格の暴落で金融機関のバランスシートの劣化が進んでいたことだ。そこに、リーマン破綻という決定的なショックが加わって、金融市場の混乱と金融機関の連続破綻というシステミックリスクの顕現化が消費や投資を委縮させ、その結果として生じる景気の悪化がさらなる金融システムの動揺を招くといった金融システムと実体経済との「負の連鎖」が発生した。

　この点、コロナショックでは、少なくともこれまでのところは、金融機関自身の経営努力に加え、「バーゼルⅢ」などの新しい国際金融規制が強化されたこともあって、日米欧の銀行の自己資本比率は、リーマン・ショック時よりもかなり高くなっている。それだけ金融機関のバランスシートは頑健になっているということだ。つまり、金融システムと実体経済の「負の連鎖」が作動するには至っていない点がリーマン・ショックとは異なる。この「負の連鎖」は、1990年代の日本の金融危機でも明らかになった金融危機の本質的なメカニズムである。

　コロナショックは、新型ウイルスの突然の出現によって経済に対して外生的に加えられた経済ショックだ。しかし、仮に景気の落ち込みが深く、かつ長期化することになると、倒産企業が増えて金融機関のバランスシートの劣化が進む。金融機関が保有する金融資産の価格下落も金融機関の収益を直撃する。そうなると、「負の連鎖」が作動しリーマン・ショック型の本格的な金融危機を招き、その影響はリーマン・ショックを凌ぐ破滅的なマグニチュードとなる可能性がある。したがって、新型コロナウイルスの感染拡大を早期に封じ込め、経済危機が経済金融危機に「変異」することを未然に回

避することが危機対応の要諦である。「負の連鎖」を未然に遮断する、ということが過去の金融危機から私たちが学んだ最大の教訓だったはずだ。

感染対策と経済対策とのトレードオフ

　一方でコロナショックには、リーマン・ショックなどとは異なる対応のむずかしさもある。最もむずかしい点は、人と人との物理的接触を制限するほど感染対策としては効果的だが、経済の下押し圧力も大きくなること、そして、経済活動を刺激しようとすれば人と人との物理的接触も促してしまい、感染が再拡大するリスクがあることである。いわば、感染対策と経済対策とのトレードオフである。

　感染が長引くほど、このトレードオフは大きくなる。コロナショックが発生してから米国では、学者やエコノミストたちが実証分析やモデル分析に基づくアカデミックな論文を数多く発表している。たとえば、感染症数理モデルとマクロ経済モデルとを組み合わせて、感染死者数の増加による経済コストとロックダウンにより失われる経済活動の価値の和を最小化するロックダウン比率を求める分析がある。政策対応面への示唆に富む点として印象に残ったのは、強力かつ迅速な公衆衛生上の措置によって経済活動を抑制するほうが、結局はその後の経済回復に役立つ、そして、経済活動の抑制措置の解除が早すぎると、いったんは「Ｖ字回復」するが、感染拡大で経済は再び大きく落ち込むという点である。

┃ ポストコロナの世界で鍵を握るIT力

　新型コロナウイルスの感染拡大阻止は重要な政策課題であるが、同じように、あるいは、より重要なことは、コロナショック克服後、わが国としてどのようなポストコロナの経済社会を目指すべきか、明確なビジョンを描き、それに向けての戦略をもつことである。ポストコロナの社会では、社会的距

離を保つなど新しい生活様式を定着させることが推奨されている。それは必要なことではあるが、十分ではない。新しい生活様式に適合したインフラ自体を高度化させていく必要がある。この面でもIT化の推進は、きわめて重要であると考えられる。

コロナショックへの対応のなかで、私たちの日常生活はすでにポストコロナ社会へ向けて動き出している。たとえば、感染リスクを避けるために在宅勤務が広がった。これまで対面で行ってきた面会や会議、セミナーなどがオンライン方式に代替された。最初は慣れなかったり違和感を覚えたりすることも多かったが、経験を重ねるにつれ、意外に便利だと実感された人も多いのではないか。また、その延長線上にオンライン飲み会など、コロナショック以前には想像もできなかったような新たな交流文化が広がっている。支払決済の領域でも、現金との接触を避けるという観点からキャッシュレス決済が加速しているようにうかがえる。こうした動きをインフラ面から支えているのがITなのである。

IT化の最先端を走っているのが、視察団の訪問先であったエストニアだ。エストニアは、九州よりやや広い国土に約132万人の人々が暮らすバルト海に面した小さな国であるが、IT化を国家戦略に掲げ、徹底したデジタル国家と電子国家化を推進してきた。その結果、今日では、「世界で最も進んだデジタル社会」との評価を受けるほど、その存在感は旧バルト３国（エストニア、ラトビア、リトアニア）で突出している。私たちのように、世界各国からの視察団が絶え間なく訪れ、国際的にも注目度が高まっている。

驚くのは、人口対比でみて圧倒的に多くのスタートアップ企業が生まれており、すでに４社の「ユニコーン企業」（創業10年以内に時価評価額が10億ドル以上に達したテクノロジー系企業）を輩出している。コロナショック下の外出自粛時にビジネスやプライベートの目的で日本でも活用した人が多かったであろう、インターネット通信ソフトウエアを提供するSkype（2011年に米マイクロソフト社が買収）は、その１つだ。

エストニアでは、国名が時に「E-stonia」と表示されるほど、行政、納

税、医療、政治などおよそあらゆるものをデジタル化する取組みが進められている。詳しくはエストニアを扱った第3章を参照願いたいが、通院しないで医療サービスを受けることができたり、オンラインでの納税や選挙投票を行うこともできる。新型コロナウイルス感染拡大への対応という点では、オンライン化で人々の物理的接触を最小限にとどめることにより感染拡大のスピードを抑止することができる。

　さらに、教育面では、エストニアはすでに2015年に、学校のすべての教材をデジタル化する方針を決定している。このため、学校の建物が感染予防のために閉鎖されても、生徒たちは学習を継続することができる。日本を含め、多くの国で学校が休校になったが、休校期間中にオンラインで教育を継続できたか否かは、若い世代の学力に大きな差を生む可能性がある。デジタル化を先んじて進めてきたエストニアは、期せずして新型コロナウイルスの感染拡大の影響を最小化する仕組みが整っていた。デジタル化社会は、ポストコロナの経済社会のあり方について、1つの明確なモデルを提示している。

　エストニアでは、なぜこのような電子国家化が急速に進んだのだろうか。1つの大きな要因は、すべての国民に電子IDカードの保有が義務づけられていることだ。電子IDカードはそれだけで身分証明証、免許証、健康保険証、学生証、EU内パスポートなどの機能を兼ね備えている。このカードにより行政サービスだけではなく、さまざまな民間サービスも受けることができる。電子IDカードの保有を強制することに対しては政治的な反発があったことも想像できる。現に、隣国フィンランドでは同様な電子IDカードの保有は「任意」となっている。しかし、それゆえ、電子政府に向けた動きのスピードに差が生じエストニアが先行したとみることができる。エストニア政府が、電子IDカードの強制保有といった強力な措置を講じることができたのは、小さな国だったからという面がないわけではないだろう。しかし、それ以上に、「デジタル化しかない」という信念に基づいた政治の強力なリーダーシップが発揮されたことが大きな力として作用したのだと思う。

エストニアの事例は、IT力がポストコロナの経済社会をかたちづくる鍵となることを示唆している。感染拡大の抑制は喫緊の課題であることは論を俟たない。しかし、コロナショックを克服した後、世界は、おそらく以前と同じ姿に戻ることはなく、「新常態（ニューノーマル）」へ移行するであろう。その意味で現在は、歴史的な変曲点を迎えているといえる。受動的な危機対応に終始するのか、あるいは、能動的、戦略的視点を併せ持つかによって、ポストコロナの経済パフォーマンスには決定的な差が生じるだろう。不確実性の高い局面で求められるのは、政府がリーダーシップを発揮してポストコロナの経済社会のビジョンを提示し、それに向けた戦略を立てることだ。進むべき道筋がみえてきてこそ民間セクターは、リスクをチャンスに変える起業家精神を発揮していくことができる。

　エストニアを目覚ましい成功に導いた秘訣は、結局のところ何だったのだろうか。視察中に訪れたエストニアの広報機関で、この質問を投げかけた時に返ってきた次のような言葉で本節を締めくくる。

　「成功をもたらした原動力は、ヒーローやクールなことへの憧れによって動機づけられた若い起業家精神と、未知の領域に挑む指導者たちの勇気と強いリーダーシップだった」

▌教育の重要性

　北欧視察中、私たちが繰り返し印象づけられたのは、教育の重要性だ。リカレント教育は再挑戦のチャンスを国民に与える仕組みとして、どの国でも重要性が強調されていた。ITと外国語に親しむ教育が、どの国でも幼児の段階から開始されていた。これからの時代を生きていく世代にはITを学ぶことと外国語によるコミュニケーション力を磨くことが不可欠という思想に基づくものだろう。そして、そうした教育をインフラ面で支えているのが、

教材のデジタル化だ。教育の中断や混乱は将来の学力の決定的な差として顕現化する可能性がある。それだけに、学校が自然災害や感染症の拡大で物理的に閉鎖を余儀なくされても、オンラインで教育を続けていけることは大変な比較優位になる。日本は現在、この面では出遅れ感が否めない。早急に改善を図らないと、国家百年の計を誤るおそれがある。e-Estonia（電子国家）のパンフレットに記載されていた「子供たちを賢く育てることこそ、国ができる最も賢い投資である」という言葉を、私たちはわが身のこととして噛みしめる必要がある。

　フィンランドで訪れたある企業の若い担当者のなかに、日本の大学への留学経験者がいて、興味深い比較教育論を披歴してくれた。フィンランドでは大学の学費は無料であり、卒業後に失業しても、前述のように手厚い失業手当とリカレント教育の仕組みが整えられている。そして、日本人の目には受験での不合格や就職における「失敗」と映るようなことが、フィンランドでは普通に受け入れられているそうだ。これに対して、日本の学生は、とりわけ大学入試や就職活動におけるプレッシャーが大きく、勢い保守的になるというのが彼の見立てである。たしかにそうした面もあろう。だが、より一般的な背景として、私は、教育の場を含め日本社会に悲観論が強すぎるような気がしている。私は、大学で日本経済の講義を行うことがあるが、その際に学生の日本経済に対する悲観的な見方が多いことにしばしば驚かされる。バブル崩壊後、「失われた20年」とも呼ばれる経済停滞が長く続いたことも影響しているのかもしれない。

　私は、大学の講義の最後に次の２点を述べて締めくくるようにしている。

　第１には、金融危機にせよ、人口減少問題にせよ、当初は日本固有の問題と思っていたことが10年ほどのタイムラグを経て多くの国、特に先進諸国にとっての共通課題となったということだ。政策対応面では、日本が先駆者であった分、試行錯誤のなかでうまくいかなかったこともあったのは事実だが、多くの教訓が得られ、経験も蓄積できた。それが、自らだけでなく他国のその後の政策にも活かされている。その意味で、日本の経験は無駄になっ

ていない。

　第2には、日本経済の将来については悲観論が多いが、私はこれに与しない。これまで経済政策に携わってきた者としての感想は真逆である。むしろ、いろいろな試練を経て日本経済は強くなった。それに、日本が多くの魅力に溢れているからこそ、海外からの訪問者がこれだけ増えたのではないか。日本経済の底力は捨てたものではない。今後、IT化など成長戦略を精力的に進めていけば日本経済の未来は明るいと確信している。そして、実際にそれを実現していくのは皆さんの世代だ。どうか自信をもって実社会へ雄飛してほしい。

　講義後、学生たちの感想文を読むと「日本経済の将来が、暗くないと知り元気が出ました」という内容が意外に多い。これからの時代、「なぜだめなのか」にばかり焦点を当てるのではなく、「どうしたら成功できるのか」を学ぶという前向きの姿勢が教育現場でも求められていると思う。

日本の将来の金融産業像

　北欧で起きていることをふまえると、今後日本の金融産業像はどのような変貌を遂げていくのだろうか。金融産業を取り巻く環境は着実に変化している。たとえば、法制面では、今後の金融技術革新を促していくような以下のような法制度の見直しが着実に進んでいる。

　第1に、銀行のオープンAPI推進に係る規制枠組みの整備である。「オープンAPI」とは、非常に簡単にいってしまえば、「FinTech企業に銀行システムへのアクセスを認めること」である。それによって、FinTech企業は顧客（消費者、企業）に新たなサービスを提供し、銀行はFinTech企業から手数料をとる。

　第2に、金融サービス仲介法制の整備である。この議論のなかでは、オンラインを念頭に、複数業種かつ多数の金融機関が提供する多種多様な商品や

サービスをワンストップで提供する仲介業者に適した「業種類型」の新設が検討されている。これが実現すれば、複数の業務を行う仲介業者にとっては登録手続きが一本化されることになる。

　第3に、決済法制の整備である。現行法のもと、資金移動業者は銀行ではないが送金サービス（為替取引）を営むことができる。ただし、1回の送金額は100万円以下に制限されてきた。これに対しては、FinTech企業等の参入やイノベーション促進といった観点から、送金上限規制を緩和して、利用者保護やマネロンリスクなどの観点から、取り扱う送金額に応じて資金移動業者を3つの区分に分け、それぞれのリスク等に応じた規制を整備する方向で議論が進められている。

　以上のような改革が進展した際に、日本の金融産業はどのような姿に変貌していくのだろうか。この点については画一的な答えがあるわけではない。現に、今回訪れた北欧諸国でも目を引いたのは多様性だ。それでも、北欧で進行しているさまざまな事象は、今後日本で起こりうることを展望するうえで、非常に有益な視点を提供してくれる。

　北欧で視察した具体的な動きは次章以下で解説するが、ここでは、その前提として読者の理解の一助とするために、伝統的な銀行とFinTech企業のオープンAPIを通じたコラボのパターンに焦点を当てた欧州銀行協会の整理を■0-6を用いて紹介する。■0-6の横軸には、誰が金融商品を開発・製造するか、縦軸には誰が金融商品を提供・販売するかという2つの軸を設け、それぞれについて銀行によるものか、外部事業者によるものかの2通りに分けて次世代銀行業のビジネスモデルを4つに分類している。

　第1のタイプ（左下）は、銀行が開発したサービスを銀行が自ら顧客に提供する製造・販売の自己完結型。このタイプとして北欧で注目されたのは、従来はライバル関係にあった複数の銀行が連合を組んで送金アプリを「共通化」することによって消費者の「利便性向上」と銀行の支店・ATM網の縮小による「コストの抑制」という一石二鳥を実現している事例だ。銀行連合には、通信業など異業種からの決済業務への参入に対抗する意味合いもあっ

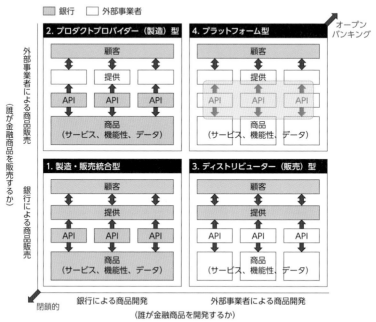

■０−６　次世代銀行業のビジネスモデル

（出所）　Euro Banking Association（2016），"Understanding the business relevance of Open APIs and Open Banking for banks"

たようだ。

　第２のタイプ（左上）は、預金受入れや決済など、従来は青色で表示した銀行が担っていたサービスを、白色で表示したFinTech企業が顧客に販売・提供するものだ。銀行は金融商品・サービスのプロバイダーに特化するので、商品提供に営業店チャネルが不要となる。このタイプとして北欧では、FinTech企業が、移民や出稼ぎ労働者など銀行口座をすぐに開設できない個人顧客に対し、電子マネーで給与を振り込み、それをモバイル決済に使ったり、国内・海外送金を安価に行ったりするサービスを提供する事例があった。

　第３のタイプ（右下）は、FinTech企業が開発した商品やサービスを、銀

行が顧客に提供するものだ。銀行にとっては、自行で一通りのサービスを取りそろえる必要はなく、顧客にとって最適なサービスの提供が可能になるメリットがある。このタイプとしては、FinTech企業が開発した生体認証サービスを利用して、オンラインでの顧客の本人確認を低コストで迅速に行っている事例があった。

　第4のタイプ（右上）は、FinTech企業が開発した商品やサービスを、銀行のプラットフォーム経由でFinTech企業が提供するもの。このモデルでは銀行の役割はプラットフォームを提供することだけになる。

　いずれのタイプにおいてもITを軸とした金融技術革新が推進力となっていることは共通している。日本においても、前述のように、金融技術革新を加速することになるであろう法制度は整備されつつあり、いま北欧で起きていることは日本がやがてたどることになると予想される。現在、日本においては、伝統産業である銀行と新興のFinTech企業との間では、連携する場合のコスト負担や安全対応の分担のあり方などをめぐり立場に隔たりがあるのが実情だ。しかし、弾みのついた技術革新の大きな波を止めることはできない。波に呑み込まれるのではなく、一緒に波に乗り、新たなフロンティアの開拓を目指していくことが必要だと思われる。日本には優れた技術やきわめて高い信頼性を誇る決済システムなどの金融の基幹インフラ、さらには卓越性を追求する国民性もある。悲観的になることはないはずだ。

▌本書の構成

　本書は5つの章から構成される。まず、序章に続く第1章から3章では、視察団が訪問した国の実情を順番に紹介する。それぞれの国が、デジタル化において世界一の比較優位を誇る領域に焦点を当てている。第1章では、世界最先端のキャッシュレス社会となったスウェーデンを、第2章では世界一幸福で起業意識の高いフィンランドを、そして第3章では電子国家とオープ

ン化こそが生き抜く道と信じて邁進してきたエストニアを取り上げる。各章では、それぞれの筆者の視点からみた全体像と特徴的な動きを総論として解説し評価を加えている。続くケーススタディ（各論）では、実際に訪問した先との面談から得られた情報のうち、全体像の理解を深めるうえで有益と思われる具体的な動きを紹介している。各章では、読者がイメージを把握しやすいように、現地で撮影した写真などを掲載した。最後に第4章では、全体の総括として、日本へのインプリケーションをまとめている。

　本書が、日本の金融界が新たな金融産業の構築に向けて歩んでいくうえで、なにがしかのヒントを提供できることを視察団一同、心から願っている。

謝　辞

　「北欧フィンテック・キャッシュレス視察団」は、スウェーデンのリクスバンク（中央銀行）、フィンランド銀行（中央銀行）、ビジネス・フィンランド、エストニア投資庁、e-Estonia Briefing Centreのほか、大手銀行、FinTech・IT企業等を訪問し、丁寧な教示、活発な意見交換によって大変有意義な知見と示唆を得た。また、現地調査では在スウェーデン日本国大使館、在フィンランド日本国大使館、在エストニア日本国大使館に大変お世話になった。快く受け入れてくださった方々にこの場を借りて厚く御礼を申し上げたい。

　なお、本書の文責はそれぞれの章の執筆者に帰することを申し添える。

第1章 ✚ スウェーデン

世界最先端のキャッシュレス社会

加藤　出

1 | 総　論 | デジタル・トランスフォーメーション 実現の "秘訣"

▌いまや銀行強盗は絶滅危惧種

2013年4月22日の午前10時30分頃、ストックホルム市内にある大手銀行 SEB（Skandinaviska Enskilda Banken AB）のÖstermalmstorg支店に黒い帽子をかぶった男が押し入ってきた。彼は「強盗だ！」と叫んで銃を行員たちに向け、布の袋を差し出して「現金をよこせ！」と要求した。

ところが応対した行員は落ち着いたようすで、「それは無理なんです」と彼に説明した。なぜ無理かといえば、同支店には、カウンターにも、金庫のなかにも、現金はいっさいなかったからである。困惑する強盗に対して支店長は「キャッシュフリー店舗」と書かれた壁のポスターを指さしてこういった。「本当なんです。申し訳ありません」。

うなだれて店から出て行こうとした強盗は、出口でふと振り返り、尋ねた。「どこの支店に行けば現金があるのか」と（『WIRED』誌 2016年5月8日号）。

▌「仕事はsuper fun！」 人員削減下でも活気あふれる銀行員

世界初の銀行券（紙幣）は1661年にスウェーデンで発行された。その国がいまや世界最先端のキャッシュレス社会となっている。冒頭の事例にあったように、驚くべきことに2013年時点で同国の銀行は現金の取扱いを停止し始

めていた。当時の日本では"キャッシュレス"という言葉すらまだほとんど知られていなかったように思われる。

　これほどまでに現金が使われなくなっている国は、スウェーデンの隣国ノルウェーなど北欧諸国を除くと、世界を見渡してもそう多くは存在しない（後述するように、キャッシュレス社会の印象が強い中国であっても、実は現金がまだまだ流通している）。

　とはいえ、銀行が現金の取扱いを縮小しながらデジタル銀行へのトランスフォーメーション（変容）を推し進めると、その支店網は縮小され、従業員も減らされる。実際、SEBのスウェーデン国内の行員数は1998年は11,503人だったが、2019年は8,013人へと30％も削減された（■1－1）。

　またNordea銀行のスウェーデン内の行員数も2002年の8,724人から2019年は6,112人へと約30％削減されている[1]。

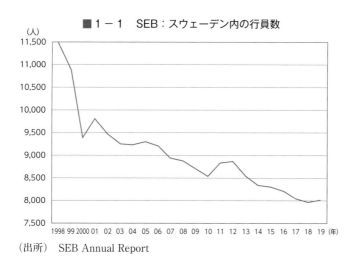

■1－1　SEB：スウェーデン内の行員数

（出所）　SEB Annual Report

1　スウェーデンにおいても大きなシェアをもつデンマークのDanske銀行は2017年に全従業員の約4割を一挙に削減する早期退職募集を発表した。同行は北欧諸国全般で営業しているが、北欧にはキャッシュレス化が進んでいる国が多いため大胆な人員削減が実施されている。

日本ではデジタル化の流れのなかで金融業界を“衰退産業”“構造不況業種”と見なす声が近年とみに高まっているようだ[2]。大学生の就職先人気ランキングでも銀行など金融業は順位を著しく下げている。それゆえ「キャッシュレス化の最先端を行く北欧において、銀行で働く人々はどのような意識をもっているのだろうか？」という点に、われわれは強い関心があった。

　そこで今回スウェーデンで訪問した複数の行員に、銀行で働くことの将来性や学生の人気などについて質問を投げかけてみた。その返答は以下のように、われわれの予想を超えたものだった。

【Nordea銀行のスタッフ】

・いまの仕事はsuper interesting（超おもしろい）だ。本当にcool（素晴らしい、格好いい）だ。

・将来の銀行のサービスは、あらゆるチャネルにおいてシームレスに統合されたものになる。こういった時代の銀行業の仕事はsuper fun（超楽しい）だ。

【SEBのスタッフ】

・いまの学生は伝統的な銀行業務にはあまり関心がないが、デジタル・ソリューションへの関心は高い。僕たちがブロックチェーンの研究をしているというと、「えっ、自分で？」と驚く学生もいる。

・最近は、銀行はブロックチェーンやAIを導入しているイノベーティブな職場というイメージが学生に広まっており、就職先として銀行の人気は高い。先日の就職説明会も学生で満員だった。

　彼らは決して強がっているわけではない。デジタル時代の金融ビジネスを心底楽しんでいて、先行きを悲観しているようすはまったくなかった。日本

2　たとえば、『週刊ダイヤモンド』2019年10月5日号の特集企画は「銀行・証券断末魔」だった。

の金融業界でこういった前向きな言葉を聞くことは近年ほとんどないだけに、われわれ視察団は皆、非常に強い印象を受けた。

　近年の北欧の銀行は、行内の人的およびシステム上のレガシーにとらわれずに、FinTechスタートアップ企業とどんどん提携し、有望な企業があれば買収しながら、新技術を業務に導入してきた。スタートアップ企業を育成するエコシステムにも積極的に資金を出して支援している。このような環境にある銀行は、ITリテラシーが高い職員にとって非常にやりがいのある職場になっているのである。

　また支店や行員の削減は進められていても、銀行のビジネスそのものは縮小していない。■1−2はSEB全体（スウェーデンだけでなく他の北欧諸国やドイツ等も含む）の2000年以降のバランスシートだが、預金、貸出金、総資産はいずれも顕著に拡大してきた。リテールや企業の顧客をオンライン・バンキング、モバイル・バンキングに誘導してきたからである。それゆえ行員1人当たりの収益も伸びてきたことがうかがわれる。

　■1−3は同行の「給与・その他報酬」の総額を全行員数（国外も含む、

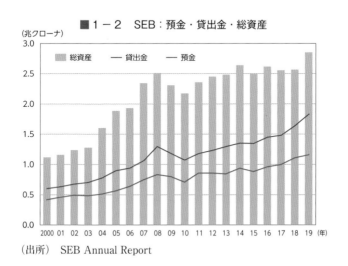

■1−2　SEB：預金・貸出金・総資産

（兆クローナ）

凡例：総資産　──貸出金　──預金

（出所）　SEB Annual Report

■1－3　SEB：行員1人当たり「給与・その他報酬」

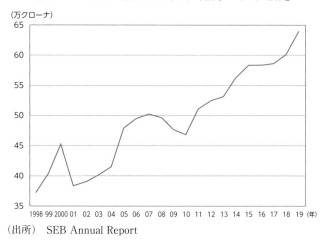

（万クローナ）

（出所）　SEB Annual Report

スウェーデン国内の行員数はおよそ半数）で割ったものである。1998年の37.3
万クローナに対して、2019年は64万クローナと71.6％も増加している（ス
ウェーデンのこの間の物価上昇率は37.3％）。

　このため、われわれと面談したスウェーデンの銀行員は、おそらく先行き
の自分たちの収入にも楽観的な見通しを抱いていたと推測される（北欧の銀
行もマイナス金利政策の打撃を受けてはきたが、日本の銀行ほどは深刻化しない
環境下にある。本章ケーススタディ「Riksbank」参照）。

　とはいえ、物事には光と影があるはずだ。銀行に残ることができた従業員
は良いとしても、デジタル化の流れについていけずに解雇された人々はいっ
たいどうなってしまったのだろうか？　日本ではそれが心配されるがゆえ
に、金融業に限らず多くの企業において変革のスピードが遅くなりがちであ
る。スウェーデンはこの問題をどう乗り越えてきたのだろうか？　その回答
は本章で後ほど示す。

　今回の視察であらためて痛感させられたが、スウェーデンを含む北欧をみ
ていると、キャッシュレス化の進展もさることながら、実はその背景にある

国家的な理念、戦略、教育・労働市場政策、人々の意識に学ぶべきものが多々あるといえる。

　しかしながら、とかく日本で北欧の話題になると「しょせん小国の話なので日本に当てはめることはできません」といって議論が止まってしまいがちになる。だがこのデジタル時代においては、大消費地から遠く離れた小国の小さい新興企業が、大国の大企業の伝統的ビジネスをあっという間に覆す「下剋上」を起こすことが容易になっている[3]。北欧の小規模企業が日本に攻め込んでくることも現実の可能性として考えられる。

　第4章でも触れているが、北欧の国々の人口規模は日本でいえば都道府県並みにすぎない。そこから生まれてくるスタートアップ企業が世界的な規模で「下剋上」を起こせるなら、それを参考にして日本の地方経済がデジタル時代に新たなチャンスをつかむ可能性もみえてくるといえるだろう。

　また、スウェーデンの2017〜2019年平均の1人当たり名目GDP（ドル換算、IMF推計）は5.3万ドルであり、日本の3.9万ドルを34％も上回っている。購買力平価でみてもスウェーデンは日本より21％大きい。一方、労働時間は日本よりも大幅に短く、OECDのワークライフバランス評価では日本よりもはるかに高い評価を受けている。人口約1,000万人の小国だからといって、われわれは同国を決して「上から目線」でみてはいけないのである。

　筆者はキャッシュレスの調査等でここ5年近く、この興味深い国を毎年訪問してきたのだが、その度に変化の速さに驚かされてきた。現金の減少にあわせ、同国の中央銀行Riksbankは先進国で最も早く中央銀行デジタル通貨（CBDC：Central Bank Digital Currency）の発行を開始しそうな勢いである。その一方で、急速なキャッシュレス化に対する激しい批判も近年湧き起こっている。また既存の金融機関に“挑戦”するチャレンジャーバンクとしての

3　スウェーデンの新興企業で定額音楽配信サービス世界最大手「Spotify」の2019年第4四半期の売上は18.6億ユーロ（2,263億円）に達した。世界4大音楽企業の1つであるソニー・ミュージックの同時期のグローバル売上19.9億ドル（2,169億円）を上回り始めている。

ユニコーン企業も台頭している。

　そこで本章では次節以降、今回の視察団で得たスウェーデンのFinTech最新情報を中心としつつ、過去の訪問時に収集した情報もあわせて、日本にとって重要なポイントを考察していくこととする。

現金を持ち歩かなくなった人々、現金を受け付けない銀行

　まずは首都ストックホルム（人口100万人弱、周辺も含めた同都市圏で230万人強）に住む人々のキャッシュレスに対する接し方を見てみよう。

　小売店や飲食店での支払いで現金を使う人はめったにみられない。カード（デビットカードまたはクレジットカード）による支払いが圧倒的に多い。

　零細店舗でもほとんどがカード読み取り端末を用意している。■1－4、5は、市内中心部にある市場の露店だが、いずれもカードを受け付けることを明示している。■1－6は露店の花屋でカード決済する女性だが、大半の買い物客はそうしている。

　屋台も同様にカードで支払う人がほとんどだ。■1－7は2016年のホットドッグ屋のようす。15クローナのホットドッグを買った女性がカード端末に暗証番号を入力していた。■1－8は2019年の同じ屋台。カード端末が非接触式デビットカードにも対応できる新モデルにかわっている。

　カード読み取り端末は、スウェーデン発のユニコーン企業であるiZettle製が多い。同端末はかなり安価であり、しかもワイヤレス接続するiPhoneやiPad上のアプリでカード決済を処理するため、その低コストが魅力となり、早い時期から零細店舗の導入が相次いだ（iZettleは欧州市場やメキシコ市場に特に強く、それを欲した米Paypalに2018年に22億ドル―約2,400億円―で買収された）。

　休日に歩行者天国の通りで開かれていたフリーマーケットをのぞいてみた。店主がカード端末をもっていない場合、商品の購入者は（やはり現金で

はなく）「Swish」で代金を支払うケースが多い。Swishとは携帯電話番号と銀行口座とを紐づけたモバイル個人間送金システムである（詳細は本章ケーススタディを参照）。Swishのほうが、iZettle経由のカード決済よりも店が負担するコストは一般的には小さいため、零細店舗のオーナーはどちらかといえばSwishを好む。

　現金の利用頻度が低下している状況は、中央銀行であるRiksbankの調査からも見て取れる。

　「直近の買い物で現金を使った人の比率」（■1−9）は、2010年は39％だった（当時の他の国々に比べればすでに低い比率だったといえる）。それが2018年は13％へと低下している。

　ノーベル賞博物館近くの小規模店の店員が、今日はカード読み取り端末が壊れてしまったと客の女性に説明していた。「現金は使えますよ」といって

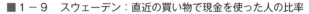

■1−9 スウェーデン：直近の買い物で現金を使った人の比率

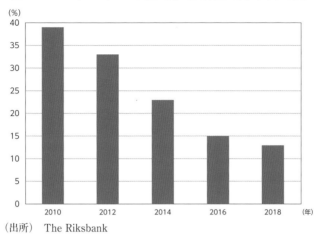

(%)

（出所） The Riksbank

いたが、■1−10の女性はSwishで代金を支払っていた。明らかに彼女は現金を普段持ち歩いていないようすだった。ストックホルムで聞いてみると、そういう人は実際に近年かなり多いとのことであった。

　ストックホルムの街頭では、『Situation』というストリート雑誌を販売している人々の姿を時々見かける。この雑誌は低所得層、移民、難民などの経済的自立を支援する団体が発行したもので、販売員は1冊売るごとに手数料を得ていく（イギリスや日本で発行されている『The Big Issue』と似た仕組み）。しかしながら近年は上述のように現金を持ち歩かない人々が増えている。このため同誌の発行体は2013年頃から販売員にカード読み取り端末を配布したり、あるいはSwishの口座番号（またはそのQRコード）を貸与したりしている（販売員の多くは銀行口座をもっていないため、それらの手段を介した売上はいったん発行体の銀行口座に入り、その後、各販売員に手数料が分配される）。

■1−10

▌増加する「現金お断り」の商店、飲食店

　筆者の印象としては、ストックホルムでは2017年頃から「現金お断り」を表示する小売店や飲食店が徐々に増え始めたように思われる。■1−11〜13は中央駅から南に地下鉄で10分ほどの距離にあるラーメン店の同年のようすである（ストックホルムに寿司屋は多いが、ラーメン屋はまだ珍しい。ここはオーナーも店員もスウェーデン人だった）。「Fully Loaded Ramen」（全部載せラーメン）は115クローナだった（当時のレートで約1,500円）。カウンターで支払おうとしたら次の表示があった。「Ramen（この店舗の名称）はキャッシュレスのラーメン店です。カードかSwishで払ってください」。

　今回の視察団で訪れた2019年のストックホルムでは、「現金お断り」の店が至る所で目につくようになっていた。目抜き通り近くのレストランでは、メニューに「ノー・キャッシュ」（■1−14）と記載されている。レジには「Sorry, No cash accepted（すみません、現金は受け付けません）」「Pay by card or Swish（カードかスウィッシュで支払って）」（■1−15）といった表示がみられた。そのそばには、この店のSwishのQRコードが表示されていた（■1−16）。

　外国から観光客が多く集まる中央駅のパブのような場所も現金は受け付けず、「カード支払いのみ」と表示していた（■1−17）。街中で「現金は王様ではありません」と表示した店を見かけることがあるが、これも「現金お断

■1−11　　　　　　　　■1−12　　　　　　　　■1−13

り」を意味している。

　Swedish Trade Federationの2019年の調査によると、スウェーデン全体では、耐久財を販売する店舗の20％が現金受入れを完全に止めている。非耐久財の店ではまだ98％が現金を受け入れているものの、ストックホルムのような都市部では上述のように「現金お断り」の比率が高まりつつある。

　家具・雑貨の大手チェーンIKEA（イケア）は、顧客の現金利用が減っている状況を考慮して、2018年10月、ストックホルムから北へ約100kmのGavleにある店舗で、完全キャッシュレス化の実験を行った。同店幹部が、従業員の労働時間の15％が現金の勘定、保管、銀行口座への入金などに使われてきたことを問題視したためである。実験の結果、現金でなければ支払い

を行えなかった客の比率は1,000人にわずか1.2人だったという。それらは店内のカフェテリアでホットドッグなど少額の食事を硬貨で支払っていた人々だった。

　つまり、IKEA社の主力商品である家具・雑貨等を紙幣でなければ購入できないとクレームをつける客はほぼいなかった。そこで同店の店長は、硬貨だけをもってカフェテリアに来る客にはホットドッグの無料券を配布し、「次回からはカードをもってきてください」と伝えるようにし、しばらくしてから同店を完全キャッシュレス化した。またスウェーデン最大の百貨店チェーンAhlensも同時期にいくつかの店舗で完全キャッシュレス化の実験を行っている（だが、後述するように、これらの動きは高齢者団体などからの猛反発を招いた）。

■ 教会も苦渋の完全キャッシュレス化

　教会もキャッシュレスに対応するようになった。以前は日曜日などに教会に集まる信者は募金箱に紙幣や硬貨を入れていたわけだが、現在はSwishによる募金が一般化している。米NBCニュース（2018年8月30日）がそういったようすを紹介していた。

　ある教会の信者の女性は次のように語っていた。「私は親からお小遣いとしてもらった現金を教会で財布から出して寄付していました。でも、いま母親になった私は現金をもっていないから、それができません。子供に渡すお小遣いはいつもSwishです。ですから教会への寄付もSwishで行います。それがハレルヤ（主を讃えよ）なんです」。教会の聖職者も「募金を集めようとするなら、携帯電話機はますますスピリチュアル（精霊的な）ものになっていくでしょう」と苦笑しながら語っていた。

　ストックホルム郊外のSundbyberg教会はスウェーデン初の完全キャッシュレス教会として知られている。会衆席の聖書が置かれた机には、Swish

送金用の口座番号（教会の電話番号）を表示するシールが多数貼ってある。

　同教会の牧師が特に新しもの好きというわけではない。やむをえずキャッシュレス化したのだとして、その理由を次のように説明していた。「この地域で現金を受け付ける銀行がいまや1つもありません。このため浄財を預けるために、わざわざ現金をもって遠くの銀行に行かねばならなくなり、用務員の労働環境は著しく悪化してしまったからなのです」。高齢者などのなかには現金で払いたがる人もいただろう。完全キャッシュレス化によって、銀行への入金の手間は省けたが、一方で、現金での寄付を断らざるをえなくなったわけで、教会にとって苦渋の選択だったようだ。

▎「札勘」に不慣れな銀行員

　実際、スウェーデンでは全銀行店舗のうち、すでに6割近くが現金を扱わなくなっている。今回の視察団で訪問したある大手行は、スウェーデン内の全店舗のうち現金の受払いを継続している店は5店舗しかないと説明していた。別の大手行は「事前に連絡してもらえばすべての店舗で現金の受払いを行いますが、そうでない場合、常に現金に対応できるのは国内114店舗中3店舗だけです」と述べていた。

　その結果、同国の銀行員は紙幣を数える基本作業である「札勘（さっかん）」ができないと、ストックホルム在住の日本人があきれながら語っていた。

　彼は同地に移住する際、日本からもってきたお札を現地紙幣に両替して、それを銀行口座に入金しようとした。その数十枚の紙幣を行員が数えるようすをカウンター越しにみていたところ、日本の銀行員がやるような扇形に札を広げて数える"職人芸"が披露されるどころか、1枚ずつ机に置きながら不器用に数えていたという。

　紙幣を勘定する作業がほとんどないのであれば、銀行は行員にそのトレーニングをさせる必要もない。現金の受払停止はそれに関連するさまざまなコ

ストの削減も可能になる。さらに現金の減少は、金融機関にとってはマネー・ロンダリング対策（AML）や顧客確認（KYC）の面でも望ましいといえる。

現金拒否のスパイラル
若い世代に現金は、“so uncool”

　近所の銀行が現金を扱わなくなったり、ATMや預金専用機（口座に入金するための機械）が減ると、小売店や飲食店も顧客から現金を受け取ることを大きな負担と感じるようになる。前述した教会の例のように、入金のために離れた銀行やATM等に行かなければならないからだ。その結果、「現金お断り」の店が自然と増えることになる。

　それによって現金に対する需要がさらに低下すると、それを受けて銀行側はさらに現金取扱店を削減してしまう。このスパイラルが近年のスウェーデンで加速してきた。

　Riksbankの調査（2018年）[4]によると、「現金をいつまで受け付けるか？」との問いに対して小売店や飲食店の約半数が「2025年まで」と回答している。このため同中銀関係者は「（半数の小売店や飲食店で現金が使えなくなるという）重大な局面が近づいている」と状況を注視している。

　Riksbankは、自ら現金を廃止するつもりはないと明言しているが、次の点を気にしている。かつて小切手の利用が市中でかなり減ってきた時、同国の金融機関はコストの観点から、小切手を決済するためのインフラの維持をある時点でぱたりとやめてしまった。それ以降、消費者は店で小切手を使うことが完全にできなくなった。

　Riksbankは、小切手の事例と同様に、現金を流通させるための民間のインフラがいずれ消滅してしまう可能性があると警戒しているのである。ただ

4　"Payment patterns in Sweden 2018" Riksbank,（May 2018）

し、後述するように、2021年1月に大手銀行に最小限の現金受払サービス維持を義務づける法律が施行される。このため、現金流通インフラは当面消滅しないことになった。しかしながら同国の銀行は、コスト削減のために、世論の動向もみながら、同法の廃止をねらうロビー活動をどこかで始める可能性はあるだろう。

　ところで、ストックホルムで面談した大手行の職員の1人が、キャッシュレスに関する同国のティーンエージャーの感覚を次のように説明してくれた。

　「うちの13～15歳の子供たちは、現金で支払うことを "so uncool"（とっても格好悪い、ダサい）といいます。現金よりもカード、カードよりもSwish、SwishよりもNFCのチップが入ったスマートウォッチの順で "cooler"（より格好いい）と彼らはいうのです」。

　ということは、今後、時が進むにつれ「現金は "so uncool"」と考える世代の比率が高まっていくことになる。このような支払決済手段に対するイメージも、現金消滅の可能性を高めていく要因になりうるといえる。

Box 1 - 1　キャッシュレスの先駆者　ABBA博物館

　スウェーデンを代表するポップ・スターといえば、誰もがABBA（アバ）をあげるだろう。同グループは1970年代半ばから80年代初期にかけて世界的に大活躍した4人組グループである。1982年の解散後も彼らの曲は世界的に長く愛され続けている。近年も彼らの人気曲を用いたミュージカル映画「マンマ・ミーア」（2008年）、「マンマ・ミーア2──ヒア・ウィー・ゴー」（2018年）が多くの国で大ヒットしている。

　これほどの大成功を遂げたミュージシャンは同国にはほかにいないこともあり、ABBAを自分のことのように誇らしげに語るスウェーデン人は多い。ストックホルム在住のABBA世代のある女性は、「メンバーたちの暮らしぶりは巨額の収入に比べ質素で、しかもスウェーデンの高い所得税率を受け入れてきちんと納税してきた点も素晴らしい」と称賛していた。

　このABBAを記念する博物館がストックホルムにあり、同市の人気観光スポットの

ひとつになっている。展示内容は多彩だ。
メンバーが実際に使ってきた楽器や衣装、
再現された当時のレコーディング・スタジ
オ、ライブのビデオ映像等々に加え、観客
参加型の疑似レコーディング（実際にCD
に記録できる）やメンバーのホログラムと
一緒に踊るアトラクションなどがある。
ABBA世代の中高年は特に大喜びでそれら
を楽しんでいる。

　この博物館には別の観点から興味深い特
徴がある。2013年5月の開業当初から、
入場券売り場や土産品売り場において現金
をいっさい受け付けない「キャッシュレ
ス・ミュージアム」を標榜してきた点だ。
現在のストックホルムでは「現金お断り」
の店は多数あるが、2013年当時はそういっ
た姿勢は先駆的で、賛否両論が湧き起こっ
ていた。

　同博物館が反発を覚悟してまでキャッ
シュレスにこだわったのはABBAの中心メ
ンバー、ビョルン・ウルヴァース氏の強い
意向による。同氏の息子が2008年に強盗
に遭い、現金を盗まれ精神的に強いショッ
クを受けた。それをきっかけに同氏は「現
金が存在しなければ犯罪は減少する」と考
え、キャッシュレス化推進の強力な提唱者
の1人になったのである。館内に次のよう
な表示がある。「キャッシュレスはすべて
の人々にとって安全性と効率性を高めます」。

ABBA博物館の外観と展示例

館内はすべて「現金お断り」

　ABBA博物館で利用可能な支払手段は、従来はデビットカードとクレジットカード
だったが、近年の中国人観光客の急増に対応して、2019年2月からはAlipayも受け

付けるようになった。ABBAの代表的ヒット曲の１つに「マネー、マネー、マネー」がある。1976年の曲だ。当時のメンバーたちは、40数年後にストックホルムの自分たちの博物館へ中国人観光客が大勢やってきて、彼らが携帯電話機でマネーを支払うことになるなどまったく思いもよらなかったであろう。

▌世論調査・統計からみたキャッシュレス化の影響

スウェーデンのキャッシュレス状況をRiksbankの"Payments patterns in Sweden 2018"（2018年5月）と"Payments in Sweden 2019"（2019年11月）などを参考にしながら、より詳しくみてみよう。

「前回何かを購入した時、あなたはどうやって支払いましたか？」（■1－18）という質問に対する回答は、「デビットカード」が圧倒的となっている。2018年時点で8割だ。16年から18年にかけて同カードの利用が伸びているのは、非接触式のデビットカード普及の影響だろう（後述）。

「デビットカード」から大きく引き離されて、第2位は「現金」、第3位は「クレジットカード」となっている。スマートフォンなどを用いるSwishは、個人間送金においては独占的シェアを占めているが、店頭での支払いにはあまり利用されていない（Swishの利用が16年から18年にかけて減ってしまったのは、前述の非接触式デビットカードの影響と思われる）。

年齢別の利用状況がみえる質問があった。「過去1カ月間に利用した支払手段は？」（■1－19）では、「現金」は18〜24歳においては4割程度だが、65〜84歳になると6割を超えている。「デビットカード」は18〜24歳、25〜44歳、45〜64歳と幅広い世代において利用率が9割を超えていた。65〜84歳はやや低下するものの、それでも8割超と高い比率だ。

Swishの利用率は16〜24歳、25〜44歳では8割程度と高い。しかしそれ以

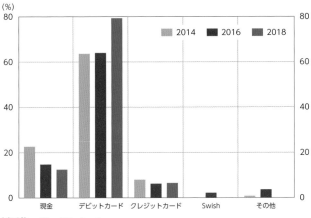

■1−18 スウェーデン：直近の買い物での支払方法

（出所） The Riksbank

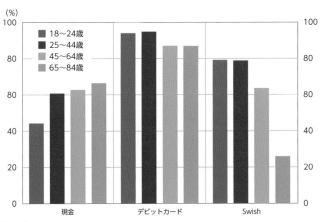

■1−19 過去1カ月間に利用した支払手段

（出所） The Riksbank

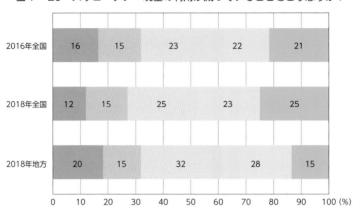

■1-20　スウェーデン：現金の利用が減っていることをどう思うか？

	とても否定的	やや否定的	どちらでもない	やや肯定的	とても肯定的
2016年全国	16	15	23	22	21
2018年全国	12	15	25	23	25
2018年地方	20	15	32	28	15

（出所）　The Riksbank

上の年齢層では下がる傾向がみられる。65〜84歳は２割台前半でしかない。

　この調査結果をみると、国民のデジタル・リテラシーが全般的に高いスウェーデンでも、高齢者ほど現金を好み、また、高齢者ほどモバイル決済よりも、より簡便なデビットカードを好む傾向がみられる。

　ATMなどから現金を引き出す頻度への問いには、2018年時点の回答は、「週１回以上」が６％、「月１〜３回」が31％、「月１回未満」が42％、「引き出したことがない」が20％だった。おそらく引き出す頻度が高い人の年齢層は高めだろう。

　現金の利用頻度が低下している状況に対するスウェーデン国民の印象はどうだろうか？（■1-20）。

　この図表（■1-20）の最上段は2016年の全国、中段は2018年の全国だ。現金の利用が減っていることに対して否定的な人（「とても否定的」と「やや否定的」の合計）は16年には31％だったが、18年は27％へと低下した。逆に肯定的な人（「とても肯定的」と「やや肯定的」の合計）は、16年には43％だったが、18年は合計48％へと増加した。

一方で、最下段は18年時点の地方在住の人々の回答だ。地方の場合、現金利用頻度の低下に否定的な人は合計35%、肯定的な人は合計33%だった。同じ年の全国調査に比べるとキャッシュレス化にネガティブな反応が多い。都市部よりも地方のほうが高齢者の比率が高いこと、森林地方など人口が少ないエリアでは電波通信環境が不安定で、カードの端末やスマートフォンが利用しにくいことが影響しているようである。

QRコード式かそれともカードか?

これまで何度か触れてきたSwishは、スマートフォンなどを使って個人間の送金(親から子への小遣い、外食時の割り勘等々)を行う、モバイル決済である。個人間送金において、Swishのライバルは同国に事実上存在していない。

Swishの普及はスウェーデンの現金流通額を減少させた要因の1つといわれている。同国の小売店や飲食店の多くは、Swishでも非接触式カードのどちらでも支払うことができるようになっている。しかし、先ほどもみたように、店舗では後者の利用のほうが圧倒的に多い。前述のように同国の若い世代はカードよりもSwishのほうが"cool"だと感じているが、それはそれとして、店頭での支払いはより手間がかからない非接触式カードを使っている。

店舗でSwishを使って決済する場合、一般的には次のような流れになる。スマートフォンの電源を入れ、ロックを解除し、アプリを立ち上げて、店のQRコードをカメラで読み取り(または相手の電話番号を入力し)、続いて金額を入力、ポップアップしてくるBankIDという本人認証の画面に暗証番号を入力すれば、支払いが完了する。

他方、非接触式デビットカードの場合、日本円換算で数千円内の支払いならば、暗証番号を入力する必要もなく、端末にかざして「ピッ」と鳴れば決

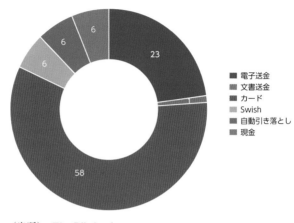

■1－21　スウェーデン：2018年の決済件数におけるシェア

凡例：
■ 電子送金
■ 文書送金
■ カード
■ Swish
■ 自動引き落とし
■ 現金

（出所）　The Riksbank

済が完了する。このためスマホに不慣れな高齢者にとっても同カードは利用
しやすい[5]（なお若い世代が最も"cool"と考えるスマートウォッチによる支払い
は、結局はデビットカードかクレジットカードの決済を経由していく）。

　参考までに、スウェーデン国民1人当たりの1年間の平均カード決済利用
件数は2008年は176件だったが、2018年は349件に増えている。また、リテー
ルの資金決済だけでなく、企業や金融機関などホールセールの決済もすべて
含めて、手段ごとの件数のシェアを表示したものが■1－21の円グラフであ
る。同国の2018年の全決済件数は約60億件で、そのなかで最も利用されてい
たのはやはりカード（58％）、次が企業や金融機関の利用が多い電子送金
（23％）、続いて自動引き落とし、Swishと現金がほぼ同率の6％となってい
た。

5　小売店や飲食店での支払いにおけるカードの利用がQRコード式などのスマホ決済を
　大きく凌駕する傾向は、デンマーク、フィンランド、ノルウェー、イギリスなどキャッ
　シュレス化が進んだ他の諸国でも観察することができる。アジアにおいても、韓国、台
　湾、香港、シンガポールではカード決済が主流である。

　なお、スウェーデンではキャッシュレス決済手段の寡占化が進んでいるため、店舗の入り口やレジにある、利用可能なキャッシュレス手段の表示は日本に比べはるかにシンプルだ。VISA、マスターカードなどの国際カード（スウェーデンの銀行と提携したデビットカードおよびクレジットカード）が数種類とSwishの表示が中心である。

　デビットカードもSwishも、どちらも同国の銀行業界が普及させたサービスである。つまり、実際のところ同国の銀行にとっては、消費者にどちらを利用してもらってもかまわないという状況になっている（カードはVISAやマスター等と提携しているため、銀行業界はどちらかといえばSwishのほうをより普及させたいようではあるが）。

　このため、多数のキャッシュレス決済手段が利用者獲得のために熾烈なポイント還元競争を展開する、という日本のような（世界的にはまれな）状況はスウェーデンでは起きていない。Nordea銀行のスタッフは次のように説明してくれた。「キャッシュレス決済に中国のAlipayのような他業種からの参入があったら銀行業界は混乱したのでしょうが、そうなる前にわれわれは早くから動きました」。

▌強盗が減ったかわりにスキミング・リスクが台頭

　Box 1 - 1でみたように、ABBA博物館はキャッシュレス化は犯罪を減らし、社会を安全にすると主張してきた。実際のところ、それはスウェーデンの犯罪発生件数に有意な影響を与えてきたのだろうか？

　Riksbankの資料（2019年）によると、同国で発生した銀行強盗の年間件数は、2009年は80件弱だったが2018年は10件前後に減った。同じ期間に現金輸送中の強盗は60件弱から0件近くに減った。タクシー強盗は80件弱から20件強へ、商店での強盗は1,200件弱から500件強に減少した。このような犯罪件数減少について、Riksbankは「おそらくキャッシュレス化で説明すること

ができる」と解説している。

　その一方で、テクノロジーの進化に伴う新しい犯罪も現れている。その代表例がカードに対するスキミング（情報の窃盗）である。非接触式デビットカードは、設定されたキャップ以下の金額については暗証番号なしで店舗などで決済に使うことができる。この利便性の高さを逆手にとって悪用する犯罪が増えている。

　たとえば通勤時間帯の混んだ地下鉄車両内など、他人に背後から接近しても怪しまれない環境において、非接触式カードが入っていそうなポケットやカバンにスキミングの機材をそっと近づければ、カード所有者に気づかれずに金額を抜き取ることが可能となる（ただし、前述のように1回当たりの金額には上限がかかる）。これは、ハイテク機器を用いた「デジタル時代のスリ」ととらえることができる。

　このような犯罪から身を守るために、スウェーデンではスキミングをブロックする機能を内蔵したカード（■1-22）を非接触式デビットカードとセットで持ち歩く人が増えている。また、スキミングをブロックする機能をもつカードケースも販売されている。

　なお、非接触式デビットカードがやはり急速に普及しているロンドンでは、少し離れた場所からでもスキミングを行える、より高性能な機材を導入した犯罪集団が現れている。同様の手口は北欧にも入ってくることが予想さ

■1-22　スウェーデン：スキミング防止機能付きカード

れ、スキミング防止用のカードやカードケースは、ますます必携のアイテム
になってきている。

Box 1 − 2　スウェーデンの概要

　スウェーデンの基礎的な経済・財政指標を日本と比較したものが次ページに掲げ
た表である（今回の視察で訪れたフィンランド、エストニアも併記した）。

　スウェーデンの経済・財政指標は全般的に日本よりも良好だ。ドル換算の1人当
たり名目GDPはいまや日本を大きく上回る。購買力平価でみた1人当たりGDPの過
去の動きを振り返ってみると、1990〜1997年にかけては日本のほうが大きかった
が、98年に追い抜かれ、その後、差は広がる一方である。

　失業率はスウェーデンのほうが日本よりも高い。ただし、これは近年の難民受入
れの影響が大きく、同国内生まれの労働者の失業率は4％未満と低水準にある。な
お、労使協定により移民も同一賃金となっている。

　スウェーデンの平均年間労働時間は日本より12.3％も短い。しかしながら、平均
年間賃金（購買力平価換算）は日本より8.9％も多い。OECDの「ワークライフバラ
ンス指数」（2017年）では日本は40カ国中36位だが、スウェーデンは10位と高い評
価を得ている。

　大半のスウェーデン人が残業をめったにしない。中流層でもサマーハウス（別荘）
を買う人が多く、夏は大半の人々が3週間以上休む。

　人口動態をみると、生産年齢（20〜64歳）人口は2000年から2050年にかけて日本
は37.8％も減少するが、スウェーデンは逆に18.3％増加する見通しである（積極的
な移民、難民受入れの影響もある）。それゆえ高齢化の進行ペースは遅く、65歳以上
が人口に占める割合は2050年でもスウェーデンは24.6％で、2020年時点の日本より
も低い。

　表にあるように、国際競争力調査でもスウェーデンは上位に位置づけられている。
高福祉社会でありながら、スウェーデン国民は起業家精神をもっている。H&M、
IKEA、さらにはIT系ユニコーン企業など世界的に活躍する企業をスウェーデンは多数
輩出している。しかしその裏返しとして、以前に比べ所得格差が拡大してしまった
という嘆きも聞こえてくる。

　ただし、格差を表すジニ係数は国際的にみればまだ低い。OECDによると、ドイツ

0.294（2016年）、日本0.339（15年）、イギリス0.357（17年）、米国0.39（17年）
に対して、スウェーデンは0.282（17年）だ。

　こうしてみると、経済に関しては非の打ちどころがないようにもみえるスウェーデンだが、近年はNordea銀行やSwed銀行などが、ロシア関連の犯罪マネーを"洗浄"（ローンダリング）したとして、国際社会から激しい批判を浴びている。たとえば、英『Financial Times』紙は次のように描写した。「北欧諸国は自分たちには誠実さと高度の信頼性という高いレピュテーションがあると誇ってきた。しかし、マネー・ロンダリング・スキャンダルによって、ノルディック・モデルの輝きは失われつつ

日本と北欧３カ国の比較

	日本	スウェーデン	フィンランド	エストニア
1人当たり名目GDP（ドル）	39,498	53,003	48,185	22,412
1人当たり購買力平価GDP（ドル）	44,184	53,341	46,465	33,955
実質GDP成長率	1.2%	1.9%	2.0%	4.6%
インフレ率（年間平均）	0.8%	1.9%	1.1%	3.2%
失業率	2.6%	6.5%	7.5%	5.3%
財政収支・対GDP比	−3.1%	0.9%	−0.7%	−0.3%
グロス政府債務・対GDP比	236.6%	38.6%	59.8%	8.5%
経常収支・対GDP比	3.7%	2.5%	−1.0%	1.9%

労働・賃金環境：2018年（OECD調べ）

	日本	スウェーデン	フィンランド	エストニア
平均年間労働時間	1,680	1,474	1,555	1,748
平均年間賃金（購買平価、ドル）	40,573	44,196	44,111	26,898
ワークライフバランス指数（40カ国中）	36位	10位	15位	17位

生産年齢人口（20〜64歳）の変化：国連中位推計

	日本	スウェーデン	フィンランド	エストニア
2000年から2050年にかけての変化率	−37.8%	18.3%	−6.1%	−27.9%

国際競争力

	日本	スウェーデン	フィンランド	エストニア
IMD世界デジタル競争力指数（2019年）	23位	3位	7位	29位
世銀ビジネスのしやすさ指数（2020年）	29位	10位	20位	18位

（出所）　主な経済・財政指標：2017〜19年の平均
　　　　　IMF調べ、一部同機関による推計

ある」（2018年10月28日）。自由な気風と、信頼を前提にした（相対的に）緩めの規制が、この場合は問題を招いてしまったといえる。

　また、2020年の新型コロナウイルス感染拡大に対してスウェーデン政府が採用した、経済を動かしながら集団免疫獲得をねらう独自路線は世界的に大きな注目を浴びた。高齢層の死者数が周囲の北欧諸国よりもはるかに多くなったことから国外では同方針を失敗とみなす評価が多い。同国内でも医療関係者を中心に批判は少なくないが、同年半ばの与党（社会民主党）の支持率はコロナ禍前に比べ意外にも顕著な上昇をみせている。同国民の高齢者医療に対する考え方および死生観には独特なものがあることにも注意が必要といえる（Box 1 － 7 参照）。

　なお、スウェーデンの公用語はスウェーデン語だが、多言語を習得している人が非常に多い。社内公用語が英語となっている企業も多数ある。人口が少ない同国において、優秀な人材を世界から集めようとすると自ずとそうなるようだ。今回の視察において面談に応じてくれた金融機関、FinTech企業、公的機関の人々も、皆驚くほど流暢に英語を使いこなしていた。

他国と比較したスウェーデンの キャッシュレス状況

　■1－23は、主要国の経済規模（名目GDP）に対するそれぞれの現金（紙幣＋硬貨）流通高の比率を表している（現金流通残高は年末あるいは年末週、名目GDPは2019年10月時点のIMF推計）。

　日本の同比率は1990年代初期は９％前後だったが、その後顕著な上昇を示した。1990年代後半に上昇を牽引したのは、日本銀行による低金利政策と金融システム危機だろう[6]。

6　当時は金融機関の破綻が相次ぎ、不安を感じて預金を現金化した人が多かった。特に、1997年11月（三洋証券、北海道拓殖銀行、山一証券が相次いで破綻）から翌98年10月まで日銀券の前年比伸び率は９～11％という高いレンジで推移した。

90年代ほどではないが2000年代も同比率の上昇は続いている。名目の経済成長率が低調であることに加え、超低金利と低インフレ率により現金を保有することの機会費用が小さい状態が長期化し、いわゆる「タンス預金」が累増してきた[7]。また偽札が少ないため紙幣への日本国民の信頼は高く、かつ治安が良いため現金退蔵の保安上のリスクが比較的小さいこともその理由にあげられるだろう。

　2019年の日本の同比率は21.1％であり、圧倒的な世界一となっている。超低金利・低インフレ環境が今後も続き、かつ「タンス預金」のなかに脱税目的などのグレーな

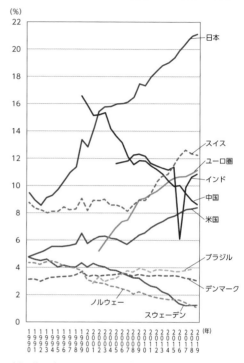

■ 1−23　現金流通高：名目GDPに対する比率

（出所）　名目GDPはIMF（一部IMF推計）。現金流通高（年末または年末週）は各国中銀。

資金も実はかなり含まれているのだとしたら、個人の日常の消費においてキャッシュレス化を今後推進したとしても、現金流通高の減少は限定的なものにとどまる可能性がある[8]。

　ユーロ圏や米国でも、同比率は上昇傾向が続いている。それらの地域でもキャッシュレス化は徐々に進んでいるはずだが、金融緩和策による預金金利

7　日本の退蔵現金に関しては「キャッシュレス化が進んだ場合の金融政策の論点」藤木裕（「キャッシュレス・イノベーション」収録、2019年12月）が詳しく解説している。

の低下が影響している可能性はあるだろう[9]。

　中国の同比率は急激な低下を見せている。ただし、モバイル決済の普及が劇的に進んだような印象の割には、同比率は2019年時点でまだ8.7%もある。インドの同比率は2016年に急激に低下したが（後述）、その後は上昇している。

　ブラジルの同比率は2000年代前半から3%台後半を中心に推移してきた。比較的低い水準なのは、キャッシュレス化の影響というよりも、1990年代前半のハイパーインフレのトラウマ（94年は平均インフレ率が2,000%を超え、現金の実質価値はあっという間に小さくなった）に加え、治安の悪さ（都市部で外壁に鉄条網を張っている住居は多い）により、現金をもつことが危険なためと考えられる。日本とは環境が正反対といえる。

　他方、北欧諸国における同比率は全般に近年低い。キャッシュレス化がかなり進んでいることがわかる。2019年の同比率はデンマーク3.1%、スウェーデン1.3%、ノルウェー1.1%[10]である。

　なお第2章でみるようにフィンランドでもキャッシュレス化はかなり進んでいる。しかし、同国はユーロに加盟しており、同国内だけで流通している紙幣の金額は把握しにくいため、ここでは「ユーロ圏」に含めて表示している。

　また、■1−24のグラフは、2009年末を基点に、その後10年間（2019年末

8　2015〜16年にかけて日銀券発行残高が急に伸び始め、一時前年比7%近くまで上昇したことがあった。16年度からのマイナンバー制度導入を警戒して預金を現金に換えた人々がいたのではないかと推測される。当時はホームセンターなどでの家庭用金庫の販売も非常に好調だった（16年1月末の日銀のマイナス金利政策導入発表による心理的影響も、一時的に加わった可能性もある）。

9　米ドルとユーロの紙幣は外国の居住者にもかなり保有されている。米ドル紙幣の場合、保有者の6割前後が非居住者ではないかという米財務省の推計もある。円は両通貨ほど外国で保有されていないことを勘案すると、日本における現金流通高の名目GDP比の異様な高さが、より際立つことになる。

10　ノルウェーでも銀行は早くから現金の受払を停止している。2015年10月にNordea銀行（当時同国で資金量2位）は、オスロ中央駅支店を除く同国内の全支店で現金の取扱いを停止すると発表した。

まで）の現金流通高の相対的な変化を表したものである。

日本の現金は増えているが、過去10年の変化率でみれば、ドルやユーロほどは増加していないことがわかる。

インドの現金流通高は、2016年に異様な下落を示している。これはモディ政権が16年11月8日午後8時に宣言したdemonetisation（廃貨）政策の結果である。高額紙幣（1,000ルピー札と500ルピー札）の市中での法的通用力はその発表のわずか4時間後に失われた。これは、アングラマネーの炙り出しとキャッシュレス化の推進を目的とした政策であった。

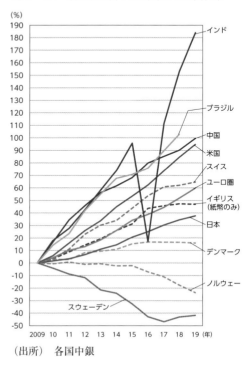

■1-24　現金流通高：09年末からの変化率

（出所）　各国中銀

この政策の対象となった高額紙幣は、同年末までは銀行に入金可能と説明されたが、これら高額紙幣は流通現金の86％を占めていたため、同国経済は大混乱に陥ってしまった[11]。その後、政府・中央銀行は市中の現金需要に応じて現金を供給する姿勢に戻ったため、2019年末時点の現金流通高は高額紙幣廃止前の2015年よりもはるかに高水準になっている。

キャッシュレス化が進んでいるようにみえる中国でも現金が意外にしっかりと増えている理由としては、①農村部の人々や、農村から都市部に出稼ぎに来ている人々は、現金をまだまだ利用している、②脱税などを目的とするグレーな資金については、現金で人々に保有されている可能性がある、と

いったことが考えられる。

デンマークやイギリスではこの4〜5年、キャッシュレス化の進展により、現金の伸びがほぼ止まっている。また、ノルウェーやスウェーデンでは現金が顕著に減少している。特にスウェーデンでは、現金はこの10年で約4割も減ってしまった。

スウェーデンでも中銀は低金利政策およびマイナス金利政策を近年実施してきた。これを受け、顧客の口座に口座管理手数料やマイナス金利をチャージしてきた銀行は多い。それでも日本のように現金の退蔵がスウェーデンでは顕著に広がらず、現金が2017年まで減り続けたのは驚きといえる（18年以降若干リバウンドしている点については後述）。いかに人々の現金離れが進んでいるかが理解できる。近隣に現金を引き出せる銀行支店やATMが少ないことも影響しているだろう。

また、同国には日本のマイナンバー制度に類する国民背番号制が昔から存在しており、現金を退蔵して脱税を行うことが非常にやりにくい環境になっている面もある（次節の❸を参照）。

なお、新型コロナウイルスの感染拡大は、日本を含む多くの国で現金に触れるリスクを人々に意識させた。現金の受入れを避けたがる商店が欧州など

11　銀行口座をもっていなかったインドの何億人もの中低所得層の人々は、唯一の保有金融資産だった紙幣が突然通用力を失い、さらに日々の生活や仕事上の資金にも事欠く事態に直面した。このため彼らが発したモディ政権への怨嗟の声は当時すさまじかった。中銀はあわてて新紙幣の供給を急ごうとしたが、紙幣の用紙やインクが不足して印刷が滞ったり、また新紙幣のサイズが変わったことで金融機関のATMが対応できないことに後で気づいたり、といった不手際が続出した。インド金融業界の重鎮（大手元会長）は当時、「金融システムを守るべき中銀が自らそれを破壊するなら、後は神に祈るしかない」と当局を非難した。先進国でもしこれが起きたら与党は次の選挙で大敗しただろう。肝心のアングラマネーの炙り出しに関しては、富裕層はさまざまな抜け道を駆使ししたため失敗に終わったという評価が多い。現金の匿名性を悪用したアングラマネーを炙り出すことは重要な政策ではあるが、ファイナンシャル・インクルージョンが低い（金融システムにアクセスできる人が少ない）経済でそれを強行すると、善良な市民も苦しめてしまうことをこのケースは示している。なおインドではここ数年モバイル決済が急速に普及しているが、demonetisation政策がなくてもそれは自然と生じたのではないか、という指摘は同国内ではよく見受けられる。

で増えている。紙幣を介した感染は実際は確認されていないようだが、中国人民銀行や韓国銀行は市中から回収した紙幣に対して減菌処理や2週間の隔離を行うようになったと報じられている。しかしその一方で、感染を避けるためにATMに行く頻度を少なくしようと現金を多めに保有する人々もいる。このため2020年半ば時点のFRB、ECB、イングランド銀行、中国人民銀行、日銀の紙幣発行残高前年比伸び率は、いずれも2019年の同時期のそれを上回っている。

■ キャッシュレス化を 背後でサポートしてきたものは？

　日本政府は近年、キャッシュレス化推進策（消費者へのポイント還元等々）を大規模に実施している。しかし、スウェーデン政府はそのような促進策をこれまで特に実施してこなかった。それにもかかわらず、同国のキャッシュレス化は前述のように世界最先端を走っている。

　Riksbank幹部はわれわれに「現金利用の低下を推進してきたのは市場（民間企業）である。政治は全般的にこれまで受け身だった[12]」と説明してくれた。この言葉にあるように、同国ではこれまで、民間銀行がキャッシュレス化を主導し、それを多くの国民が受け入れる構図が続いてきた。政府や議会、金融当局はこのようなかたちでのキャッシュレス化を後追いしてきたといえる。

　とはいえ、民間銀行がキャッシュレス化を進めるには、その前提として国民のデジタル・リテラシーを高める必要がある。また、銀行が人員削減を進

12　従来利用者が現金で支払うことが多かった乳母サービス、掃除サービス、家屋のペンキ塗りといった家事サービス代行業を税務当局が捕捉できるようにするために、これらの支払いを銀行口座経由で行った人には税控除を与える制度がスウェーデンで近年導入されている。ただし、これは特定の「影の経済」の炙り出しを図るものであり、キャッシュレス決済を消費者に広く普及させることをねらった政策とは異なっている。

める場合は、それに対する社会の理解、サポートが必要になる。スウェーデンにおけるキャッシュレス化の背景には何があったのだろうか？　主要なポイントを以下にあげてみよう。

❶「小国の危機感」を背景にしたIT先進国化への取組み

　1990年代からスウェーデンでは、小国が生き残っていくにはIT分野で世界最先端を突き進んでいくしかない、いう強い危機意識が国民の間で共有されてきた。それを背景として、政府は90年代に通信部門を自由化して国内勢と外資系との競争を促し、データ通信料金の引下げやブロードバンド網の整備、幼少期からのIT教育、家庭のパソコン保有促進などにも力を入れてきた。

　一方、同国の自動車メーカー、サーブ・オートモービルの経営悪化が2009年に深刻化した際、スウェーデン政府は雇用機会を守るために当初は同社の救済を試みた。しかし結局は、高賃金で社会保障コストも高い労働者を抱える同国の製造業を、小国の税金で支え続けることは不可能との判断に至った（同社は2011年12月に破産）。

　これ以降、同政府はIT産業育成に注力する方針をより明確化する。同国のもう１つの自動車メーカー、ボルボ・カーズの株式を保有していた米フォードが2010年に株式を中国の浙江吉利控股集団に売却した時は、スウェーデン政府はそのことにまったく関与しなかったといわれている（その後、中国資本のもとで、スウェーデン内でのボルボの生産は幸い維持されたが、当時はどうなるかわからなかった）。

　小国特有の危機意識のもとで「選択と集中」の戦略が先鋭化されてきた結果、IMDによる「世界デジタル競争力ランキング2019年」では、スウェーデンは米国、シンガポールに次ぐ世界３位となっている（日本は23位）。

　またEU調査の「デジタル経済社会指数2019年」では、スウェーデンはフィンランドに次いで僅差の２位である。デジタル人的資本の厚みも首位フィンランドと僅差の２位だ。スウェーデン人のおよそ10人に８人は、基本

的なソフトウェアのスキルがあり、デジタル・コンテンツをつくることができるという。

　このような、ここ数十年のスウェーデンの国を挙げたデジタル先進国に向けての取組みのなかで、その結果の1つ（または副産物の1つ）として、キャッシュレス化は進展してきたとみることができる。よって、同国のキャッシュレス化を日本が表面的に模倣しても、本質的な部分のキャッチアップにはつながらないおそれがある。

❷「リカレント教育」と「フレキシュリティ」の重要性

　本章の冒頭で、キャッシュレス推進に伴う銀行の店舗数縮小のなかで、「デジタル化の流れについていくことができなかった銀行員はどうなってしまったのか？」という問題意識を提示した。それに対するサポートが存在しなければ、スウェーデンの銀行経営者はかなり早い時期から躊躇なく銀行業のデジタル化を推進することはできなかっただろうし、失業者が急増すれば社会と軋轢が生じるおそれもある。

　その第1の答えとして、スウェーデンが発祥の地である「リカレント教育」をあげることができる。リカレントとは「繰り返し流れを変える」という意味で、学校卒業後に社会に出てからも、人々は必要に応じて職業専門学校や大学などで新たに学び直すことができる（参考：『みんなの教育：スウェーデンの「人を育てる」国家戦略』川崎一彦、澤野由紀子ほか）。

　スウェーデンでは、このリカレント教育が早くも1969年に試行的に導入された。当初は、低学歴の労働者が社会人になってからより高等な学校で学ぶための制度という面が強かったが、徐々に「生涯教育」の重要性の観点からリカレント教育が推し進められてきた。1975年からは、被雇用者が教育休暇（無給）をとった場合には、教育終了後に同じ職場に戻る権利が認められるようになった。

　自己実現のため、あるいは失業を避けるために新たな専門を学ぶことを目的として、社会人が再教育を受けたいといえば、スウェーデン政府はその費

用を補助することになっている。

　このような制度は、現在のデジタル経済においてはますます重要になって
きているように思われる。以前は、大学で学んだ専門の延長線上で定年退職
までの数十年間働き続けることができた。しかし、変化が激しい現代はそう
はいかなくなってしまった。若い頃から積み上げてきた自分の専門的知識と
経験が、中年期になって突然社会に必要とされなくなる冷酷な事態が頻繁に
起きうるのがデジタル経済である。

　スウェーデンは社会福祉国家ゆえに、失業者に手厚いセーフティネットを
設けている。しかしながら、人口1,000万人の小国が、時代に適応できなく
なった多数の失業者を長期間支え続けることは不可能といえる。このため、
失業者（または失業しそうな人々）が社会のニーズを勘案しながら大学や職業
学校で新たな専門やスキルを学び、自身を「アクティベーション」（活性化）
してキャリア・チェンジを成功させるための生涯教育の場が、デジタル時代
には重要になっている[13]。

　こういった生涯教育制度のもと、スウェーデンの25〜64歳の成人のうち、
過去4週間以内に教育または職業訓練を受けたことのある人は29.6％もいた
という（2016年）。また、EU内で社会人が生涯教育を受けている比率はス
ウェーデンが最も高いという。

　第2の答えとして、スウェーデンの労働市場政策は、デンマークで1993年
に始められたことで知られる「フレキシュリティ」の利点も事実上取り込ん
でいる。

　フレキシュリティとはflexibility（柔軟性）とsecurity（保証）を掛け合わ
せた造語である。同政策は、(1)解雇・雇用が比較的容易な柔軟な労使関係、

13　リカレント教育はスウェーデンだけでなくフィンランドやデンマークなど北欧の多く
　の国で早くから導入されてきた。スウェーデンとフィンランドが1990年代にEUに加盟
　したことを契機に、EUにおいても同教育制度の有用性が認識されるようになった。ま
　た国連が2015年に制定したSDGs（持続可能な開発目標）の17の目標の1つにも生涯学
　習は掲げられている（前掲書）。

(2)手厚い失業手当、(3)積極的な再就職促進制度の３つから構成されている。これは「ゴールデン・トライアングル」と呼ばれている（参考：『女神フライアが愛した国：偉大な小国デンマークが示す未来』佐野利男〈2017年〉）。

　労使関係が柔軟であれば、企業は社内の人的レガシーにとらわれずにビジネスモデルを迅速に変化させることができる。それによって、不幸にも失業してしまった人には国が手厚い失業保険を給付する。その間にその人が前述のリカレント教育により「アクティベーション」を行い、キャリア・チェンジを実現することができれば、結果として労働市場のモビリティ（移動性）は高まり、適材適所が実現されて、その国の経済の活力は高まっていくことになる。

　スウェーデンではフレキシュリティとおおよそ同義の「ソーシャル・ブリッジ」という理念が提唱されてきた。これは、(1)労働市場のモビリティを高めるための積極的労働市場政策、(2)手厚い失業保険（失業前の賃金の８割を保障）、(3)生涯教育（リカレント教育）、で構成されている（参考：『スウェーデン・パラドックス』湯元健治、佐藤吉宗〈2010年〉）。すなわち、デンマークのフレキシュリティと同様に「ゴールデン・トライアングル」となっている。

　１つ目にあげられている積極的労働市場政策によるモビリティ向上を実現するため、企業経営者は労働者の解雇に関して適度な柔軟性を事実上与えられている。

　スウェーデンの労使関係の基本は、1982年に制定された「雇用保護法」にある。同法を額面通りに解釈すると、解雇には「正当な理由」が必要であり、現実には解雇は困難であるような印象を受ける。実際、企業が個人指名のかたちで解雇を行うことは簡単にはできない。しかしながら、事業の縮小、ビジネスモデルのリストラに伴う人員削減は「正当な理由」と見なされ、比較的容易にそれを実行できる。日本と異なり、裁判所が企業と労働者の間に入って解雇を差し止めるケースはほとんどないという（前掲書）。

　しかも本節の❶でみたように、近年のスウェーデンは国を挙げてデジタル

先進国を目指してきただけに、それが「大義」となって経営者はビジネスモデル転換のための人員削減を断行することができ、従業員もそれを受け入れてきた感がある。

　デジタル化の流れに戸惑っていた銀行員は解雇されてしまったかもしれない（早くから危機意識を抱いていた人は、リカレント教育のもとで教育休暇をとってIT系の知識を早くから習得し、解雇を免れていたと思われる）。解雇された場合はゴールデン・トライアングルのもとで再就職を目指すことになる。それを実践するのは誰にとっても大変なことではあるが、社会全体が「そういうものだ」という空気になっていれば、日本のように失業によって家族ともども陰鬱になる事態は避けられるようだ。

　スウェーデンの人々に聞いてみると、会社の都合で解雇され、失業保険を受けながら学校に再び通うことは、"世間体"としてはまったく問題ないという。しかしながら、再就職を目指さずに失業保険の受給期間をできるだけ延ばそうとするような人にはとても冷たい目が向けられるという。小国ゆえにそのような人が増えたら社会が成り立たなくなってしまうからだ。

　モラル・ハザードを生まないようにするために、手厚い失業保険を受給するには、積極的な求職活動や、再就職のための教育の受講などが条件となる。ただし、再就職に前向きに取り組む姿勢さえあれば、何度でも人生のやり直しが利く社会になっている。

　なお、このような制度が存在しても、再就職を希望する人々を受け止める雇用が十分になければ、ゴールデン・トライアングルは現実には機能しない。企業都合での失業者が増えやすくなるというマイナス面もこの制度は内包している。それを避けるには、再就職の「受け皿」となる新しい雇用機会を増やしていくための産業政策もきわめて重要になる。スウェーデンは早くからデジタライゼーションに国の命運を賭け、これまでのところはそれが幸い成功しているため、フレキシュリティ的な労働政策のバランスがとれているといえる。

　スウェーデンの金融業界の人々に対し、「経済のデジタル化に伴う痛み」

71

について尋ねても、悲壮感を伴った回答がくることは一度もなかった。「何とかなっていますね」といったニュアンスが返ってくる（また次節でみるように、同国の銀行は行内のデジタル人材育成制度にも積極的に投資している）。

Riksbankのある幹部は「銀行の従業員は勉強し直して新しい業務に適応したり、または退職したりした。われわれ中銀も現金流通の仕事を減らしたので、それによってアンハッピーな人もいたと思われる。一方で、デジタル化の進展により、この国では代替的な新しい仕事も生まれている」と、これまでの流れをポジティブに評価していた。

Box 1 − 3　もし日本でリカレント教育等が有機的に機能していたら……

北欧は「人に優しい」民主社会主義なので、従業員の権利は固く守られていて、めったに解雇されないのでは？　という印象を漠然と抱いてきた人は日本には多いのではないだろうか（筆者もその１人だった）。

しかし実際には、前述のように、手厚い失業保険制度とリカレント教育等による再就職促進制度がしっかりと整備されているがゆえに、逆に、労働市場のモビリティ向上が意図されて労働者は解雇されやすい状況に置かれている。そうしないと小国は生き残っていけないという危機感がその背景にある。

労働者にとってのセーフティネットを企業単位で設けようとすると、企業は時代の変化にあわせてビジネスモデルを柔軟に変容させることができなくなってしまう。その点、リカレント教育を含むフレキシュリティにより、社会全体でセーフティネットを張って労働者に支えていくことは、今後のデジタル時代には非常に重要であるように思われる。

スウェーデンのFinTech系のスタートアップ企業には、大手銀行の元行員がたくさんいる。フレキシュリティ的なセーフティネットがあるからこそ、人々は積極果敢に起業に取り組むことができる。

次章では、フィンランド経済が2010年代の「ノキア・ショック」で激しい打撃を受けたようすが解説されている。詳細はそちらを読んでいただきたいが、ノキアの経営危機で解雇された多数のエンジニアたちは、フィンランドのリカレント教育を

通じて、新たなジャンルに再就職したり、自らスタートアップ企業を興したりした。2013年初時点で、元ノキア従業員が設立したスタートアップ企業は300を超えた（英『The Economist』誌2013年1月31日号）。そういった動きが近年見事に開花し、ヘルシンキは現在、再び北欧におけるITハブとして復活を遂げている。また、スウェーデンでもフィンランドでも、スタートアップ企業を育成するエコシステムが有効に働いてきたことも、きわめて重要な要因と考えられる。

　ところで2000年代に日本の大手家電メーカーが次々と傾いた時、わが国の優秀なエンジニアは、韓国などの海外企業に続々と引き抜かれていった。その技術移転によりアジアのライバル企業は急成長を示し、日本企業との力関係はすっかり逆転してしまった。

　もし日本にリカレント教育、フレキシュリティ、エコシステムが存在し、それが北欧のように有機的に絡み合いながら機能していたらどうなっていただろうか？大手家電メーカーを辞めた日本人技術者たちが国内で再出発し、有望なスタートアップ企業を多数立ち上げていたら、現在の日本経済の姿は大きく違っていたのではないかと思われてならない。

　続けてスウェーデンのキャッシュレス化をサポートしてきた3つ目のポイントを見てみよう。

❸ 日本とまったく異なるプライバシーに対する意識
──収入はすべて公開

　現金の主要な特徴の1つに「匿名性」をあげることができる。プライバシーを重視する人には、お金の保有者や使用者がわからない現金のほうが、キャッシュレス決済よりも魅力的に見えるだろう。

　ドイツでキャッシュレス決済の普及が（日本を上回って）非常に遅かった最大の理由は、この「匿名性」にあった。ナチス時代の国家による個人情報悪用のトラウマもあって、自分の消費のデジタル・フットプリント（足跡）が誰かに観察されることを多くのドイツ人が強く嫌がっていた（ただし、

2020年春以降、現金を介する新型コロナウイルス感染への警戒から、プライバシー問題を気にしつつも、非接触式カードを中心とするキャッシュレス決済へ移行するドイツ人が急増した。同年4月後半にブンデスバンクが同国で実施した調査によると、43％の人々が「支払い手段を変えた」と回答している）。

　中国ではもともと「共産党体制下ではプライバシーは存在しない」と割り切る人が多いためにスマホ決済が早くから愛好されてきた。

　実は北欧にも似た面がある。「高度福祉国家を維持していくには、税金は国の基本であり、国民が個々の収入、支出、保有資産に関してプライバシーを主張することは許されない」という意識が広くみられるのだ。

　それゆえスウェーデンでは、子供が生まれたら、出生届は市役所ではなく税務署に届ける（外国人が同国に移住してきた時もまずは税務署に届ける）。結婚届、住所変更、死亡届の提出先もすべて税務署である。選挙の投票用紙を送ってくるのも税務署で、4年に一度の総選挙の投票を集計して結果を公表するのもなんと税務署なのである（参考：『「憲法改正」に最低8年かける国：スウェーデン社会入門』須永昌博〈2016年〉）。

　このようにスウェーデンでは、あらゆる個人情報を税務署が管轄している。これは前述のように、「国の基本は税金」という考えが国民の間で強く信じられているためである。

　徴税と所得再配分を効率良く行うために、パーソナルナンバー制度（国民総背番号制度、日本のマイナンバー制度に相当）がかなり早い時期から導入されている。この背番号は生まれた時に全国民に必ず付与され、死ぬまでその人に付いて回る。成人である18歳になると、パーソナルナンバーや住所などが記載された「ID」（身分証明書）が税務署から付与される。「IDがなければ、スウェーデンではどんな行為もできません」（前掲書）。

　このため、スウェーデンで脱税を行うことはほぼ不可能といわれている（一部、超零細の現金決済のビジネスは別だが、脚注12（66ページ）でみたようにそれも近年追い込まれつつある）。逆に、もし少額でも脱税したら、その人の公人としての一生は終わりになるという。

　こういった制度のもとで、日本人には信じられないが、個々の国民の給料はすべて公開されている。ストックホルムに住む筆者の友人もいっていたが、インターネットで検索すれば、あらゆる人の収入を知ることができるそうだ。また、隣の人がその家をいくらで買ったかもネット上でわかる。なぜなら収入や資産は税金に直結することであり、「国の基本は税金」なので、それらは個人情報ではなくパブリックな情報とみなされ、自ずと公開の対象になるのだという（前掲書）。

　もっとも先ほどの友人がいっていたが、彼が近所の人々の年収などを検索したことはこれまで一度もないそうだ。国家が可処分所得に大きな差が生じないように所得の再分配を行っている環境においては、隣人の収入に特に関心は湧かないようだ。また、いつでもみることができると思うと人間はそれに興味をもたなくなるものだ、と彼は苦笑していた。

　このようにこれほど経済上のプライバシーが存在しない国に住んでいる人々にとっては、キャッシュレス決済に伴って発生する個人情報の管理に目くじらを立てる必要性など特に感じられないらしい。

　2018年にスウェーデンで、腕にチップを入れ、それとパーソナルナンバー、銀行口座の情報を紐づけし、何ももたずとも商店やレストランで支払ったり、列車に乗れたり、オフィスに入る際の本人認証を可能にする実験が行われた。4,000人以上がそれに参加した。筆者はそれを聞いて、個人の生活がすべて監視されるような薄気味悪さを感じ、「あまりやりたくないな」と思ったが、先ほどの友人は「自分も早くチップを入れてほしい、ワクワクするよね」と実に無邪気に語っていた。

　さらに、スウェーデンでは国民の政府に対する信頼感は非常に強く、政府と市民の心理的距離も非常に近い。透明性が高く、開かれた民主主義であることに加え、人口1,000万人の国なので、中央政府といっても、日本でいえば都庁・県庁に対する距離感なのだろう。

　そういった小さな規模の政府が、ジョージ・オーウェルの小説「1984」の世界のように「ビック・ブラザー」となって悪魔のように国民をコントロー

ルする、あるいはそれを行う能力をもっているとは、スウェーデン市民は考えすらしていないようだ。

キャッシュレス決済を
銀行が勝ち取ることができた理由

　前節でみたように、スウェーデン社会にはキャッシュレス化を推進するうえでの重要なサポート要因が存在している。そういった"援護射撃"があったとはいえ、同国の銀行はデジタル化の流れのなかを実にスピーディーかつ巧みに泳いできた。

　現在同国の小売店などで圧倒的に利用されているキャッシュレス手段はデビットカードである。これは、VISAやMasterと同国の銀行団が組んでつくったものだ。個人間のモバイル送金として独占的な地位を占めているSwishも同国の銀行団が構築したシステムである。

　これらによりスウェーデンの銀行業界は早々にキャッシュレス決済のスタンダードをとってしまった。他の業種がそこに参入しようと考えても、その余地はまったく残されていなかった。中国や日本では銀行業界の取組みが遅く、かつ個々の銀行がばらばらに動いていたため、他業種がチャンスとばかりそこに攻め込んできたといえるだろう。

　ではスウェーデンの銀行が、なぜそのように迅速に動いてキャッシュレス決済市場を勝ち取ることができたのか、その主なポイントを見てみよう。

❶ 90年代からデジタル化と大胆な支店削減を推進

　スウェーデンの銀行は1990年代初期の不動産バブル破裂（商業不動産価格は４割以上下落）により不良債権が急増し、深刻な金融システム危機に陥った。Nordea銀行のように国営化による救済も行われた。

　その後の回復過程で、スウェーデンの銀行は効率化を進めるために新たなビジネスモデルを模索した。同国の国土面積は日本の1.2倍だが、人口は900

万人程度（当時）しかおらず、人口密度はかなり低い。しかも、ちょうどその頃、前節でみたように、同国政府はPCを全家庭に普及させる政策を推し進めていた。銀行の顧客もインターネットに慣れ始めていた時期だったため、スウェーデンの銀行は1990年代後半という早い時期にオンライン・バンキングを導入したのである。

大手行SEBのケースを見てみよう。同行は1996年12月にオンライン・バンキングをスタートさせると、顧客を大胆にそこへ誘導した。導入から3年少々経った2000年春までに、オンライン・バンキングを利用する顧客は40万人を超えた。特に、同行を以前からメインバンクにしていたアクティブな優良顧客の半数が、それを積極的に利用するようになったため、収益性は大きく向上した。

オンライン・バンキング経由で取引を行う顧客の1人当たり利益は、従来の営業担当者が接客するスタイルに比べ、2.5倍と非常に高かった。このため、SEBは銀行全体のデジタル化をよりアグレッシブに進める方針に傾き、早くも2000年春には、スウェーデン内の支店数の4分の1に当たる50店舗を閉鎖すると発表した。

並行して、SEBは法人営業のオンライン化も90年代から進め、株式関連、国債関連、為替関連の取引は"Trading Station"と名付けられたプラットフォームへと誘導した。2000年春の段階で中小企業を中心とする1,000社以上の顧客がそれを利用するに至り、その当時で為替取引の件数の4割は同システム経由になっていた。その結果、同行の法人営業担当者の削減も早い時期から行われていたようである[14]。

なお、こういったリストラの際に、同行内および国内世論において人員削減の是非をめぐる論争はあまり起きなかったと報じられている。前節でみたような、リカレント教育や手厚い失業保険などのサポートが、銀行のデジタル化に伴うビジネスモデル転換のスピードを支えてきたと考えられる。

14　The Economist, "Scandinavian models"（2000年5月18日）

またスウェーデンは、政府の戦略もあって、携帯電話の普及も非常に早かった。同国の銀行はその環境を積極的に利用して、モバイル・バンキングも世界最速で普及させていった。その流れのなかで、特にリテールの顧客が銀行の店舗に来る必要性をなるべく低下させることを意図して、キャッシュレス化が推進された。それゆえ、本章の冒頭でみたように、2013年という早い時期でありながらすでに同国の大手銀行はキャッシュレス店舗を拡大中だったのである。

2017年のことだが、ストックホルムに住む筆者の友人がアパート購入のために銀行から住宅ローンを借りた際の手続きの流れを話してくれた。申込み、承認、ローン実行に至る過程で彼が銀行に行く必要は一度もなく、すべてスマホ上で完結したそうだ。一度だけ、銀行のローン審査官と面談する必要があったが、それはスマホのテレビ電話アプリ（スカイプ）での会話で十分だったという。

このようにみてくると、スウェーデンの銀行業全体のデジタル・トランスフォーメーションは、1990年代後半から速いスピードで進められ、キャッシュレス化は戦略的にその一要素として位置づけられてきたことが、あらためて理解できる。また、その動きは銀行経営者が主導してきたものではあったが、それを背後から支援する政府の政策も有効に機能してきたといえる。

❷ デジタル時代に即した人材育成制度

英『The Banker』誌の最近の記事[15]によると、近年は世界的に多くの銀行経営者が、伝統的な銀行業務からデジタル銀行への転換を進めるにあたって、人材育成の重要性をあらためて意識するようになっているという。

なぜならば、デジタル・トランスフォーメーションの成否は、幹部クラスから現場の従業員に至るまで、彼らがもっている文化的な障害、行動性に由来する障害をいかにして乗り越えるかにかかってくるからである。デジタル

15　The Banker, "Transitioning to a digital workforce"（2020年2月5日）

化は結局は「人に始まって、人に終わる」ということが、いまさらながらいわれているのである。

　幹部や現場の行員にデジタル時代に合うマインドセット（思考態度）や感性をもってもらい、かつ彼らのデジタル能力を日々高めていくための体制を構築することが大事と見なされ始めている。時代に合わなくなったスタッフを解雇し、有能とみられる人材を外部から採用し続けても、結局行内のデジタル・リテラシーのギャップはなかなか縮まらないことが痛感されるようになったからだという（デジタル能力が高い人材を外部からスカウトし続けるのは、コスト上の制約など限界もあるからだろう）。

　このため、デジタル・トランスフォーメーションを早くから進めてきたスウェーデンの銀行の人事・教育制度が、いまあらためて世界的に注目を浴びている。同国には前節でみたようにリカレント教育（生涯教育）の伝統がある。それだけでなく、実は銀行内の育成プログラムにも経営資源が投じられてきた。というのも、人口1,000万人の小国においては、望ましい才能を確保しようにも人材のプールが限られてしまうからである。ビジネスモデル転換のスピードが速いときは内部の人材の育成も重要になってくる。

　たとえば、SEBの幹部は、前掲記事で次のように説明している。デジタル的思考態度を行内全体に浸透させるには、異なるリーダーシップをもっている外部の企業幹部との交流が有用になる。それを意図した「SEBリーダーシップ・ファンデーション」では、同行員が異業種のリーダーたちと、デジタル化を自社の業務にそれぞれどのように落とし込むかについてディスカッションする。それによって得たアイデアは、SEB内のヒエラルキーを超越して、外部のリーダーたちと協業しながらスピード感をもって進めてよいことになっている。銀行の従来の稟議のステップを踏んでいくと、他業種のライバルにチャンスを奪われてしまうからだ。

　またSEBは現場において、チーム力を高めるために、デジタル能力のレベルが異なる人材をミックスして配置するようにしているという。そしてマネージャーはデジタル能力の低いスタッフの意見をできるだけよく聞くよう

求められている。そういったスタッフが、「自分はチームに受け入れられている」「排除されていない」と感じられるようになると、その人の創造性は飛躍的に高まっていくからだという。

さらに、SEBは全従業員が日々利用できる「SEBキャンパス」という、デジタル能力向上をねらう教育プラットフォームも提供している。それは一種のコミュニティになっていて、（同行と競合しない）外部の企業の人々やスウェーデンの経済学系大学、IT系大学の研究者、さらには米国のスタンフォードやMITの研究者も参加している。そこで、日常的にデジタル知識をシェアして刺激し合いながら創造性を高めていくことが同プラットフォームの目的とされている。

同行のTransaction Services部長のPaula da Silva氏は、「結局はすべてが人である。人材はわれわれが行っているあらゆる面で核となっている。それはわれわれが自分自身を発展させていく必要があることを意味する」と説明している[16]。

他の北欧の銀行もそれぞれ、デジタル時代に即した人材育成制度を模索しつつ、それを行員に提供しているようすがうかがわれる。

❸ ATM網、信用照会会社、電子本人認証等銀行は共同運営に慣れていた

スウェーデンの金融機関は、ATMをかなり早い時期に導入している。1967年7月1日にUpsala Sparbankernaが同国初のATM（当時は機能がシンプルだったためキャッシュ・マシンと呼ばれた）を稼働させた（しかもスウェーデン製）。それは世界最初のキャッシュ・マシンがイギリスに登場してからわずか1週間後のことだった。

近年のスウェーデンではATMは減少傾向にあるが、街中で見かけるATMの多くには「Bankomat」というブランド名が記されている。これは同国で

---

16 "The people factor crucial to digital transformation" SEB Webサイト（2020年2月11日）.

営業している大手5行、つまりDanske、Handels、Nordea、SEB、Swed（傘下のSparbankernaを含む）が所有しているATM運営会社のことである。共同運営によりコスト削減が図られているのである。

また、信用照会エージェンシーである「UC」も銀行が共同して立ち上げた組織である。同社は個人の信用履歴などの情報を管理しており、同国内の銀行がローンを実行する際はこのUCの情報を利用している（なお同社は2018年7月にAsiakastieto Group Plc.に買収されている）。

さらにスウェーデンの電子本人認証システム「BankID」も、同国の銀行が共同で設立したものだ。これは当初は加盟銀行がオンライン・バンキングなどの利用者の本人認証を簡便にするために開発したシステムで、2003年から稼働している。国民背番号と紐づけされていて信頼性が高く、利便性も非常に高いことから、いまや民間におけるさまざまな取引から公的サービスまで、ありとあらゆるデジタル本人認証にこのBankIDが利用されるようになった。たとえば、役所でパスポートの発行を申し込む際の本人確認にもこれが利用されている。

現在のBankIDのユーザー数は同国の人口の8割に相当する800万人であり、2019年の総承認回数はなんと約40億回だったという。ユーザー数で割ると、1人当たり1年間に約500回も利用したことになる。モバイル個人間送金のSwishで支払う際も必ず「モバイルBankID」による本人承認を経由する。

このようにスウェーデンの銀行は、基礎的なインフラの共同運営に以前から慣れていたといえる。コスト面でそのほうが有利なことは間違いない。またBankIDはスウェーデンで営業しているほぼすべての銀行が加盟しているからこそ、高い汎用性をユーザーに提供することができている。

このためSwishを開発する際、主要銀行が皆それに便乗したことに違和感はまったくなかったという。その後、AlipayやWeChat Payのように、他業種がリテール決済市場をとってしまった事例が他でみられただけに、「銀行団で早い時期にやっておいてよかった」と彼らは感じている。

もっとも、この先、新たな予想外のゲームチェンジャーが台頭してくれ

ば、スウェーデンのキャッシュレス決済市場における銀行団の現在の優位性が崩れる可能性は当然ありえるだろう。しかし、そういった時代が来ることも想定して、同国の銀行はスタートアップ企業の育成、提携、買収なども行いながら、最先端のデジタル技術を常にビジネスに取り入れようとしている（「各論」でみる「InnoBRIDGE」のようなコンサルタント企業が、大手銀行とスタートアップ企業の橋渡しを効率的に行っている）。

▍高齢者団体等の反発が政府・議会を動かす

このように、金融業界主導のイノベーションにより世界最速で完全キャッシュレス社会に近づきつつあるスウェーデンだが、ここ数年、実はそのスピードのあまりの速さに一部から反発も湧き起こってきている。

デジタル決済に不慣れな高齢者、スマホを使うことが容易ではない障碍者、さらにはスマホや銀行口座をもつことができない移民、難民などの低所得者といった「デジタル弱者」は、現金を受け付けない商店、飲食店、バスや列車などの公共交通、公衆トイレ（10クローナかかる）が急増していることに困惑している。彼らはスウェーデン社会が排他的になってきたと感じてしまうらしい。

▍「現金お断り」を許容してきた　従来のスウェーデンの法律

米国では2019年から2020年にかけて、フィラデルフィア市、ニュージャージー州、ニューヨーク市などが、商店の完全キャッシュレスを禁止する方針を打ち出している。銀行口座、カード、モバイルフォン等をもつことができない低所得層や貧困層、さらにはデジタル技術に慣れることができない高齢者を経済から排除してしまうおそれがあるからだ。

　中国でも、完全キャッシュレス化を打ち出した大手小売店が、金融当局の指導で方針を撤回させられたケースを観察することができる[17]。農村部の人々や都市部に出稼ぎに来た農民工は現金をまだ用いているためのようだ。

　では、スウェーデンはどうだろうか？　Riksbankが2019年の資料でそれを解説している。

・Riksbank法のもとでは、現金はスウェーデン内で法的通用力を有している。しかしこのルールは、「契約の自由」によって棄却されうる。

・換言すれば、商店は、基本的には現金、または硬貨、またはある特定の額面（1,000クローナ札など高額紙幣）の受入れを拒絶することができる。消費者の観点からは、そういった情報が店のドアなどに表示してあれば有用となる。

・しかしながら、病院はその例外である。2015年の最高裁判決は、地方政府は患者に現金払いの選択肢を残すよう命じている（注：現金払いを拒絶した病院がかつてあって、その訴訟が最高裁まで行ったことをこの事例は示唆している）。

・「契約の自由」は原則的に、銀行とその顧客の関係にも適用される。文面または口頭で合意を形成することができる。実際は、単に銀行が顧客に現金を受け付けないことを通知するだけで十分である。

17　アリババが完全キャッシュレスを標榜したスーパーマーケット・チェーンを2018年頃から開業し始めたところ、金融当局は「商店は現金を受けなければならない」という法律を示してそれを撤回させている。同スーパーの北京の店舗に2019年春に行ってみたところ、利用者の大半はAlipayで支払っていたものの、当局の指導に従って現金用のキャッシャーも設置されていた。

年金生活者団体が猛抗議
「No cash, No customer」

　先にスウェーデン最大の百貨店チェーンAhlensや家具・雑貨販売チェーンのIKEAが完全キャッシュレスの実験を進めた話を紹介した（47ページ参照）。IKEAの場合、実験を行った実店舗で、現金を使おうとしたのは1000人中1.2人の割合でしかなく、しかもそれはカフェテリアでホットドッグを食べようとしていた客だった。彼らに個別対応すれば完全キャッシュレスへの移行は問題ないと同店は判断した。

　しかしながら、この判断に同国最大の年金生活者の組織であるPRO（「年金生活者国民団体」）が激しく抗議した。というのも小銭をもってIKEAにホットドッグを食べに来る人々の大半は年金受給者だったからだ。近所に住むお年寄りたちにとって、IKEAの食堂に集まって少額の支払いで長時間談笑するのは貴重な楽しみだった。

　PROはすでに2016年に、キャッシュレス化の進行に反対する13.9万人の署名を金融担当大臣に渡していた。当初はこうした抗議への反応は弱く、「政治家は状況を改善しようとしない」と彼らは不満を抱いていたが、PROの影響により徐々にスウェーデン国会（Riksdag）で、キャッシュレス化の副作用に関する議論が活発化し始めた。

　そこに上述の大手小売りチェーンによる完全キャッシュレスの試みが大きく報じられた。このため、それに対抗すべく2018年11月7日にPROは「No cash, No customer」と題する激烈な論調の声明を発表した。

- 銀行や商店が現金の受払いを停止する動きが強く存在する。AhlensやIKEAの一部店舗も現金を受け入れなくなった。
- しかし、スウェーデンにはインターネットにアクセスできず、それを通じて商品の購入や支払いを行うことができない人が約100万人いる。また65歳以上はカード払いに支障を感じており、その人口は全体の25％と大きな比率だ（注：これらのデータの根拠は不明）。

- そういった高齢の市民に加え、最近わが国に来た人々（移民、難民）や、キャッシュレス手段を使うことができない人々（視覚障碍者や知的障碍者、銀行口座やデジタル・デバイスをもつことができない低所得層など）も多くいる。
- これらの市民が紙幣やコインを使うことをもはや許されないのなら、彼らは日々の生活をどうやって管理していけばよいのか？　こういった人々は銀行や企業にとってまったく魅力的ではないということなのか？
- 最近新しい紙幣とコインの流通が始まったというのに、われわれはそれらを使うことができない。
- 35万人の年金生活者が加盟するわが団体は、現金が今後使えなくなるというトレンドに強く反対する。われわれは加盟者たちに、われわれの生活を困難にするあらゆることに対して、考えられうるすべての手段を使って抗議するよう促していく。
- われわれのスローガンは、「No cash, No customer」（現金のないところに、顧客はいない）だ。人々はわれわれの声に耳を傾けるべきだ！

2019年1月30日にPROのChristina Tallberg会長がスウェーデン国会で金融問題を扱う委員会のパネルに招かれた。同委員会では多くの高齢者が傍聴し、多数のメディアがそのようすを報じた。彼女はそこで次のようにアピールした。

「220万人のスウェーデンの年金生活者が、商店やレストランで現金を受け付けてもらえないというかたちで排除されていることはリスクといえます。高齢者たちはテクノロジーを使う際、心地良さや安心を感じることができません。さらにデジタル技術は高齢者に対する詐欺もつくりだしています。われわれは一般論としては技術の進歩に反対しません。しかし、現金は依然として支払手段の1つであり、技術の進歩は、社会全体がついていけるペースで進むべきという点は重要です」。

さらにこの委員会には、現金擁護派の代表的論客として知られてきた非営利団体Cash Uprisingのビョルン・エリクソン（Bjovn Edikson）氏も呼ばれ

ていた（彼は沿岸警備隊、関税、警察などのトップを歴任した元高級官僚で、現在でも発言力をもつ）。同氏は従来から著作などで、「現金がこの社会から消えようとしています。しかし、この動きは消費者に牽引されたものではありません。これは大手行によるものです。彼らが現金廃止を急がせているのは、純粋に利益のためなのです」との激しい銀行批判を繰り返してきた。彼はこのパネルでも「銀行にいますぐ現金を受け付けさせる法律を制定すべきです」と主張した。

▌大手行の現金サービス維持を義務づける新法が成立

　こういった国会での議論を経て、2019年6月にペール・ボールンド金融市場大臣（緑の党）は「金融機関が現金サービスを提供する義務」という法案を発表する。同大臣は次のように説明した。「スウェーデンの都市部だけでなく、地方においても現金の引出しや口座への入金が確実にできるようにするための法律である。遺憾ながら銀行は現金を受け払いするサービスを削減し続けている。特に人口が少ない地域では顕著である。この法案は、大手行がわが国の全地域おいて現金サービスを維持するための特別な責任を負っていることを意味する」。

　同法案は2019年9月に国会に上程され、11月下旬に左派の政党を除いた全政党からの支持を受けて可決した。施行は2021年1月1日である。管轄は政府の郵便通信局となり、同局は銀行がスウェーデン全土で適切な現金サービスを提供し続けるかを監視する。違反が発覚した場合は、銀行業を規制監督する金融監督局が銀行に罰金を課すことができる。

　この新法可決を受けて、前述の年金生活者団体であるPROの会長は2019年11月28日に「これはPROの人々による活動の勝利だ。何年もの間、PROはスウェーデン全土での現金流通に銀行が責任をもつことを命じる法律の制定を求めてきた」と勝利宣言を行っている。

なお最近の状況として、スウェーデン全土において、いちばん近いATMまで20km以上離れている場所に住んでいる市民は6.4万人、いちばん近い預金マシン（銀行口座に現金を入金するための機械）まで20km以上離れている市民は28万人いるという。

新法が施行されると、これまで効率化を追い求めてキャッシュレス化を推進してきた銀行業界にとっては、流れが逆行し、新たなコスト負担が生じることになる。実際、われわれ視察団が2019年9月に面談した大手行のスタッフは、「当局は現金の急激な減少に歯止めをかけようとしているようですが、われわれが顧客と接していて、現金がなくなって不便だという声は聞こえてきません。彼らがなぜそうしようとしているのか理解できません」と苛立ちを隠せないでいた。彼らにとってはこの法律の可決はショッキングだったようだ。

ただし新法は、いまのところ、人が住んでいる場所からATMまたは預金マシンまでの最低距離などを定める具体的規定を織り込んでいない。2020年前半には、大手行が銀行の負担軽減を図るべく、郵便通信局と詳細を詰める交渉を行う見込み、とスウェーデンのメディアは報じている。

それもあってPROは、この戦いは新法可決で終わったわけではない、との認識を2019年11月に表している。会長は「スウェーデンのデジタル技術の進展は非常に速い。物事の動きが速すぎると、多数派のグループが他の人々を押し倒すリスクが出てくる。PROは毎月のように、スウェーデンのキャッシュレス社会で何が起きているのかを報じたがる外国のメディアから接触を受けている。彼らはここで何が行われているのか興味をもっているのだ」と述べ、外国メディアを巻き込みながらスウェーデンの銀行業界と戦っていく姿勢を示していた。

今後時間が経過すれば、電子決済に不慣れな高齢者の比率は徐々に少なくなっていき、前述のように「現金払いはuncool」と考える世代が大半を占めるようになるかもしれない。また、新型コロナウイルスの影響で、キャッシュレス決済に慣れようとする高齢者が増加する可能性もある。あるいは生

体認証等によって電子決済利用の難易度がより低下すれば、高齢者の反発が
いまよりは弱まる可能性もある。

　しかしながらスウェーデンでは、もともと選択の多様性は民主主義の重要
なポイントと考えられてきた。経済のデジタル化は国家的命題とはいえ、そ
のために一部の「弱者」を排除することは避けなければならない、という主
張は同国では無視できないものがあるようだ。だからこそPROは次のよう
に戦略的に主張してきた。「これは個人の問題であるだけでなく、市民社会
にとっての問題でもある。紙幣や硬貨による支払いが合法である限り、支払
手段の選択は個人の判断に委ねられるべきである」。

▌戦争、テロ、自然災害の観点から
現金保有を推奨する政府

　一方、上記の議論とまったくの別の観点から、近年のスウェーデン政府は
現金の保有を国民に推奨している。

　同政府の「市民非常時対策局」（Civil Contingencies Agency）は2018年に、
全480万戸の家庭に対して「もし危機や戦争が起きたら」（IF CRISIS OR
WAR COMES）というパンフレットを配布した。そのなかで次のようなコン
ティンジェンシープランが推奨されていた（■1−25）。

　戦争、テロ、自然災害などの国家的な危機によって「重要なITシステム
が混乱したら、電力供給は打撃を受ける」。そうなったら「支払用のカード
やキャッシュマシン（ATM）は機能しなくなる。モバイル・ネットワーク
やインターネットは機能しなくなる」。

　このため、同パンフレットに掲載された非常時対応チェックリストには、
もしもの危機に備えて、各家庭において「小さな額面の現金」を常に保有し
ておくべき、と記載されている。

　たしかに、大規模な停電が発生し、携帯電話回線やWi-fiなどにも支障が
生じ、その復旧までに長い時間がかかるとしたら、小売店のカード読み取り

■ 1 −25　現金保有を呼びかける政府のパンフレット

端末は機能しなくなり、Swishも使えなくなるおそれはある。また、停電で
ATMが動かなければ現金は引き出せない。

　しかも、スウェーデンの商店はお釣り用の小額紙幣や硬貨を十分に用意し
ていないところが多い。高額面の紙幣をもっていって食料、飲料、医薬品な
どを買おうと思っても、「釣りがない」といわれる確率はかなり高いといえ
る。よって国民は普段から小額面の紙幣を最低限は用意しておくべき、とい
うスウェーデン政府の推奨は適切といえるだろう。

> ## Box 1 − 4　イギリス議会「スウェーデンをみれば教訓は明らか」
>
> 　イギリスでも2017年頃からキャッシュレス化が劇的な勢いで進行している。主要
> 銀行が共通の非接触式デビットカードを発行し、地下鉄など交通系カードと融合さ
> せたことで、それがあっという間に同国のキャッシュレスのスタンダードを勝ち取っ
> たのである（同国ではQRコード式はほとんど普及してない）。1回当たり30ポンド
> まではPIN（暗証番号）なしで端末にかざすだけで支払いが完了するため、消費者に
> とっては大変便利である（2020年4月に上限が45ポンドに引き上げられた）。イギ

リスは、いまや欧州では北欧に次ぐ「キャッシュレス先進国」になっている。写真のように、スマホに同カードの機能を入れることもできる。このスマホの持ち主のイギリス人（ロンドンで働く金融市場関係者）は、2017年頃から現金をいっさい持ち歩かなくなった、と語っていた。

英銀行業界の団体であるUKファイナンスの「UK Payment Markets 2019」によると、同国での支払件数（リテールだけでなく企業や政府の資金決済も含む）は、2017年にデビットカードが現金を上回って1位になり、それ以降両者の差は急速に広がっている。

イギリスの紙幣流通残高の前年比伸び率を見てみよう。2016年までは上昇傾向だった。同年11月には＋10.1％を記録している。しかし、その後はデビットカード普及の影響で伸び率が急失速、2018年にはマイナスになる月が何度も現れた。

こうしたなか、同国の銀行は支店網をすさまじい勢いで縮小している。消費者団体「Which?」の集計によると、2015年初から2019年8月にかけて銀行の店舗数はなんと3,300店舗、率にして33％も削減されてしまった。大手行の店舗削減は特に激しく、同期間にHSBCは42％減、ナットウェストは47％減、RBSはなんと74％減（4分の3削減）となっている。街中の

スマホ用アプリに
デビットカード機能を取り込む

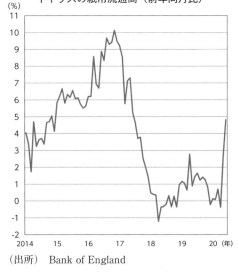

イギリスの紙幣流通高（前年同月比）

（出所）　Bank of England

ATMも続々と撤去されている。

　銀行の支店やATMが急速に減ってきたことで、イギリスの地方都市では「キャッシュ砂漠」と呼ばれる現象が現れている。そこで、こういった流れにブレーキをかけなければならない、という議論が2019年頃から台頭するようになった。

　同議論に強い影響を与えた独立系組織の調査報告書がある。2019年3月発表の「Access to Cash Review」だ。同報告書の世論調査によると、英国民はキャッシュレス化に利便性を感じているものの、完全キャッシュレス社会になることには47％が不安を抱いていた。成人の17％（約800万人）は、今後も現金は必要と答えた。

　しかしながら、個々の金融機関や小売店が、効率性の観点からいまの勢いで現金の取扱いを縮小していくと、イギリスは2026年には現金が使えない社会になる可能性があるという。ところがイギリス社会はそれについて特に何も考えずにここまで来てしまった、として同報告書は次のように警告を発している。

　・われわれはキャッシュレス社会へと夢中歩行している。
　・われわれがスウェーデンに行った時、中央銀行、消費者団体、超党派委員会などから、対処するならいまだと何度もアドバイスを受けた。

　このような議論を受けて、英下院財務委員会のニッキー・モーガン（Nicky Morgan）委員長（保守党）は2019年3月13日に、フィリップ・ハモンド財務大臣に公開書簡を送った。キャッシュレス化に取り残される弱者（高齢者や低所得層）の問題を政府はどう認識しているのか、現金が利用可能な状態が今後も維持されるよう政府は包括的な対策をとるべきではないか、と同書簡は問いただしていた。

　これに対してハモンド財務大臣は、2019年5月2日に、「現金が必要な人々のためのセイフガードを設けることを約束します」と回答した。

　また英財務委員会は2019年5月13日に、地方の高齢者が銀行店舗の減少で困っている問題を取り上げた。

　地方の街で最後の銀行の支店が閉鎖される際、その銀行は顧客に対し、今後は地元の郵便局に行くよう促しているという。だが郵便局が提供している金融サービスは基礎的なものでしかなく、しかもその事業は赤字となっている。従来それは事実上税金で支えられてきたため同委員会の議員らは「銀行の支店閉鎖を補うために納税者が補助金を支払うべきではない」と銀行業界を批判している。

　折衷案として、地域の「金融サービス・ハブ」を維持するため、よく訓練された

銀行のスタッフを銀行がコストを負担して郵便局に派遣してはどうかというアイデアが議論されている。

　なお、新型コロナウイルスの影響でイギリスでも現金を触りたがらない人は増えている。2020年春実施の調査によると、75%の人が現金の利用頻度を以前よりも低下させたという。一方、キャッシュレス手段を使うことができない「弱者」を保護すべきと主張してきた団体は、金融業界がこの機に乗じてATM削減をいっそう進めるのではないかと警戒を強めている。

　ところで、同国の紙幣流通高は意外にも2020年春以降急激な伸びを示している（先ほどのグラフ参照）。郵便局が高齢者の現金引出ニーズに応じて、紙幣を最大2,500ポンドまで宅配するサービスを開始したことが大きく影響している。高齢者が遠くの銀行やATMへ出掛けるのはコロナ禍においては危険なので、労働年金省と郵便局が協力してそういったサービスを導入したのである（民間銀行の一部でも似たサービスを開始している）。

高齢化、災害多発の日本は焦らずにキャッシュレスに取り組むべき

　このように、世界最速でキャッシュレスを進めてきたスウェーデンではあるが、①高齢者など「デジタル弱者」への配慮の必要性、②大規模停電など非常時への備え、といった観点から、現金を完全に廃止することは現時点では不可能となっている。Riksbankは中銀デジタル通貨の発行に前向きだが、この①と②の課題をクリアできない限り、その発行を開始しても現金との併存になると推測される。

　またBox1－4でみたように、イギリスにおいても、高齢者などの「デジタル弱者」を「キャッシュ砂漠」から救済するための議論が国会で活発に行われてきた。

　生産年齢人口の急激な減少が続く日本においては、生産性を少しでも高め

ていくために、キャッシュレス化は基本的には進められるべきであり、ま
た、その流れは実際止められないであろう（第4章参照）。新型コロナウイル
スのパンデミックもキャッシュレス化を加速するだろう。

しかしながら日本の場合、スウェーデンやイギリスよりも高齢化が顕著に
進んでいる。2020年の人口に対する70歳以上の比率は、スウェーデン
15.1%、イギリス13.7%に対して日本は21.6%だ。

しかも、日本よりも自然災害がはるかに少なく、大規模停電が起きる確率
が低いスウェーデンですら全家庭に現金の保有を推奨している。近年の日本
では、自然災害による大規模な長期的停電が毎年のように起きている。今後
の大型台風、南海トラフ地震、首都圏直下型地震等々のリスクも考慮すれ
ば、わが国で現金を廃止することは当面困難といえるだろう。

2020年1月にイギリスのシンクタンクThe Institute for Public Policy Re-
searchが「Not cashless, but less cash：経済的正当性とイギリスの決済の未
来」というレポートを発表した。ここでいう「Not cashless」とは、すべて
を現金決済に戻せ、という意味ではない。生産性向上のためにはキャッシュ
レス決済の普及は必要だが、現金の完全廃止は現時点では無理があるので、
まずは現金が少ない社会（less cash）を目指していこう、という趣旨であ
る。いまの日本にはこの方向性がまさに適合するのではないかと思われる。
焦らずにステップを踏みながら進めていくことが重要だろう。

そのためには、キャッシュレス決済になじめていない高齢者への地道な啓
蒙活動も必要だ。スウェーデンのSEBはモバイル・バンキングやSwishの使
い方をよく理解できていない顧客を支店に集めてセミナーを実施していると
いう。

中国でもそういった取組みは行われている。■1−26は2017年春に筆者が
上海に滞在していた時に見かけた、地元紙1面に掲載されたAlipay（Ant
Financial社）の広告である。「あなたが子供の頃に親に自転車の乗り方を教
わったように、あなたは親にAlipayの使い方を教えてあげなさい」と同社は
ユーザーに要請している。

■1－26　Alipayの啓蒙広告

　また、キャッシュレス決済を提供している企業が信頼性を高める努力を示し続けることもきわめて大事である。Swishは銀行団による運営という信頼性に加え、BankIDという本人認証システムを必ず経由させ、しかも、これまで深刻な事故、個人情報悪用などを発生させていない実績により、そのブランド力を高めてきている。

Box 1 － 5　スウェーデンでも新紙幣発行したが、
　　　　　　旧札の扱いは日本と異なる

　日本の財務省は2019年4月に、2024年上期をメドに新しい一万円札、五千円札、千円札の発行を開始すると発表した。その直後の日本のマスメディアやSNS上には「日本政府はキャッシュレス化を推進しようとしているのに、なぜそんな時代錯誤のことをするのか？」といった批判の声が多数みられた。「新札への切替えに伴う諸機械の更新需要を期待した景気対策ではないか？」といった推測も聞こえた。
　しかしながら、そういった見解は最も大事なポイントを見落としている。新紙幣への切替えの最大の目的は偽造防止にある。精巧なデジタル複製技術を安価に利用

できる時代になっているだけに、現金が全廃となるまでは、新紙幣への切替えによる偽造防止技術のアップデートは今後も必要となる。

　スウェーデンがまさにその実例である。世界で最も現金の流通が減っている国でありながら、Riksbankは2015〜16年に全額面（20、50、100、200、1000クローナ札）を新モデルに切り替えた（写真は100クローナ札）。いずれも偽札防止のための新技術が盛り込まれ

スウェーデンの新紙幣

ている（通常のプリンターでは再現できない超微細な模様、みる角度を変えると色が変わるマーク、紫外線を当てると光る王冠等々）。

　スウェーデンに匹敵する現金減少社会のノルウェーでも、2018〜19年にかけて紙幣切替えが実施された。また、G7の国々で最もキャッシュレスが進んでいるイギリスでも、2018〜20年に紙幣が切り替えられている（ただし、コスト削減のため、そういった国々では紙幣の印刷や新紙幣の開発を民間専門業者に委託するケースが増えている。その大手はイギリス、ドイツ、フランスに1社ずつある）。

　このため、経済規模比でみて世界で最も多額の紙幣が市中に存在する日本において、2024年に新札が登場することは特に不自然ではなく、偽造技術の進歩を考慮すれば、むしろ遅すぎた感さえある。しかしながら、日本とスウェーデン、ノルウェー、イギリスとの間には大きな相違点が存在する。これらの国々は、新紙幣の流通開始後に旧紙幣の法的通用力を失わせているのだ。

　たとえば、スウェーデンの現行の20クローナ札は2015年10月1日に登場した。9カ月後の翌年6月末に、旧20クローナ札は無価値となり、市中の小売店や飲食店等では使用できなくなった。その2カ月後の同年8月末までは同紙幣を金融機関の口座に預金することは可能とされた。

　その期限も過ぎてしまった場合は、RiksbankのWebサイトから申込書をダウンロードして、必要事項（名前、住所、国民番号等々）を書き込み、旧紙幣と一緒に同行へ郵送して払戻しを請求する（郵便に保険をかけたい場合は郵便局に相談せよ、と

同行は説明している）。請求可能な1件当たりの総額は1万クローナ以上とされている。封筒には同行の住所のほか、「Redemption of banknotes」（銀行券払い戻し）と記載する。

ただし申込書には、その紙幣はどこで入手したものなのか？　なぜその旧紙幣を期限までに交換せずいままで保有していたのか？　といった点についての説明を記載しなければならない。脱税や犯罪などに関連していた紙幣を炙り出すことにそのねらいがあるといえる（同国の反マネー・ロンダリング法がそれを要求している）。申込みが承認されれば、指定の銀行口座に入金される。ただし、手数料として1件当たり100クローナが差し引かれる（2020年10月から200クローナへ引き上げ）。旧紙幣の所有に怪しい部分があって払戻しが承認されない場合は、その紙幣は返却されない。このため、そこにリスクを感じる人は払戻請求を行うことはできず、その紙幣は無価値のままとなってしまう。

スウェーデンの現金流通高対GDP比が著しく低い理由は、キャッシュレス決済の普及だけにあるのではなく、前述（73ページ）したような脱税を行いにくい仕組みに加え、このような不正な現金退蔵を許さない制度にもあることがわかる。また、不正な現金退蔵を事実上阻止することができているため、1,000クローナ札という高額紙幣が廃止されず、今回の紙幣切替時においても新型が登場していると考えられる[18]。

では、非居住者が旧紙幣をもっている場合はどうなるのだろうか？　Riksbankは次のように説明している。「もしあなたが旅行者で、この国を離れた後に無価値となった紙幣をもっていることに気づいたら、あなたはそれをRiksbankに送ることができる。Riksbankは無価値になったすべての紙幣を払い戻す可能性がある。払戻請求が承認されれば、Riksbankはあなたの銀行口座（たとえそれが外国の銀行口座であったとしても）に送金する」。

外国人旅行者にとても親切な対応を示しているかのように感じられる文章だが、細かい説明も読むと実はそうでもないことがわかる。「Riksbankはスウェーデン・クローナしか送金しないので、あなたの銀行が同通貨を受け入れる口座をもっている

18　ケネス・ロゴフ（Kenneth Rogoff）ハーバード大学教授らのように日本の一万円札の廃止を提唱する識者もいる。しかし一万円札は不正な目的に使われているだけでなく、現時点では多くの国民に日常的に利用されているため、急激な廃止は国民の暮らしにショックを招くおそれがあるだろう。

かを確認しなさい」、と書いてある。しかも、前述のように最低申込額は1万クローナだ（最近のレートで11.5万円）。同国の紙幣をそんなにもっている旅行者は日本にはまずいないだろう。

よって数万円内のクローナの旧紙幣をもっている人にとって（払戻しの代行を頼める友人がスウェーデン内にいない限り）、それは無価値になってしまったことになる。ひどい話ではあるが、Riksbankおよび同国政府の外国人に対する"債務"はその分事実上減ったことになる[19]。

日本の場合は2024年の新札登場後も旧紙幣の法的通用力は維持されると政府は説明している。しかし、スウェーデンのような事例（ノルウェーやイギリスもおおよそ同様）を目の当たりにすると、日本でも旧紙幣は市中で無価値とすることを検討すべきではないかと思われる。また、旧紙幣がいつまでも市中で通用力をもつことは、偽造防止の観点からは不自然といえる。

ただし、旧紙幣の法的通用力を廃止する場合でも、インドのように宣言から4時間後にそれを実行してしまうと、混乱が起きるおそれがある。このためスウェーデンの事例でみたように、十分な猶予期間を設ける必要がある。

それでもスウェーデンでは、2016年に一部でトラブルが生じた。旧20クローナ札が使えなくなる前に市民はそれをもって銀行に向かった。ところが、これまでみてきたように、近年スウェーデンでは紙幣を取り扱う金融機関が大幅に減ってしまっているため限られた金融機関の店舗に大勢の市民が集まり、長蛇の行列が発生した。20クローナは日本円換算で数百円なので、「行列に並ぶ時間がもったいない」と考えた人も多かったらしく、16年6月末（街中で通用した最後の日）時点で、旧20クローナ札の6割弱は未交換だったと報じられている。

19　イギリスでは2017年5月に旧5ポンド紙幣が、2018年3月に旧10ポンド紙幣が法的通用力を失っている。また、2020年2月20日の新20ポンド札流通開始に伴い、旧20ポンド札が無効となるタイミングが近い時期に発表されるので、この紙幣をもっている人は注意が必要である（6カ月間の猶予期間を設定するとイングランド銀行は説明している）。

2 ケーススタディ

Swish
Klarna
InnoBRIDGE
Nordea銀行
SEB
Riksbank

▌Swish

▌銀行団が成功させたP2Pモバイル送金

◆Swish設立の経緯

　携帯電話を用いるP2P（個人）送金を中心的なサービスとしているSwish
は、スウェーデン内で営業する銀行6行が共同して立ち上げたシステムであ
る。システム開発の開始は2010年、P2P送金サービスをユーザーに実際に提
供し始めたのは2012年12月だった。いまでこそスマホを使う個人間送金は世
界的には珍しくないが、当時においては非常に先進的だったといえる。

　銀行団がSwishを設立した動機は次のとおりである。

① 利便性が高くシンプルな送金システムを銀行の顧客は望んでいた

② その場合、銀行口座と連動する送金システムを構築したかった

③ それによって銀行の顧客による現金の利用を減らしたかった

④ 銀行以外の他業種との競争の機先を制する必要があった

サービス開始以降の展開は次のようになっている。

　2014年3月　ユーザー数100万人突破

　2014年6月　零細小売業向けサービスを開始

2015年12月　累計取扱件数１億突破

2016年２月　ユーザー数500万人突破

2017年１月　ｅコマース向けサービス開始

2017年６月　QRコードの利用が可能に

2019年２月　累計取扱件数10億突破

2019年12月　月間利用件数5,160万件、月間送金総額242.1億クローナ

2020年６月　ユーザー数750万人、利用可能小売店23万軒

◆Swishによる送金操作手順

Swishは現在、スウェーデン国民の生活にとってなくてはならないものになっており（一部高齢者等を除く）、同国における現金の利用低下を加速させる一因にもなった。いまやスウェーデン人にとって「Swish」という言葉はP2P送金を意味する動詞としても使われている。たとえば、親が子供に小遣いを与えたときは「Swishしといたから」と話している（「ググる」が検索を意味する動詞になったのと同様の感覚）。

個人間で「Swishする」場合の実際の手順は次のとおりである（■１−27はスマホの画面例）。

①　スマホのSwishアプリを立ち上げる。

②　利用者は送金先の携帯電話番号を入力する（携帯電話番号がユーザーの銀行口座とパーソナルナンバーに紐づけされている）。以前はキーボードまたはアドレス帳を用いて電話番号を入力していたが、現在はQRコードも利用できる。

③　続いて、アプリに送金額を入力したら（メッセージやイラストも添付できる）、送金ボタン（「Betala」）をタップする。

④　すぐに自動的に本人認証の「Bank ID」のアプリが立ち上がる。同画面に６桁の暗証番号を入力する。これは先ほど送金の指図をした人が、その携帯電話の本当の所有者であることを確認するための作業である。

⑤　BankIDが本人であることを確認すると、この送金が実行される。直後

■ 1 −27 Swishによる送金手順（スマホの使用例）

に受取人の口座にその資金が入金され、その人の携帯電話に通知が届く。

　Swishを1日に何度も使うスウェーデン人であれば、10秒以内に①から⑤までの作業を完了させている。もし送金額が自分の口座残高を上回る場合は、フェイルとして拒絶される。なお、このSwishによる送金は、スウェーデン銀行協会の傘下にあるクリアリングハウスであるBankgirotの、24時間週7日稼働の即時決済システム（BiR）を経由している。

◆ 3つの消費者向けサービス

Swishは消費者に対して次の3つのサービスを提供している。

①　Swish for private（モバイルP2P送金）

②　Swish for physical stores（物理的店舗への代金支払いや公共料金の支払い）

③　Swish for e-commerce（eコマースでの代金支払い）

小売店のなかには、iZettleなどの低コストのカード端末を利用しても、VISAやマスターなどの国際カード（デビットカードまたはクレジットカード）の手数料負担が重いと感じている零細商店がある。こうした店は、手数料がより安い上記②の「Swish for physical stores」を導入している。またSwishであれば、顧客が送金した代金は原則リアルタイムで商店の口座に入ってくるので、それも零細商店には歓迎されている（ただし、本章の総論でみたように、消費者がSwishと非接触式デビットカードのどちらかを選べる小売店の場合は、大半は後者が選択されている。Swishよりもさらに簡便なためである）。

　最近では、公共料金などの請求書にSwish用のQRコードが印刷されるようになり、若い世代を中心にこれを利用するケースが急増している。スウェーデン鉄道（SJ）での支払いも最近では4分の3がSwishになってきているという。

　また、前述の③の「Swish for e-commerce」の利用も増加している。消費者がインターネット上で買い物をした際の支払時に「Swish」を選ぶと、携帯電話番号を要求される。それを入力するとすぐにスマホのSwishのアプリ

に、請求が届く。「Betala」（送金）をタップして、いつものようにBankIDによる本人認証がすめば、支払は完了する。クレジットカードなどの支払手段を新たに入力する手間に比べればはるかに作業数は少ない。

◆Swish成功の理由

スウェーデン国民におけるSwish利用率は、同社の説明によると18〜70歳で80％、19〜25歳でみれば90％に達する。個人ユーザーの満足度は高く、10人中9人が友人に勧めると回答している。最も利用件数が多い世代は40歳前後という。

Swishは2017年、18年と2年続けてブランド・アワードを受賞した。いまやボルボ、IKEAに次ぐスウェーデンの国際ブランドになっているという。Swishは"cool"（格好いい）という認識をもつ人が多いため、その自分のQRコードを腕に入れ墨した男性（43歳）もいる（■1−28）。

Swishが成功した理由を同社幹部は次のように説明していた。

① 簡単、速い、安全という点で、顧客のニーズに合ったソリューションだった
② 6大銀行が設立に参加、その後、さらに他の6つの銀行も参加した。これによりスウェーデン内のすべての銀行の口座間での送金が可能に

■1−28

（出所）『Aftonbladet』紙（2019年7月10日付）

なった
③　独自のブランド、独自のアプリをつくったことが効いた（消えていっ
　　たライバルにはそれらがなかった）
④　BankIDという信頼できる本人認証システムを経由するため、ユー
　　ザーには安心感がある
⑤　個人のユーザーは利用手数料をとられない

◆ビジネスモデルと規制・障害対応

　Swishの収入源は、商店等ビジネスサイドから徴収する手数料である。手
数料率は銀行によって異なる（公正な競争を維持する観点からそうなってい
る）。ある大手行の場合は、Swishを利用した企業から1件当たり原則2ク
ローナを徴収している。ただし、実際は企業の規模、利用件数等々によって
さまざまな割引が適用される。また慈善団体が募金を受け入れる際は、銀行
が手数料を課さないケースもみられる。

　Swishでは、送金サービスの事故を想定してそれに保険をかけることは
行っていない。

　利用者の個人データは加盟銀行がもっており、Swishとしては管理してい
ない。Swishの幹部は「Swishはホテルのようなもので、各部屋にいる銀行
に情報を流している」と説明していた。このため利用状況のビッグデータを
外部に販売することはSwishとしては行っていないようだ。

　マネー・ロンダリング規制（AML/CFT）やKYC（顧客確認）に関しては、
Swishは単なる送金システムなので、加盟銀行がその責務を負っている。

　非常時の障害対応については、基本的には加盟銀行サイドの問題ではある
ものの、Swishとしては複数のクラウドサービスを使ってリスク分散を図っ
ているという。

　なおSwishの従業員数は、プロパー社員はわずか16人程度、外注先を含め
ても全体で100人程度である。経営者やプロパー社員の勤続年数は全般に短
く、われわれと面談した幹部、スタッフは全員がまだ勤続2年以内だった。

しかし労働市場のモビリティが非常に高いスウェーデンの場合、これはさほど珍しいケースではないようだ。

◆Swishの課題と将来性

スウェーデンで大成功を収めたSwishではあるが、国外には思うように進出できていない。これに関して同社幹部は次のように説明していた。

・EU域内で満足にビジネスを展開できていないのは、EUの規制・監督の不整合の問題というよりも、仕様の不統一にある。それによってクロスボーダーの運営できていない。アップルペイと違って、Swishはローカルなサービスであるがためにクロスボーダー問題を抱えている。

・また、他国ではSwishの利点があまり知られていなかったり、ローカルの競争相手がいて、消費者はすでに別の電子ウォレットを使っている場合がある。この問題をクリアするには、外国の決済サービスの企業とパートナーシップを結ぶ必要があると考えている。

・一方で、欧州のPSD2（第2次決済サービス指令、183ページ参照）は、決済事業者に確実なSCA（本人認証）を要求している。これにより、クレジットカードの利用は今後減っていくと予測している。PSD2は、米国系国際カード（VISAとマスター）がこれまで独占してきた状況を変化させ、Swishのような欧州のFinTech系スタートアップ企業にビジネス・チャンスをもたらす可能性がある。

・今後のインターナショナルな展開としては、まず、外国のパートナーと提携して、東京オリンピックのような機会にスウェーデン人が訪れた国々でSwishを使えるようにしたい、また、Swishのスキーム、テクノロジー、サクセス・ストーリーを外国に輸出したい。

◆テクノロジーの進化に対する対応

Riksbankが、中銀デジタル通貨「e-クローナ」を発行し始めたら、Swishはどうなるのだろうか？　この質問に対して同社幹部は次のように語ってい

た。

・e-クローナの登場をSwishは歓迎する。

・もし、それが電子ウォレットのなかで保持されるなら、Swishはダイレクトにその通貨にアクセスするだろう。

・とはいえ、e-クローナがどのようなものになるのかまだわからないため、今後の行方をみていきたい。

おそらくSwishはRiksbankから、スウェーデン内で発展してきた民間のキャッシュレス決済が存続できなくなるような中銀デジタル通貨の開発はしない、といった感触を得ているのだと推測される（Riksbankは、「e-クローナは、市場の決済ビジネスを補完するものになる」、とこれまで説明してきた）。

2020年2月20日にRiksbankが発表したe-クローナのパイロットプログラムでは、エンドユーザーに対してはウォレット型を採用することが示唆されていた。実際にその方向になるのであれば、Swishはe-クローナを送金することもできるアプリになっていくのだろう。

また、Swishにおける本人認証は現在は前述のとおりBankIDを利用している。しかし、将来、生体認証のシステムが進化していけば、Swishは基本的にプラットフォーム・ストラテジーであることから、状況の変化にあわせていくという（BankID自体が今後生体認証を取り込んでいく可能性もある）。

ただし、顔認証については、隣国フィンランドで開発が進んでいるものの、EUがGDPR（EU一般データ保護規則）による個人データ保護を導入したことにより、そのコンプライアンス・コストが激増してしまった。スウェーデン当局もカメラ・ベースの認証に対しては厳しい態度をとるとみられているため、実際にそれを利用するのは当面容易ではない（暗証番号は何度でも変更できるが、顔など生体に関する情報が流出し、不正に利用されると取り返しがつかないことになるおそれがあるため）。

▋Klarna　**Klarna**

▋欧州最大のFinTech企業

◆既成銀行業の"破壊者"

　Klarnaは、消費者にeコマースにおける「後払い」を提供することで急成長してきた決済系FinTech企業である。主な出資者はVISA、セコイア・キャピタル、Atomico、Permira等で、2019年8月の米国での資金調達により、同社の企業価値は55億ドルになった。これは欧州のFinTech企業では最大である。投資家向け説明資料で同社は自身のことを「決済および銀行業におけるリーディング・グローバル・ディスラプター（Leading Global Disruptor、破壊者）」と称している。

　Klarnaは2005年にストックホルムで創業された。2008年に近隣の北欧諸国へ進出、その後は2010年にドイツとオランダ、2014〜15年にイギリス、アメリカへとビジネスを展開した。2017年にフル銀行ライセンスを取得している。これによりKlarnaは「チャレンジャーバンク」と呼ばれる存在にもなり、既存の銀行に脅威を与えている。

◆ビジネスモデルは、"Buy Now, Pay Later"

　ドイツなどのように、若い世代を中心にクレジットカードをもっていない消費者が多い国は先進国のなかにもかなりある。また、一般的に消費者は、ECサイトで商品を購入する際、それが配達される前に代金を払いたくないという傾向をもっている。衣服や靴を買う場合には、サイズや色などを多数取り寄せ、それらを試着してから購入を決定し、支払いはその後がいいと考える消費者も多い。一方で、ECサイト上の小売店側は、購入者から代金を受け取る前に商品を発送したくないと考えている。

■１−29　Klarnaの３つの支払方法

そこにKlarnaはビジネス・チャンスを見出し、次の３つの"Buy Now, Pay later"（後払い）の選択肢を消費者に提供した（■１−29）。

①　Pay now：30日以内の後払い（金利ゼロ）

②　Pay later：30日ごとの３回分割払い（金利ゼロ）

③　Slice it：６〜36カ月の分割払い（金利が発生）

消費者がECサイトでKlarnaを使って商品を購入する場合、電子メールのアドレスと郵便番号だけでサイン・インすることができる。Klarnaはその２つの情報を用いて迅速に審査を行う。同社の信用スコアリング・システムは、社内のデータベースだけではなく、外部の信用調査会社が保有するクレジット・ヒストリーも参照している。

また同社は2018年から、リアル店舗での消費者のキャッシュレス決済に対応するサービスとして、プラスチックカードタイプのデビットカードの発行およびApple PayやGoogle Payに対応したスマホ用アプリの提供も行っている。

◆急成長業績と地域別市場動向

2019年末時点で、Klarnaは17カ国でサービスを提供し、ユーザー数は8,500万人を超える。加盟小売業者は20万社以上で、うち７万5,000社は2019年に

加盟している。世界的な大企業も自身のWebサイトでの商品販売の決済手段として顧客がKlarnaを選択できるようにしている。主な企業としては、IKEA、アディダス、ナイキ、ルフトハンザ、タイ航空、エクスペディア、H&M、サムスン、ダイソン、レイバン、マイケル・コー、アバクロンビー＆フィッチ、チケットマスター、ボーズ等々がある。

2019年の取扱売上高は350億ドル（前年比＋32％）、営業利益は753百万ドル（＋31％）、従業員数2,700人である。

Klarnaにとっての最大の市場はDACH地域（ドイツ、オーストリア、スイス）だ。前述の「後払い」サービスによって、域内の消費者と小売店に"Win Win"のソリューションを提供することができたという。消費者はKlarnaを利用することで、心配なく、（設定された利用上限額のもとで）スムーズにECサイトで買い物を行えるようになったと感じている。小売店は顧客がKlarnaを使うことで売上が伸びたと喜んでいる。また、商品の販売直後にKlarnaから代金が入金されるため、キャッシュフローが良好になるというメリットも小売店側にはある。

地元である北欧市場でもKlarnaは伸びており、スウェーデン、ノルウェー、フィンランドにおけるスマホ用アプリのユーザー数は2019年に300万人に達した。その３カ国の18〜70歳人口の合計は1,400万人弱なので、かなりの利用率といえる。スウェーデンでは加盟店の増加が同年に１日平均20件もあったという（ただし、同国におけるeコマースでの資金決済件数はSwishのほうが上回っているようである）。

イギリス市場でもKlarnaは成長をみせている。2019年には、利用者が倍増、年後半には毎週平均８万8,000人のペースで新規ユーザーが増えた。同国の消費者が同社のスマホ用アプリを同年にダウンロードした回数は160万回に及んだ。実に1.3秒に１件のペースでKlarna経由で買い物が行われた。

米国市場では、Klarnaは2017年頃まで苦戦していたが、最近好調な伸びを示し始めている。スマホ用アプリの提供がその起爆剤になった。2019年12月だけで30万人がダウンロードし、Klarnaを使った買い物件数は５月比で

約10倍になった。加盟小売店数は2018年に比べ３倍に拡大したという。

　また、Klarnaは、次の成長市場としてオーストラリアへの進出に力を入れているとのことだった。

◆収益源、返済遅延対応、超低金利環境

　Klarnaの収益源は、小売店サイドから徴収している手数料である。消費者側からは基本的にとっていない。長期（６～36カ月）の分割払いである「Slice it」の場合はユーザーから金利をとっており、同社の資金調達金利との差が利益になる。

　ユーザーの返済が遅れた場合、Klarnaはペナルティ・フィーを課している。ユーザーにとってペナルティ・フィーの発生は「悪い経験」になる。クレジット・ヒストリーが悪化すると、利用上限額の引下げや利用停止につながるおそれがあるため、それが支払遅延の〝抑止力〟になっている。

　それでも返済が遅れたユーザーがいた場合は、「支払いを優しく促す連絡」を行っているという。そのような「優しい」態度でデフォルト率が高まることはないのかと、私たち視察団は気になったが、Klarnaの幹部によると、北欧やドイツの消費者は概してきちんと返済するのだそうだ（同社は今後、南欧の市場にも進出したい意向があるようだったが、南欧でそうしたビジネスモデルが成立するのか注目される）。

　またわれわれが訪問した時は、スウェーデン中銀、デンマーク中銀、スイス中銀、ECBがマイナス金利政策を実施していた。同政策はKlarnaにどのような影響を及ぼしているか尋ねたところ、「ユーザーが購入代金をわれわれに支払う前に、われわれは肩代わりして小売店に代金を支払っている。そのための資金調達は常に必要なので、調達金利が低下している状況はわれわれにとって有利といえる」と、超低金利環境を歓迎するコメントが聞かれた。

InnoBRIDGE

伝統的企業とスタートアップの橋渡し役

　本章「総論」において、スウェーデンの金融機関はスタートアップ企業と積極的に連携しながら銀行業のデジタル化を進めてきたと述べた。このような説明を現地で受けた時、私たち視察団は、「伝統的な金融機関とFinTech系のスタートアップ企業ではカルチャーがまったく異なるはずであり、どうすればそのような連携は可能になるのだろうか？」と疑問を抱いた。その答えがこの非営利コンサルタント「InnoBRIDGE」にあった。同社幹部は次のように説明してくれた。

　以前のスウェーデンでは、伝統的な銀行や保険会社は、FinTech企業がソリューションを提供できる分野があるとわかっていても、彼らとコミュニケーションをとろうとしなかった。しかし、伝統的金融機関は古い基幹システムというレガシーを抱えて悩んでいた。それらを新システムに替えたところで、融通が利かない新たなレガシーが生まれるだけなのは目にみえていた。そこでそうした大企業は、スタートアップ企業と提携しなければと考え始めていたが、そのやり方がわからなかった。

　一方でスタータップ企業側も、そのほとんどが伝統的企業と十分なコンタクトがとれていないと感じていたが、大企業のどこに連絡をとればいいのかも知らなかった。このような環境のもと、金融機関、大学、スタートアップ企業がそれぞれ勝手にR&D（研究開発）を行っていた。

　このようなミス・コミュニケーションにより、スウェーデンは潜在的なイノベーションの機会を浪費しているとわれわれは考えた。そこでInno-BRIDGEを立ち上げ、同社がそれらの間を取り持ち、一緒になってR&D等を進めるようプロデュースした。

　その際に大事なのは、①何が問題なのかを一緒に把握する、②学術的なソリューションを使ってみる、③Don't reinvent the wheel again（「もう一度車輪を開発するな」＝すでに誰かがソリューションを見つけているならそれを利用しろ）、④その産業のエキスパートに聞く、⑤ストックホルムの「秘密のソース」をふりかける（信頼、透明性、自由な上下関係など）、といったステップだという。

　またスタートアップ企業には、こうしたパートナーシップが完成するには少なくとも20カ月程度かかることを許容し、銀行内部の"ブラック・ボックス"的なプロセスを理解する姿勢を求めている。

　InnoBRIDGEは次のようなスローガンを掲げている。「最初にやってみた行動が上手く機能しなかった場合、それを繰り返したところで異なった結果は期待できない」「When nothing go right, go left（＝右に行って何もなければ、左に行け）」。

　InnoBRIDGEが伝統的企業とスタートアップ企業の橋渡しをするようになってから、スウェーデンのFinTech業界に流入してくる投資資金は顕著に増え、今日の活性化した状況が生み出されたという。

Nordea銀行　Nordea

いち早く業務のデジタル化を推進

◆"北欧NO.1のインベストメント・バンク"

　Nordea銀行は200年の歴史を有する北欧最大規模の銀行である。2019年末で総資産は5,548億ユーロ、貸出金3,227億ユーロ、預金量1,687億ユーロ、債券発行額1,937億ユーロとなっている。リテールの顧客数は930万人、中小

企業取引先53万社、大企業取引先2,650社で、「北欧でNo.1のインベストメント・バンク」を自認している。

時価総額は293億ユーロ、長期格付けはムーディーズがAa3、S&PがAAマイナス、普通株式等Tier1比率は16.3％と良好である。サステナビリティ関連も早くから重視しており、ESGにはすでに15〜20年ほど注力しているという。

◆政府と対立し、本店を隣国に移転

Nordea銀行の本店はもともとストックホルムにあったが、2017年に同行はスウェーデンの中道左派政権と激しく対立した。同政府が進めようとしていた銀行へのソリューション・フィー引上げに同行は猛反発し、本店を国外へ移転すると発表する。当初、金融担当大臣は「どうぞ、お好きに」と突き放したものの、その後一転して政府は同フィーの引下げをほのめかしながら、慰留を図った。しかしながら政権との関係は修復されず、同行は移転準備を進めた。

移転先の選択肢としては、デンマークのコペンハーゲンとフィンランドのヘルシンキの２択となった。Nordea銀行は両国でも手広くビジネスを展開してきたため、それらへの本店移転にはさほど抵抗感はなかったようである。経営陣は当初、生活水準の高さと国際都市としての魅力の点で、コペンハーゲンを選ぼうとした。しかし、最終的にはユーロ圏のライバル行と競争条件を同一にすることが重視され、2018年にユーロ採用国であるフィンランドのヘルシンキに本店が移された。これにより同行はECBの規制下に入った。

◆デジタル・トランスフォーメーションの先駆者

Nordea銀行の経営陣は早くからデジタル銀行へのトランスフォーメーション（変容）を宣言し、前述のInnoBRIDGEも積極的に活用しながらFinTech企業との協業を進めてきた。こうしたなかでスタッフらは同行での仕事につ

いて、「総論」の冒頭で紹介したように、「super interesting（超おもしろ
い）」「本当にcool（素晴らしい、格好いい）」「いまのような時代の銀行業の仕
事はsuper fun（超楽しい）だ」と語っていた。

　彼らのキャッシュレス化に対する基本的な考え方をあらためて記してみる
と、

- ・銀行にとってキャッシュレスはポジティブだ。なぜなら現金はコストが
  かさむ。反マネー・ロンダリング上の管理も現金ではむずかしい。
- ・顧客にはできるだけセルフサービスでやってもらっている。
- ・多くの取引はオンラインに誘導している。店舗は以前のスタイルではな
  く、カウンターがない支店が大半となっている。
- ・Swishが普及したポイントは、われわれ銀行が共同で設立した点にあ
  る。Bank IDも銀行がもっていて、それによって本人認証が可能になっ
  ている。

　ただし、それでも彼らは先行きを単純に楽観視しているわけではなく、次
のような緊張感も語っていた。

- ・昔の銀行業はイージーだった。しかし、いまはビジネスモデルをどうす
  べきか日々格闘している。
- ・規制当局は新たな競争参入者を奨励しているので、銀行はそれにも脅か
  されている。
- ・顧客にいかに新しいプロダクトを提供するかが重要になっている。コス
  トの効率化を図り、収益を確保する新しいビジネスモデルを生み出す必
  要がある。
- ・サードパーティーと共同し、オープンバンキングのなかでサービスを高
  めていこうとしている。彼らとは緊密に協力し、パートナーシップをも
  つこともある。

> **Box 1 － 6　マネロンスキャンダルの激震**
>
> 　Nordea銀行は近年マネー・ロンダリング・スキャンダルで激しく揺れた。2007～13年にかけて同行は、ロシア絡みの犯罪資金１億7,500万ドルを"洗浄"していたと2018年秋に告発された。さらに2019年３月には、フィンランド公共放送YLEが、2005～17年に同行がやはりロシア系の資金（約７億ユーロ）を、バージン諸島やパナマなどのタックス・ヘイブンのダミー会社を経由して"洗浄"していたと報じた。
>
> 　2019年１－３月期にNordea銀行は当局への罰金の引当てとして9,300万ユーロを計上する。同行のCEOは同年４月に「マネー・ロンダリング対策のシステムの必要性を軽視していた」との反省を述べている。翌５月にはリスク管理担当の役員が辞任し、６月上旬にはNordea銀行デンマークのコペンハーゲン本店が当局の捜査を受けた。米国など他の当局からも捜査を受けている。
>
> 　さらに、アクティビストの株主から「低金利環境下で収益を向上させていく戦略がみえてこない」と激しく叩かれたこともあって、2019年９月にCEOの退任が発表された。このCEOはライバル行のSvenska Handelsbankenトップから2017年に移ってきたばかりの人物であったが、Nordea銀行での在任期間は短期に終わった。
>
> 　同行のマネー・ロンダリング・スキャンダルに対して同情することはまったくできないが、低金利長期化で収益が徐々に厳しくなるなか、コンプライアンス面での脇が甘くなっていた可能性はあるのではないか。

▌SEB

▌デジタル化を推進しつつ店舗の機能に再注目

　SEB（Skandinaviska Enskilda Banken AB）は160年の歴史を有するスウェーデンの大手銀行の１つである。連結自己資本比率の普通株式等Tier1比率は

2017〜2019年の３年間の平均で18.2％と良好である。

　2015年から2019年にかけてスウェーデン中銀はマイナス金利政策を実施した。その逆境下においてもSEBのROE（自己資本利益率）は若干の改善をみせている。2012〜2014年の平均は13.1％だったが、2017〜2019年は13.9％である（参考までに日本の三大メガバンク・グループの2017〜2019年３月期決算のROEの平均は6.4％）。■１−30は2000年初を100として2020年６月までのSEBの株価の推移を日本の銀行の株価（日経500種平均株価銀行業指数）と比較したものだ（月末値）。この20年間でみるとSEBのほうが邦銀よりも顕著に上昇していることがわかる（近年の日本銀行はETF＝上場投資信託の大規模購入により邦銀の株価も買い支えているが、Riksbankはそういったオペレーションは行っていない）。

　「総論」でたびたび紹介したように同行はキャッシュレス化を含むデジタル・ソリューションを大胆に顧客に提供し、店舗数、行員数を削減してきた。これによりコスト・インカム比率（営業利益に対する営業費用の比率）は顕著な改善をみせている。1999〜2001年の平均は0.70だったが、2017〜2019年の平均は0.46だ。

■１−30　SEBと邦銀の株価

（出所）　ブルームバーグ

近年の調査（コロナ禍前）によると、スウェーデン人が銀行店舗を訪れる平均回数は7年に1度に減っているという。その一方でSEBの顧客がPCによるインターネット・バンキングを使う回数は平均で月6回、スマホのSEB専用アプリは月23回も利用されている。

　しかしながらその一方で、興味深いことに、近年のSEBは店舗における顧客とのコミュニケーションをあらためて重視する戦略も採用している。

　SEBを含むスウェーデンの銀行店舗は、午前10時開店、午後3時閉店という伝統をずっと維持してきた。だが、同行が設置し始めた「エクスペリエンス・センター」と呼ばれる新しい形態の店舗の営業時間は、月曜日から木曜日は午前8時〜午後8時、金曜日は午前8時〜午後6時、週末は午後12時〜午後4時である。

　われわれ視察団が訪問した同センターは繁華街にあり、内装は明るい配色の居心地が良さそうなデザインになっていた。銀行らしいカウンターはそこにはなかった。フリーWi-Fiや美味しいコーヒーが無料で提供され、来店者はそこで何時間でもくつろぐことができる（近隣の年金生活者が集まってくるらしい）。

　同店舗では、顧客のニーズに応じて、SEBのデジタル・ツールの利用方法を解説する講習会も開催している。前述のスマホ用アプリなどの使い方をよく理解できていない高齢者に対する啓蒙活動が行われている。

　7〜8歳の子供にSwishの使い方を教えながら、「お金とは何か？」を知ってもらう勉強会も開いている。いまのスウェーデンには生まれてから現金を一度も触ったことがない子供が大勢いる。現金の概念をもたない子供に電子マネーを理解させることは容易ではないと感じる親は少なからずいるらしく、ここの行員がその教育を請け負っている。

　こういったことを通じて、顧客のSEBに対するロイヤリティを高めていくことがこのエクスペリエンス・センターの目的となっている。デジタル・ソリューションだけでは取りこぼししてしまう顧客のニーズがあるからだろう。

▌Riksbank

SVERIGES RIKSBANK

(Web サイトより)

▌いち早く中銀デジタル通貨構想を打ち上げる

◆世界最古の中央銀行

Riksbank（リクスバンク）は1668年設立の世界最古の中央銀行である。小国の中銀ではあるが、同行は国際金融界で注目される個性的な存在であり続けている（■1－31）。

1931年に固定為替相場制が廃止された際、同行およびスウェーデン政府はその時点の物価水準を維持することを目指す物価水準目標を宣言した（2005年にLars Heikensten総裁は講演で「お好みであれば、同目標をゼロ％インフレ目標と呼ぶこともできる」と述べている）。

現代において明示的なインフレ目標を初めて採用したのは1988年のニュー

■1－31　Riksbank

ジーランド準備銀行だが、Riksbankも1993年という早い時期にそれを導入している。また、同行は政策金利の予想公表など金融政策のコミュニケーション戦略でも早くから実験的な手法を取り入れている。後述するように、2019年12月にはマイナス金利政策を解除したことでも世界的な注目を浴びた。

FinTechの観点からは、Riksbankは先進国のなかで、最も早くから中央銀行デジタル通貨（CBDC：Central Bank Digital Currency）を議論してきた中銀としても知られている。同行は2017年4月にCBDC「e-クローナ」の研究開始を公式に宣言した。

しかしその後の展開は、同行が示していたタイムテーブルに比べると遅れ気味になっている。制度設計、技術面の課題、政府・議会との調整、法律改正等々、検討すべき課題が次々に浮上したためと推測される。2020年6月現在、e-クローナ発行の是非に関する最終的な決断はいまだになされていない。

とはいえ、Riksbankは同CBDCの発行を明らかに志向している。2020年2月20日には、コンサルタント会社アクセンチュアと組んで、e-クローナの技術面でのパイロット・プログラムを開始することを発表している[20]。

また、新型コロナウイルス禍を契機に世界的にCBDCへの関心が高まっている。BIS（国際決済銀行）の集計によると、中銀幹部によるCBDCに関する講演の件数は2020年に入って一段と増加している。しかもCBDCに対するスタンスが「ポジティブ」だった講演から、「ネガティブ」だった講演を差し引いた件数は、2020年に初めてプラス圏に入り、その後増加を続けている（"BIS Bulletin No 25", BIS, 2020年6月）。こういったトレンドもRiksbankの背

---

20 2020年1月21日にRiksbankは、ECB、日銀、イングランド銀行、カナダ銀行、スイス国民銀行、BISとCBDCの活用可能性を評価するためのグループを設立すると発表した。その背景に彼らが2019年にフェイスブック等が発表した仮想通貨「リブラ」のプロジェクトに刺激された面はあったのではないかと推測される。ただし、Riksbankを除く他の5行は、この時点では、実際にCBDCを発行するための準備というよりも、まずは技術面で乗り遅れることがないよう調査を進めていくことを研究の主目的にしていたように思われる（なお、分散台帳技術に関しては日銀とECBは2016年12月に共同研究「プロジェクト・ステラ」を立ち上げている）。

中を押すことになると思われる。

◆なぜ、スウェーデンはe-クローナに早くから乗り気だったのか

Riksbankが早くからCBDCを研究してきた動機は、次のように整理することができる。

前節「総論」でみてきたように、スウェーデンでは他の多くの国が経験したことのない、現金の劇的な減少が起きてきた。それに伴って、民間金融機関がこれまで維持してきた現金流通を支えるインフラが、コストの観点から、遠からず破棄される可能性が出てきている。ひとたびそうなると、市中の人々が現金を利用することは事実上不可能になる。

現在のスウェーデン市民の大半は、カードやSwishなどによる民間の電子マネーに慣れ、それらを信頼している。このため、現金を完全に利用できなくなったとしても、彼らは平時においては特に不便を感じないし、たとえATMが市中から撤去されても彼らは気にもとめないだろう。しかしながら、現金決済を必要としている一部のグループ（「デジタル弱者」の高齢者や銀行口座をもっていない移民など）は困難に直面するおそれがある。

この問題への対処策として、Riksbankは"e-krona report 1"（2017年）で次の3つの選択肢をあげていた。

① 金融機関に補助金を給付して現金流通を維持させる
② 法律を改正して金融機関等に現金を取り扱うよう強制する
③ 現金の代替となりうるシンプルで誰にでも使えるCBDCを発行する

補助金（①）は、納税者が負担することになるため、それを恒常化させることは、はたして正しいのか、という問題が生じる。現金の取扱いを強制する法改正（②）は、実際に2019年に行われたが、現金流通のインフラを維持するコストを金融機関が負担し続けることなる。コスト削減のためにデジタライゼーションを推進してきた金融機関はこれに強い不満を抱いている。またこのコストは、やがては銀行の利用者に転嫁される可能性があるだろう。

よって、デジタル弱者や銀行口座をもっていない人々にも使いやすい
CBDCを開発する（③）ことが最も望ましい選択肢ということになる。

　また、市民が現金をいっさい保有しなくなることは、Riksbankにとって
悩ましい面もある。

　第1に、市民が直接アクセスできる中銀マネーがなくなり、それが銀行預
金を用いる民間の電子マネーに代替されることは、中銀のアイデンティティ
を弱めることになるのではないかという問題である。Riksbankの「エコノ
ミック・レビュー2018年第3四半期号」は、同行が1900年代初期からス
ウェーデンにおける銀行券の発行を独占してきたことは、中銀としてのアイ
デンティティおよび金融・決済システムの機能を保障する社会的使命におい
ても重要であった、と述べている。

　しかし、技術的な発展により、預金が現金に取って代わるという、以前に
は想像もしなかったことが現実化している。それが「中銀による銀行券独占
時代の終焉」につながるのであれば、金融・決済システムの安定維持という
中銀の社会的使命を果たすうえでも、現金に対するデジタルな代替手段を
Riksbankが開発する必要性が生じるという。

　しかしながら、これはきわめて「政治的な判断」であることを、同行は認
めている。というのも、民間の電子マネーの安全性を金融当局が適切に監
督・規制できていれば、必ずしも中銀デジタル通貨は必要ないのではない
か？　という主張もありうるからである。

　第2に、現金は中銀にとっては無利子負債であり、その発行規模にあわせ
て資産サイドでプラス利回りの証券を保有すれば、利益（通貨発行益、シニョ
リッジ）が生まれる。近年のRiksbankは、マイナス金利政策により銀行から
利息を徴収したり、量的緩和策で証券保有額を拡大したりすることで収益を
確保してきた。しかし金融政策の正常化が進んだときに、もし現金発行額が
ゼロになっていると、中銀の組織運営上最低限必要な収益さえ得られなくな
るおそれが出てくる。

　またこれらのような論点とは別に、スウェーデンおよびその中銀である

Riksbankは、もともと進取の気性に富んでおり、先進国初となるCBDCの発行に意欲を抱いている面もあるように感じられる。

CBDCをめぐる主な課題

Riksbankのe-クローナが実際どのようなものになるのかをみていく前に、CBDCの導入をめぐる主要な論点を整理してみよう。技術的に解決すべき課題や法的な問題に加え、以下のような議論が存在している[21]。

❶ どの発行形態がベストか？

CBDCの発行形態として考えられているものに、口座型とトークン型の2つがある。前者は中銀に人々が口座をもち、人々が中銀に振替依頼をすることによってCBDCが口座間で移転していく。後者は、スマホ用アプリによる電子ウォレットやICカードなどにCBDCの価値が記録され、それらの間でCBDCが移転されていく方式である。バリュー型と呼ばれることもある。

また、別の観点からの分類として、中銀が利用者にCBDCを供給する直接型と、間に仲介機関が入る間接型がある。これらを組み合わせると、「口座型・直接型」「トークン型・直接型」「口座型・間接型」「トークン型・間接型」の4つの形態が考えられる。

❷ 中銀と民間による「二層構造」を維持すべきか？

現在の金融システムは、中銀が現金や準備預金を民間金融機関に供給し、民間金融機関はそれらを用いて信用創造を行うという「二層構造」になって

21　参考：BIS "Central bank digital currencies"（2018年3月）、柳川範之・山岡浩巳「情報技術革新・データ革命と中央銀行デジタル通貨」（2019年2月）、小早川周司「中央銀行デジタル通貨に関する一考察」（2019年3月）、雨宮正佳「日本銀行はデジタル通貨を発行すべきか」（2019年7月）、同「中銀デジタル通貨と決済システムの将来像」（2020年2月）、岩下直行『「金融包摂」が世界各国で進展』（2020年2月）、中島真志「アフター・ビットコイン2・仮想通貨 vs. 中央銀行」（2020年6月）

いる。

　だが、もしCBDCが上述の「直接型」になり、金融機関を「中抜き」するようになると、そうした「二層構造」は崩れる。

　仮に「一層構造」になった場合、中銀は家計や企業から預金を受け入れるだけでなく、彼らへの与信を中銀が行うことになる。現時点で中銀はそれを行うための資源を有していない。民間金融機関にいる人材をスカウトしていけば、中銀は超巨大な組織へと肥大化していくことになる。

　実は一層構造の実例が過去に存在している。1978年までの中国人民銀行である。同行は「単一銀行制度」下での中国唯一の銀行だった。銀行券の発行などの中銀業務に加え、家計や企業からの預金の受け入れ、それらに対する貸出も同行がすべて担っていたのである。

　しかし、そのような独占巨大銀行のもとでは、金融業に競争は存在せず、経済の成長にとって必要な、適切な信用アロケーションは望めない状態が続く。それに問題を感じた中国政府は人民銀行を解体することを決意し、1979年に中国銀行、中国農業銀行、中国人民建設銀行（現中国建設銀行）を、1984年に中国工商銀行を人民銀行から分離した。

　それ以降、一般向けの預金・融資業務はそれらが担い、人民銀行は中銀業務に専念することになった。その後も中国の金融当局は株式制商業銀行など民間銀行を設立させ、競争を促してきた。もし中銀デジタル通貨の導入が金融業を一層構造に向かわせるのならば、中国のこういった経緯を逆行して、競争のない世界に向かうことになる。

　また近年は多くの先進国で「オープンバンキング」が推進されている。金融当局はFinTech企業に銀行ライセンスを与え、彼らが銀行のシステムにアクセスできるようAPIの開放を促している。それによって誕生した「チャレンジャーバンク」が従来の銀行と競争していくことで、金融業におけるイノベーションが活発化していくことが期待されている。もしCBDCで中銀が独占巨大銀行と化すことがあれば、そういったイノベーションも阻害されるおそれが出てくる。

Riksbankを含む大半の中銀およびBISもその懸念を強く認識している。このため、中銀コミュニティー間の議論においては、「二層構造」を維持しながらCBDCを検討していく方向性が今のところ主流になっている。

❸ 匿名性と中銀による個人情報管理のバランスは？

現金の特徴の1つである匿名性は、犯罪や脱税に悪用されやすい。それゆえCBDCを匿名で所有することを不可能とする設計にすることは、マネー・ロンダリング対策の面からは非常に望ましいといえる。

その一方で、CBDCを誰が保有し、いつ誰に支払われたか、といった情報を中銀が把握できるようになった場合、中銀は、人々の日々の経済活動に関する巨大な情報を管理できるようになる。国民のプライバシー保護の観点においてそこに問題は生じないのか、といった疑念が湧き起こるかもしれない。もっとも、個人のプライバシーに関する感覚は国民性によって異なる。「総論」でもみたようにドイツの人々はこの問題に非常にナーバスだが、スウェーデン人はあまり興味を抱かないかもしれない。

他方、リテールの決済情報を中銀が独占することは、ビックデータの活用で生まれうる民間におけるイノベーションを殺ぐおそれもある。このため、CBDCを設計する際は、匿名性や個人情報管理の適度なバランスを模索する必要が生じるといえる。

❹ 適正な付利の水準と、金融政策への影響は？

CBDCに金利を付与することは技術的には可能である。しかし、CBDCは現金の代替手段なので中銀は、付利の機能をもたせつつ、実際はゼロ金利を選択するケースが多いと推測される。

ただしその場合、中銀がゼロ金利政策、量的緩和政策、さらにはマイナス金利政策などにより市中の預金金利やMMF、債券投資信託などの利回りをゼロ％近辺またはマイナス圏に押し下げたら、金融政策の効果に悩ましい問題が生じるおそれがある。

2020年春時点で欧州では企業の預金口座にマイナス金利を課す銀行がかなり増えている。個人の口座にも口座管理手数料やマイナス金利が適用される事例は珍しくなくなっている。そういった環境で、電子ウォレット等と銀行の預金口座との間の資金の移動が常時容易にできるCBDCが登場したとしよう。同通貨に信用リスクはなく、現金と違って物理的な盗難のリスクはなく、かつ、かさばらないので保管の問題も生じない。このため預金からCBDCへの大規模なシフトが瞬時に起きる可能性がある。人々が金融資産をCBDCのかたちで保有することは「電子的なタンス預金」であり、そのお金は経済に流れていかない。つまりCBDCを発行し始めた中銀は、金融政策の「ゼロ金利制約」をこれまで以上に痛感する可能性がある。

　理論的には、中銀がCBDCへの付利金利をマイナスにして、その価値が目減りしていくようにすれば、その問題を回避できるはずである。それを積極的に行えば、中銀は金融機関の準備預金に課すマイナス金利をどんどん深くしていけるようにもみえる。

　ただし、それを実現するには事前に現金を完全に廃止しておかなければならない。そのことが当面は容易ではないことはすでに述べた。また、名目価値が変動しないリスク・フリー資産だった現金が、マイナス金利で目減りしていくCBDCにとって代わられたら、多くの国民は強い不安または恐怖を感じる可能性がある。しかも後述するように、Riksbankを含めマイナス金利政策自体の副作用を懸念する中銀も増えつつある。このように考えると、CBDCにマイナスの付利を行うことは慎重に考えていく必要があるといえるだろう。

　他方で、CBDCの発行が開始されたものの、その使い勝手が悪くて、市民は既存の民間の電子マネーを好み続けるケースを考えてみよう。CBDCの普及がなかなか進まない場合は、それにプラスの付利を行って、その魅力を高めるという手も考えられなくはない。中国でAlipayの人気が高まった理由の1つには、同口座に預けた待機資金を運用するMMFの利回りが相対的に非常に高かったことがあげられる。

　しかしながら、中銀がCBDCにプラス金利を払ったら、市中の金融商品は
それに負けないように利回りを上げなければならず、それが全体の金利上昇
を招くならば金融引締めにつながる可能性が出てくる。また、CBDCにプラ
スの付利を行ったら中銀の収益にとっては圧迫要因になりうるだろう。

❺　金融システム危機を増幅してしまうリスク

　昭和初期や1990年代後半の日本、または2007〜2008年の欧米でみられたよ
うに、多数の金融機関の信用力が一斉に低下して金融システム危機が発生し
たとき、人々は自分の預金を現金化するために金融機関の店頭に殺到した。

　しかし現金が廃止され、CBDCが流通する時代にそういった信用不安が起
きたら、人々はスマホやPCを操作して金融機関に預けている預金を安全な
CBDCへ瞬時にシフトさせるだろう。この「電子的な取付け騒ぎ」が大規模
に起きると、金融機関はあっという間に連鎖破綻してしまう。

　つまり高い信用力を有しているがゆえに、CBDCは金融機関の流動性危機
をかえって増幅させてしまうおそれがあると中銀関係者は懸念している[22]。
それを避ける手はないわけではない。CBDCに非常に深いマイナス金利を課
してその魅力を大きく低下させれば、人々はそれを保有したくなくなる可能
性がある。しかしながら、前述のように紙幣などの中銀通貨の名目価値は基
本的には揺らぐことはない、と長年信じてきた人は多い。それが急激に目減
りしていく現象を、金融システム危機というただでさえ不安が募るときに国
民が目の当たりにしたら、動揺がより強まるおそれもある（急激な通貨安が
生じるかもしれない）。

22　2020年に発生した新型コロナウイルスのパンデミックの際は、米国で同年3月にドル
　紙幣発行高が例年と異なるかなり高い伸びをみせた。都市封鎖の前に手元現金を厚くし
　ておこうと考えた家計が少なからずあったためである。金融機関の経営状況が不安視さ
　れることで生じる取付け騒ぎとは異なっていたが、もしドルのCBDCが存在したら、銀
　行預金からそれへの大規模なシフトが生じていたかもしれない。

◆実験段階に入ったe-クローナ

　上述のような論点などをふまえたうえで、Riksbankは2020年2月にe-ク
ローナのパイロット・プログラムを開始すると発表した。CBDCをめぐる課
題のすべてにRiksbankは適切な回答をすでに見出したわけではないようだ
が、「この実験の主要なねらいは、CBDCに関するRiksbankの知見を高める
ことにある」と同行は説明している。実験の成果をふまえて、Riksbankはe-
クローナ発行に向けての政府、議会との調整、法律面での整備などを進めて
いくもようである。

　同説明文は、e-クローナは安全性と機能性の面での要求を満たしつつ、シ
ンプルかつユーザー・フレンドリーであるべきだと述べている。実験はR3
社のCorda-DLT（分散台帳技術）プラットフォームのうえで行われる
（Riksbankは、DLTを用いるとはいえ、e-クローナはビットコインのような暗号資
産〈仮想通貨〉ではないことを強調している）。実際の経済とは分離されたテス
ト環境をつくり、一般の市民や金融機関が参加して、どうすればe-クローナ
が人々に利用されるようになるかを探っていく。

　ここで想定されているe-クローナは、仲介機関に対してRiksbankが発行す
る（e-クローナの流通額を減らすときは仲介機関から回収する）。エンドユーザー
である市民や企業にRiksbankがそれを直接発行することは、ここではいま
のところ想定されていない。

　エンドユーザーは、「トークン型」のe-クローナを電子ウォレットで保有
したり、スマホ用アプリで支払ったり、銀行の預金口座との間で入出金を
行ったりする。個人間はスマホでテキスト・メッセージを送るのと同じぐら
い容易にできるようにするという。さらに、スマートウォッチなどのウェア
ラブル端末やICカードでもe-クローナを利用できるようにする。

　エンドユーザーが24時間、365日、常にそれを利用できることも求められ
ている。仲介機関はRiksbankのRTGS（即時グロス決済）システムであるRIX
を通じて決済を行う。オフライン環境下でも決済可能な仕組みもつくる。自

然災害などで停電やインターネット回線の途絶が起きたときも最低限使えるようにするもようだ。

またRiksbankは、「e-クローナは"inclusive"（包摂的）であるべきだ」とも説明している。デジタル技術に不慣れな高齢者や銀行に口座をもてない人々にも利用しやすい形態である必要があるからだろう。

このように、この実験で想定されているe-クローナは、「二層構造」の金融システムを前提としている。その下で民間金融機関やSwishなどFinTech企業は、エンドユーザーにとってのe-クローナのインターフェイスとなるアプリ等を競争しながら開発していくことになる。

一般国民はe-クローナに冷めた目？

「総論」でみたように、スウェーデンにおける金融業のデジタライゼーション、キャッシュレス化は民間主導で進められてきた。民間がこれまでイノベーションを積み重ねて構築してきた金融サービスを、もしRiksbankがe-クローナの発行によって"後出しじゃんけん"的に壊滅させてしまったら、割を食った企業はスウェーデン内でのビジネスに対して熱意を失い、外国の市場へ出て行ってしまうかもしれない。そうなったらスウェーデン発のFinTechのイノベーションはこの先起きにくくなるだろう。

その一方で、e-クローナの使い勝手があまり良くない場合、市民や商店などのエンドユーザーはそれをほとんど使わないという可能性が出てくる。なぜなら、大多数の市民は現行のデビットカードやSwishによる民間のキャッシュレス決済手段に特に不満を抱いていないからである。筆者の印象では、e-クローナに対する待望論は一般の人々にはほとんどなく、むしろ、既存のキャッシュレス決済の信頼性向上（システム上の頑強性強化等々）を高めるほうが歓迎されるのではないかと感じられた。しかし、それではRiksbankはシニョリッジをこの先ほとんど得られなくなり、またスウェーデン経済における中銀のプレゼンスも一段と低下してしまう。

他方で、前述のように、2019年にスウェーデンの政府・議会が高齢者等の「キャッシュレス弱者」のために現金流通のインフラの維持を銀行に強制する法改正を進めたことは、同国の銀行業界にとっては経営上の重荷になっている。e-クローナの登場が彼らをその役割から解放するなら、その点においては銀行業界は同CBDCの登場を歓迎することになると思われる。

　このような複雑な情勢において最適解となるようなe-クローナをRiksbankは今後模索していくものと思われる。

　e-クローナの今後の展開は非常に興味深いものの、マスメディアにおける報道をみていると、それにやや過大な期待を抱いてしまっている傾向もあるようだ。

　留意すべきポイントをあらためて整理しておこう。

　第1に、前述のようにRiksbankが「二層構造」を維持して、金融機関やFinTech企業と共存共栄で行くつもりならば、e-クローナは現行のリテール決済を「補完」する存在として登場してくるだろう。しかもスウェーデンにおけるデジタル・トランスフォーメーションはすでにかなり進んでいるだけに、そこにe-クローナが登場しても、同国の消費者にとってはとりたてて「衝撃的に新しいもの」にはならない可能性もありうる。

　第2に、e-クローナが代替しようとしている現金による決済は、スウェーデン経済においてもはやほんのわずかな部分でしかない。■1－32は、リテールだけでなくホールセールの資金決済（企業や金融機関の資金決済）も含めた同国の2018年の全決済額に対する各決済手段のシェアを表している。

　現金を除く計99％の決済はいずれも預金の振替えで行われている。それらは銀行のシステム上の操作なので、すでにデジタル化されていると見なすことができる。e-クローナによって最後にデジタル化されようとしている部分（現金）はたったの1％である。e-クローナがそのすべてを代替し、かつSwishやカードを経由する決済が部分的にそれを利用することになるとしても、経済全体でみればさほど大きな比率にはならないことがこの図表からみえてくる。

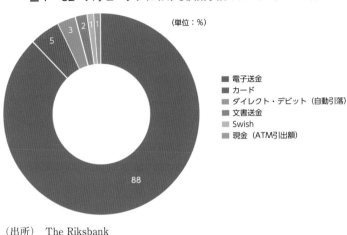

■ 1 －32　スウェーデンにおける決裁手段のシェア（2018年）

（単位：%）

■ 電子送金
■ カード
■ ダイレクト・デビット（自動引落）
■ 文書送金
■ Swish
■ 現金（ATM引出額）

5　3　2　1　1

88

（出所）　The Riksbank

　なお、これまで本章で議論してきたCBDCはリテール向けのものである。最近は中銀当座預金を分散台帳技術で管理するホールセールCBDCの議論も活発化し始めている。分散台帳技術上で流通する証券が登場すると、それをDVP（Delivery Versus Payment＝証券と代金の同時引き渡し）で決済するにはホールセールCBDCが必要になる、といった先行きのニーズが想定されるためである。それは中銀にとって新しい“地平線”（領域）の広がりを意味するが、e-クローナ・プロジェクトは現時点ではリテールCBDCを対象としている。

▍マイナス金利解除を後押しした産業界のデジタル化

　Riksbankは2019年12月にマイナス金利政策を解除したことで世界的な注目を浴びた。同政策は日銀も実施していることもあって、日本の金融関係者もその決定に高い関心を寄せていた。Riksbankのこの決断に、デジタライゼーションによる産業構造の変革が影響を及ぼしていた面もみられるので、

その経緯を記す。

◆インフレ目標未達のなかでの決定

2015年１月22日、ECBは前年６月から実施していたマイナス金利政策に加え、資産購入プログラムの買入対象をユーロ圏の国債に広げる大規模な追加緩和策（いわゆる量的緩和策）をアナウンスした。

ECBがこういった決定を行うと、ユーロ圏周辺の、自国通貨のレート上昇を避けたがる小国の中央銀行は一段の金融緩和を迫られることになる。デンマーク国立銀行、スイス国民銀行はマイナス金利政策の深掘りを決定した。

Riksbankも同様に同年２月11日の金融政策会合で、政策金利であるレポ金利（短期資金供給オペに適用される金利）を０％から−0.1％へ引き下げた。その後同行はレポ金利の深掘りを繰り返し、2016年１月にそれは−0.5％へと引き下げられた。また同行は国債を購入する量的緩和策（QE）も導入した。

しかしながらRiksbankは、ECB、デンマーク国立銀行、スイス国民銀行とは異なり、いち早く2018年秋頃から金利正常化の方向性を市場に示唆するようになった。同年12月の会合で最初の利上げを決定し、レポ金利を−0.25％へ引き上げた。そして2019年12月の会合で同金利を０％に引き上げてマイナス金利の解除を決定したのである。

ただし同会合では、金融政策会合メンバー（総裁を含む計６名）のうち２名の委員が「マイナス金利解除はまだ早すぎる」と反対票を投じていた。というのも同国のインフレ率はRiksbankが目標としている年率２％に届いていなかったからである。

同行はCPIF（モーゲージ金利の影響を除いた消費者物価指数総合）前年比をインフレ目標の対象にしている。2016年暮れから19年初にかけてCPIFは２％挟みで推移していたのだが、それはエネルギー価格上昇に支えられていた面が強かった。

その影響が剥がれ始め、19年９月にCPIFは1.3％へと下落してしまう。そ

の後１％台後半には戻ったものの、2019年暮れ頃は安定的に２％が実現された状態とは呼べない状況だった。マイナス金利解除が決断された会合におけるRiksbankの先行きのインフレ予想をみると、目標の達成は2023年後半以降とされていた。近年のFRB、日銀は、インフレ期待を２％にアンカーさせる（くくりつける）ためには、インフレ率が２％をしばらくオーバーシュートするほうがいい、と見解を述べている。そういった考え方と異なる判断を下したリスクバンクの主流派幹部はいったい何を重視したのだろうか？

背景①　**住宅バブルの過熱と家計の債務膨張**

　Riksbank幹部は同国の住宅市場の過熱にたびたび言及してきた。2019年10月の金融政策会合議事要旨にも、金融システムの安定に対する脅威としての住宅市場のリスクに関するイングベス総裁の発言が掲載されていた。

　スウェーデンの住宅価格は■１－33のように、急上昇を示してきた。同国の生産年齢人口は（日本と異なって）この先も堅調に増加していくため、実需の買いはもともとしっかりとしていた。そこにマイナス金利政策とQEによるモーゲージ金利（住宅ローン金利）の低下が加わったため、住宅市場は

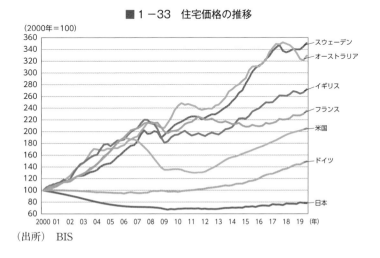

■１－33　住宅価格の推移

(2000年＝100)

（出所）　BIS

過熱した。さらに近年の難民の大規模な流入もあって、都市部では深刻な住宅不足が発生した。ストックホルムでは2016年秋の新学期シーズンに大学の新入生がアパートを見つけることができず、キャンパス内にテントを張ってしばらく暮らさなければならない事態さえ生じた。

　2017年前半にストックホルムでアパートを購入しようとしていた筆者の友人は、「クレイジーな市場になっている」と嘆いていた。少ない売り物件に買い手が殺到するので、値引き交渉などまったく不可能であり、決断を躊躇すると売り手は他の買い手に話をもって行ってしまうという。不動産仲介のエージェントに事前にチップを握らせておかないと物件紹介の連絡が全然やって来ないといった話も当時は聞こえた。

　その後、スウェーデン政府が住宅供給を拡大したこと、金融当局の指導で金融機関はモーゲージローンの審査を厳格化したこともあって住宅価格の上昇は2017年秋から18年春にかけていったん止まった。しかしその後市場は再び過熱をみせた。要因の１つとして、イギリス在住のEU諸国の市民が、Brexit（イギリスのEU離脱）の先行きを心配してストックホルムへ移住してくるケースもみられたという。

　なお、日本では2016年に日銀がマイナス金利政策を導入したところ、預金金利の低下や保険商品の販売停止を目の当たりにした家計が、老後のための資産形成が今後困難になるとの不安を抱いてしまった。

　スウェーデンでもマイナス金利政策に戸惑う声は国民の間にみられたものの、老後の暮らしへの不安感が高まることはなかった。もともと手厚い社会保障制度が存在するからである。むしろ若い世代を中心に金利低下を利用して債務を積極的に拡大する動きが現れた。同国の家計の債務残高の可処分所得に対する比率は、2001年初は120％程度だったが2019年は190％前後へと上昇した。Riksbankはこういった状況にも強い懸念を表していた。

　2019年12月の会合においてイングベス総裁ら主要メンバーは、ここでマイナス金利政策をやめないと金融不均衡が一段と大きくなってしまうと懸念した。「マイナス金利がより恒常化すると人々が認識したら、さまざまな経済

主体が経済の発展にとってネガティブな行動変化を起こすリスクがある」
（同行の「金融政策レポート」2019年12月号より）。

背景② 長期化は金融システムを歪めるおそれ

　これまでみてきたように、スウェーデンの銀行は、マイナス金利政策下で
も日本の銀行ほどは収益が悪化しなかった。その要因としては第1に、企業
や個人の預金口座に銀行がマイナス金利（含む口座管理手数料）を課してき
たことがあげられる。

　スウェーデンの金融機関の数は日本ほど多くなく、過当競争が起きていな
い。■1−34は非金融企業の預金金利の平均が2016年暮れ頃からマイナスに
なっていたことを表している（最も深い時は−0.251％）。とはいえ、われわれ
が面談したある大手行のスタッフは、「説明すれば企業は預金にマイナス金
利を適用することを受け入れてくれる。しかし、そこに行きつくにはタフな
ディスカッションを経る必要がある」と述べていた。

　第2に、スウェーデンの銀行は、預金に加え、社債（カバード・ボンド）
の発行を主要な資金調達手段の1つとしてきた。市場金利がマイナス圏に顕

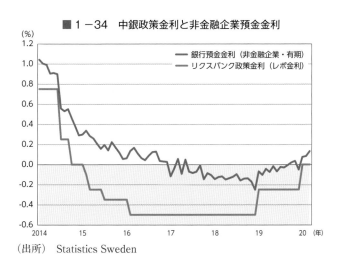

■1−34　中銀政策金利と非金融企業預金金利

（出所）　Statistics Sweden

133

著に低下するとその発行金利もマイナス圏に入るため、利鞘の悪化をいくらか和らげることができた。

第3に、本章の「総論」でたびたび触れたように、キャッシュレス化を含むデジタライゼーションによって経費率を下げてきたことも収益を支えてきた理由の1つになっている。

しかし、そうはいっても、中長期金利が深いマイナスの状態が長く続いてしまうと、金融機関の経営は徐々に苦しくなってくる。金利水準が高かった頃の債券や貸出債権が満期を迎えポートフォリオの平均利回りが低下してくるからである。

その場合、銀行は収益悪化を少しでも和らげようとして顧客の口座に課すマイナス金利をより深くする可能性が出てくる。それは①でみたような金融不均衡をより大きくするおそれがある。また、金融機関の利鞘が過度に圧縮された状態が長期化すると、厳しい金融規制下であっても望ましくないリスクテイクを彼らが始めるおそれも生じてくる。

ある大手銀行関係者は、「歴史的にスウェーデンのモーゲージ金利はとても高く、儲かるビジネスだった。対家計の利鞘は大きかったのだが、"ゲーム"は変わってしまった。いまやデンマークではユースケ銀行がマイナス金利のモーゲージを顧客に提示し始めている。クレイジーだ」と嘆いていた。

マイナス金利政策はスウェーデンの保険業界にも大打撃を与えた。債券の運用利回りの低下に直面した同国の保険会社は、株式の運用比率を高めざるをえなかった。株価が上昇している間はいいが、「もし株式市場が先行き下落したら、保険会社のリスクは高まり、それは金融システム全体のリスクを高めることになる」とイングベス総裁はマイナス金利解除後に語っている。

背景③　国民は4年経っても違和感

2015年2月から5年弱実施されたマイナス金利政策だが、多くのスウェーデン国民はこの政策に対して「妙だ」と違和感を抱き続けていたと報じられている。Riksbankの金融政策会合メンバーであるHenry Ohlsson委員はそう

いった世論を代弁して、2019年10月の会合で、「非常に明らかなことは、経済学者でない人々は金利がマイナスになるのは変だ、と信じていることである」と発言している。

　企業の間からも同政策に対する疑問や不満の声は多数現れていた。2019年11月にRiksbankが公表した企業サーベイによると、5社のうち3社が銀行の預金口座にマイナス金利（含む口座管理手数料）を課されていた。それに関してある企業は、「マイナス金利は思考の破綻につながる。われわれは銀行に利息を払わなければならない。しかし、われわれは（ビジネス上）キャッシュをたくさんもたなければならない」と回答している。

　そのようなコメントには、なぜRiksbankはわれわれのビジネスの邪魔をするのか？　といった苛立ちが含まれていたように感じられる。後ほど触れるようにスウェーデンでは多くの企業が過度な通貨安誘導を望んでいないため、なおさらマイナス金利政策へ不満が現れやすいのではないかと推測される。

　一方で、サーベイに答えた企業のなかで、5社に2社は口座にマイナス金利が課せられることを回避できていた。手元現金を少なめに抑えることが可能な企業は、それをさらに細かく分散して銀行に預けるとマイナス金利から逃れることができていたようだ。しかしながら、そういった小まめなキャッシュマネージメントを日々実践していたある企業の担当者は、「何か直観に反することをしている気分だ」とコメントしている。生産的な仕事をしているようには感じられなかったのだろう。

背景④　家計も産業界も嫌がる過度な通貨安

　Riksbankがマイナス金利を導入したねらいは、通貨クローナを下落させながらインフレ目標を追求することにあったといえる。

　■1−35のクローナの名目実行為替レート（BIS）をみると、同政策導入から1年強の間はマイナス金利を深堀してもクローナに上昇圧力が加わっていた。しかしそういった力は2016年4月末頃にピークアウトし、それ以降は

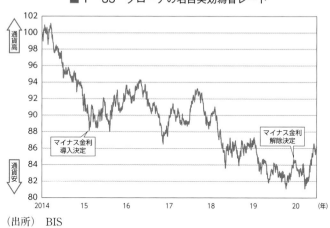

■1-35　クローナの名目実効為替レート

通貨高　102
　　　100
　　　98
　　　96
　　　94
　　　92
　　　90
　　　88
マイナス金利　86
導入決定
通貨安　84
　　　82
　　　80

マイナス金利
解除決定

2014　15　16　17　18　19　20　（年）

（出所）　BIS

2018年にかけて下落傾向となった。

　Riksbankは前述のように、2018年12月に政策金利の0.25％引上げを決定した。しかし全体としては超金融緩和策が維持されていたこと、米トランプ政権が仕掛ける「貿易戦争」でスウェーデン経済の先行きが懸念されていたことなどから、クローナの下落は2019年に入っても止まらなかった。2月にはNordea銀行の著名ストラテジストHenrik Unell氏がレポートでRiksbankを「クローナを殺すモンスター」と非難して話題になるなど、通貨安への批判がスウェーデン内でエスカレートしていった。

　イングベス総裁は3月に新聞『Dagens Nyheter』誌への寄稿で、「中銀はインフレ率と為替レートを同時に安定させることはできない」と主張した。インフレ目標達成のためには通貨下落を許容せざるをえない、という説明だった。

　だが論争は収まる気配をみせなかった。5月に同国の元首相（1991〜1994年）で欧州外交関連委員会（ECFR）共同議長のCarl Bildt氏は「ユーロに対してこんなにもスウェーデンの王冠（クローナ）が下落したのをみることは恥ずかしいし苦痛だ！」と怒りのツイートを発した。

　イングベス総裁は同月にストックホルムで行われたコンファレンスに参加した際、珍しく3人のボディーガードに守られながら登場した。メディアは当時の激しいクローナ安批判と関連づけてこれを報じた。

　Goran Persson元首相も、クローナ安がこれほど進むと外国の投資家はスウェーデンの資産を買い漁るだろうと苦言を呈した。2019年夏にクローナが対米ドルで17年ぶりの安値をつけると、主要メディアは自国通貨を自虐的に「ジャンク通貨」と呼び始めた[23]。

　このようにスウェーデンでは自国通貨の下落は単純には喜ばれない。原因の1つとして、国民が「スウェーデンの物価水準は高い」と思っていることがあげられるだろう。実際、2019年半ばのEUの統計によると、EU平均に比べ食品は18％、アルコールは27％、衣服は26％、レストランおよびホテルは39％高かった。

　スウェーデンの前年比インフレ率はRiksbankの目標より低かったものの、同国に住む人々にとって過度なクローナ安は、対外的な購買力の低下およびこの先の生活コストの上昇を予感させる。すでに高い水準にある物価を、超金融緩和策による通貨安誘導を通じて毎年2％ずつ押し上げていく必要があると中銀に説明されても、それに共感できる生活者はあまりいなかったといえるだろう。

　一方、産業界においては、かつては、企業の輸出を助けるクローナ安は望ましいとの見方が主流だったが、近年はようすが変化している。同国の大手行Swed銀行が2019年に実施した企業に対するアンケート調査（6月公表）によると、大手400社の約半数がクローナ安は自社の収益にネガティブな影響を及ぼしていると回答した。通貨安は自社に恩恵をもたらしているとポジティブに答えた企業はわずか5分の1しかいなかったのである。

　H&MやIKEAのように生産拠点や販売網をグローバル展開するスウェー

───────────────

23　ノーベル賞の賞金はクローナ建てで受賞者に支払われるため、当時ストックホルムの人々は「今年の外国人の受賞者は手取りが少なくなりそうで気の毒だ」とささやき合っていたという。

デン企業は増えている。また同国の製造業の多くは、「高品質」「北欧ブランド」といった非価格競争を重視し、通貨安に過度に依存しない収益構造にシフトしてきた。しかもスウェーデンが官民挙げて近年育成してきたのはIT産業だ。デジタライゼーションの進捗による産業構造の変革もあって、日本のように産業界が自国通貨安を望む空気はスウェーデンでは希薄になっている。

▌市場へのショックをやわらげたコミュニケーション戦略 ▌

　政界の重鎮、産業界、マスメディアらがクローナ安をそんなにも批判し、かつ住宅バブルや家計の債務膨張、金融機関の収益悪化といった副作用も懸念されるならば、インフレ率は目標に届いていなくとも、世界経済が失速する前に決断しないとマイナス金利を解除するタイミングが失われてしまう、とイングベス総裁らは考えたのではないかと推測される。

　しかしながら、欧州で同行だけが金融政策の正常化に向かうと、市場でショックが発生し、急激な通貨高や株安に見舞われるおそれがあった。そこでRiksbankは非常に慎重なコミュニケーション戦略を採用した。

　2018年9月の金融政策会合で同行は「12月か翌年2月の会合でレポ金利を−0.25％へ引き上げる可能性がある」という"予告"を表明した。最初の利上げを早めに市場に織り込ませて、サプライズにならないように同行は配慮した。続く10月会合でも同様の"予告"が維持された。もし市場に急変動が現れたら利上げの判断は翌年2月まで持ち越された可能性があったが、幸いそうはならず、12月の会合でそれが決定された。

　翌年2019年10月の会合で同行はマイナス金利解除を市場に"予告"する（「12月にレポ金利はゼロ％へおそらく引き上げられるだろう」）。同時に同行は、インフレ率が目標の2％に達する時期は数年後であり、それゆえレポ金利はゼロ％の水準が2年程維持される、といった見通しも発表した。つまり、マイナス金利解除は近づいているけれども、その後に出口政策を連続的に実施

するつもりはないことを市場にアピールしたのである。

　この後クローナはいくらか上昇をみせたが、それは大きな動きにはつながらなかった。Riksbankは12月18日の会合でマイナス金利の解除を決定した。同会合後に公表されたインフレ率とレポ金利の見通しは、同年10月のものとほぼ同じであり、市場に対して念を押すように、次の利上げを急ぐつもりはないことを表していた（■1－36、1－37）。

　こういった慎重なコミュニケーション戦略が功を奏し、同行のマイナス金利解除で市場が荒れ模様になることは幸いなかった。日銀の将来のマイナス金利解除にとっても参考になる事例ではないかと推測される。

　なお、Riksbankがマイナス金利解除を決定した数時間後、ECBは金融政策局長らシニア・スタッフが執筆した"A tale of two decades: the ECB's monetary policy at 20"と題する論文を発表した。ECBの過去20年の金融政策の効果を分析したものだが、そこで執筆陣は同行のマイナス金利政策の効果を擁護し、その副作用は無視できる範囲に収まっていると主張した。

　しかしながら『Wall Street Jounal』紙のK. Mackintosh記者は、同論文が主張するマイナス金利の効用は説得力に欠けるとして、次のようなECBにかなり冷ややかなコメントを寄せている（12月22日）。「私は（副作用を懸念し

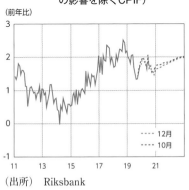

■1－36　消費者物価指数（住宅ローンの影響を除くCPIF）

（出所）Riksbank

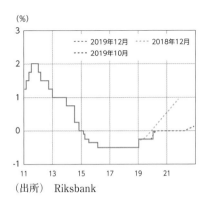

■1－37　レポ金利

（出所）Riksbank

てマイナス金利を解除した）Riksbankの側につく。マイナス金利は経済を助けうるが、その副作用は長く続ければ大きくなりやすい。短期間の実験にとどめておくことがベストだ」。

新型コロナパンデミック下の金融政策

だがRiksbankは、マイナス金利解除から数カ月しか経っていない2020年2月下旬頃から新たな問題に直面した。新型コロナウイルスによる世界的な混乱の渦にスウェーデン経済も巻き込まれ始めたのである。

同年3月にECBは流動性を市場に供給するための大規模な諸策を決定する。ただし、マイナス金利の深掘りは見送られた。リスクバンクも同月に、国債買入の増額、銀行の企業への貸出を支援する資金供給策、ロンバート型貸出の金利引下げ、適格担保の範囲拡大や掛け目引上げ、ドル資金供給策、企業が発行するコマーシャルペーパー買入策などを矢継ぎ早に決定する。しかしクローナの過度な上昇は起きていないため、政策金利（レポ金利）に関してはゼロ％が維持されたままとなっている（2020年6月現在）。

このような経済の混乱期に中銀は、銀行に対して企業の資金繰りを支える融資を行うことを期待している。しかし中銀が金融緩和策としてマイナス金利の深堀を実行すると、銀行の体力はよりいっそう奪われ、彼らは期待される行動をとれなくなってしまう。また、マイナス金利政策の実際のねらいが自国通貨安誘導にあるのだとすると、人類が団結して新型コロナウイルスと戦うべきときに、中銀が通貨安競争という近隣窮乏化政策を展開するのはさすがに問題があるともいえる。

このため、これまでのところは、ECBも日銀もマイナス金利深掘りを自制しており、Riksbankを含む欧州の小国たちもそれを避けている。基本的には激しいクローナ高が発生しない限りRiksbankはマイナス金利政策に復帰しないと予想されるが、状況次第では際どい政策判断を迫られる可能性もあるため今後の動向を注視していく必要があるだろう。

Box 1 − 7　延命治療を避けてでも守ろうとする財政規律

　かつては貧しい国だったスウェーデンが現在のような高福祉国家に転進することができたきっかけは、世界的な鉄道建設ブームにあった。レール敷設に用いる鉄や枕木への需要が高まり、それらを輸出することで同国経済は賑わった。その際の蓄えが後の社会保障システムの基礎となったのである。

　しかし、小国が高度の社会福祉制度を維持していくには、税金の無駄遣いは極力戒めて、財政規律を非常に厳しく守っていく必要があった。1990年代前半の金融システム危機時に同国の財政赤字は一時急激に拡大したが、その後は財政収支の均衡がおおよそ実現されている。同国には財政赤字を3年以上継続してはならないというルールが存在している。

　図表はスウェーデンと日本における政府部門（中央政府、地方政府、社会保障基金）の収入（税収、社会保険料など）と支出の対名目GDP比の推移を表している（IMF調べ）。一見してわかるように、スウェーデンの2本の線は日本よりもはるかに高い位置にあり、しかも2本の線は交錯しながら推移している。日本のように財政赤字が常態化していないことが見て取れる。

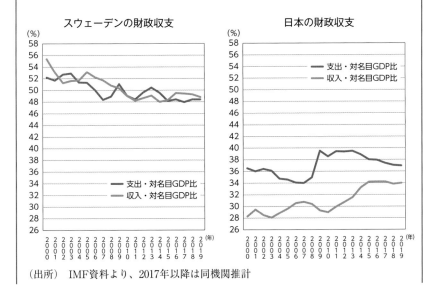

スウェーデンの財政収支　　日本の財政収支

（出所）　IMF資料より、2017年以降は同機関推計

2019年に日本では「退職時に2,000万円以上の貯蓄が必要」という議論が大きな話題になった。スウェーデンでは人々は退職時にさほど貯蓄をもっていなくても老後の生活費に不安を抱くことはない。しかし、そういった国民に安心をもたらす「高福祉」は、このグラフにあるように「高負担」で実現されていることが理解できる。

　IMF調べによる政府（中央政府、地方政府、社会保障基金）の債務残高の対名目GDP比は、1993年頃は「グロス」も「ネット」もおおよそ日本とスウェーデンは同じレベルだった。その後、日本政府は債務を大きく膨張させてきたわけが、対照的にスウェーデンは着実にそれを縮小してきた。それでもこの間の経済成長率はスウェーデンの方が日本よりも高く推移している。

　2020年に起きた新型コロナウイルスによる経済の混乱に対処すべく、日本でもスウェーデンでも所得補償、企業の資金繰り支援、景気対策などに財政資金が投入されている。財政赤字が両国で拡大しそうだが、混乱鎮静化後の展開は両国で大きく異なってくるのではないかと推測される。

　なお、スウェーデンの年金支給開始年齢は現在67歳である。長寿化のトレンドに合わせて今後それを引き上げるべきとの議論も行われている。日本でいうところの介護ホームはスウェーデンには多くない。身体が動く間は1人で住み、動けなくなったら死を覚悟する、という傾向がみられる。国庫の医療・介護費負担が増加すると、小国ゆえに社会保障制度の維持は困難になる、という意識が国民の間で共有されて

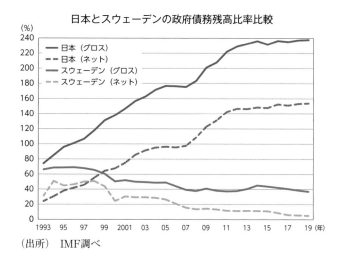

日本とスウェーデンの政府債務残高比率比較

（出所）　IMF調べ

142

いる。

　延命治療は費用が嵩む。それは他の医療サービスに使われるべき予算を圧迫してしまうため、それを選択しない人は多い。自分で食べられなくなったら死を受け入れるのは自然の摂理だ、という考え方は一般的だという。

　このように財政のサステナビリティ（維持可能性）を重視する国民がスウェーデンには多いだけに、彼らの政治への関心は非常に高い。選挙の投票率は85％を超えることが多い。最近の総選挙は2018年に行われたが、その際の投票率は87.2％だった。日本の場合、2017年の衆議院選挙は53.7％、2019年の参議院選挙は48.8％にとどまっている。

新型コロナウイルス対策も「非常にスウェーデン的」だった？

　スウェーデンは欧州では珍しく新型コロナウイルス感染防止のロックダウンを採用しなかった（2020年6月現在）。Box1－2（59ページ）でもみたようにこの方針に対しては同国内でも賛否両論沸き起こっている。ただしスウェーデンの人々が感染にまったく無警戒だったわけではない。

　経済のデジタル化が進んでいる同国では、テレワークが可能な仕事の比率は世界有数の高水準だ。それゆえ在宅勤務に迅速に移行した人の比率は日本よりもはるかに高かったようだ。飲食店は閉鎖されなかったが、客同士が近づきすぎないようガイドラインが示された。ストックホルムでそれを無視する店に対して保健当局は営業停止を命じると警告した。

　16歳までの学校は閉鎖されなかったが、共働き夫婦が多い同国では、子供が学校に行かないと医療関係などエッセンシャル・ワーカーに混乱が生じるおそれがあった。今のところ学校でクラスターは発生していない。ただし、17歳以上の学校は閉鎖された（大学や職業訓練学校にはリカレント教育の関連で中高年も通っている）。

　同国の対応策の最大の失敗は、介護ホームでの感染拡大を防げなかった点にある。過去数十年、スウェーデンでは財政資金を使うなら介護ホームよりも若い世代の教育に振り向けるべきだという考えが強かった。このため人手不足を含む体制の不備が多々あったようだ。前述のように、同国には限られた医療資源を高齢者の延命には使わないという社会的な合意が存在する。80歳以上の高齢者はICU（集中治療室）に通常入れないため、介護ホームで亡くなる高齢者が多くいた。

　スウェーデンにおける同ウイルスの死者のほぼ9割が70歳以上となっている。と

ころが、5月に同国内で実施された世代別の世論調査には意外な結果が現れていた。政府のコロナ対策に最も高い評価を示したのは70歳以上だった。高齢者自身の死生観も日本とは大きく異なっている。

　欧州では特異な感染対策をとった同国に対して、「非常にスウェーデン的」と評する声もある。スウェーデン人は「こうあらねばならぬ」と思い込んで動くことがあるという。たとえば、ヒューマニズムの観点から2015年に難民を欧州最大規模（人口当たり）で受け入れたのはそれだった。コロナ対策も似ており、集団免疫をねらいつつ経済を動かすという政策は、スウェーデン人が挑むべきものに当初みえてしまったらしい（集団免疫実現ははるかに及ばないが、国際機関が予測する2020年のスウェーデンの経済成長率はユーロ圏やイギリスに比べマイナス幅がかなり小さい。それゆえグラフ■1−35にあるようにコロナ禍でクローナはやや上昇している）。キャッシュレス化などのデジタル・トランスフォーメーションを同国が世界最速で実行し、CBDC発行も先進国で一番乗りになりそうなのも、そういった気質の現れなのかもしれない。

　（参考：BBC・2020年5月19日、The Local・2020年5月11日、Forbes JAPAN・2020年5月7日、Financial Times・2020年6月15日）

第 **2** 章

フィンランド

世界一幸福で
起業意識の高い
「森と湖の国」

長内　智

1 総論 | 最先端を走るMaaSを生んだ「起業立国」のかたち

なぜいま、世界から熱視線が注がれているのか

　フィンランドは、人口が約550万人であり、人口規模でみれば小国に属する。他方、人口の割に面積はかなり大きく、国土の大部分が自然で覆われ、「森と湖の国」とも呼ばれている。人口密度や都市形成という点では、人口も国土も小さいシンガポールのような都市型国家とはまったく対照的である。

　現在、こうした自然豊かな小国フィンランドに世界から熱い視線が注がれている。たとえば、フィンランドは、人の移動に革命をもたらすサービスとして期待される「MaaS（マース、Mobility as a Service)」先進国であり、そ

■2-1　MaaS発祥の地ともいわれるヘルシンキの街並み

の先駆的なサービスや取組みに対して海外からの注目度は高い。

　また、フィンランドは、世界的に起業しやすい国と評価されており、近年、テクノロジー分野のスタートアップ企業が数多く誕生している。この点に関しては、フィンランドの若者における起業意識の高さも関係していよう。現在、首都ヘルシンキで毎年開催される世界最大級のスタートアップイベント「SLUSH」には、世界各国から多くの投資家が集まり、フィンランドのスタートアップ企業と海外の投資家とをつなぐ架け橋となっている。

　さらに、教育分野では、質の高い公教育を全国に等しく提供しており、その独自の教育制度および指導法に対する海外の関心が高い。フィンランドの教育に関しては、社会人になってから学校で再教育を受ける「リカレント教育」の体制が充実していることも大きな特徴である。

　本章では、このように世界から注目を浴びているフィンランドついて、その歴史や国民性を概観したうえで、現地視察で得た発見や学びを紹介しつつ、日本の将来にも資するような示唆や教訓を提示することとしたい。

Box 2 - 1　国名よりも日本人になじみ深い2大キャラクター

　フィンランドに対して高い関心をもっている日本人は、さほど多くはないのではないだろうか。北欧諸国の1つとは知っていても、ノルウェー、スウェーデン、フィンランドの位置関係を正確に答えられない人も珍しくないと思われる。

　他方、フィンランドを代表する2大キャラクターのサンタクロースとムーミンについては、ほとんどの日本人が知っているだろう。実際、フィンランドに視察に行ってきたと話した際、国名だけでは反応が乏しくても、「サンタクロースとムーミンで有名な国」といったらがぜん、関心を引くことができた。

　サンタクロースは、一般に、現在のトルコに位置する国で生まれた聖ニコラスがモデルとされている。そして、サンタクロースの住んでいる場所については諸説あるが、日本ではフィンランド北部説が広く知られており、日本からの観光ツアーも複数企画されている。

　他方、ムーミンは、フィンランド人作家トーベ・ヤンソンによって誕生した世界

的人気キャラクターである。見た目はカバに似ており、その大きさは人間と同じくらいだと思っている人が多いかもしれない。しかし、実際には、カバではなく妖精（トロール）で、その身長は人間のひざ下ぐらいの高さだとされている。

現地訪問先企業の担当者から、フィンランドでは、ブランド戦略上、同じ写真のなかにサンタクロースとムーミンが入ることは滅多にないという話を聞いた。その際、両キャラクターが一緒に写っている珍しい写真をみせてくれたのであるが、それは同社の大きなイベントを写したものであり、担当者はどこか誇らしげの表情をしていた。

実際にサンタクロースとムーミンが一緒に写っている写真がどの程度レアものなのかはわからないが、フィンランドを旅行する際には、この点に注目して、街中や印刷物の写真を眺めてみるのも一興かもしれない。

大国に挟まれた歴史も映す多言語教育

2017年にロシア帝国からの独立100周年を祝う

フィンランドは、面積が約33.8万km^{2}で日本よりやや小さい程度、人口は約550万人と北海道とほぼ同じくらいの国である。人口に比べて面積がかなり広い国であり、人口密度は16.3人／km^{2}と、国際的にみてもかなり低い。

首都ヘルシンキは人口約64万人で、日本の政令指定都市の人口と比べると、静岡市（約69万人）より少ない規模となる。ヘルシンキは、バス、トラム、鉄道、地下鉄などの公共交通機関が整備されている。今回訪問したストックホルム（スウェーデン）やタリン（エストニア）と比べても、トラムの路線が充実している。さらに、近年、ヘルシンキを中心にフィンランドの交通網に関して、MaaSの発展が世界的に注目されている。

フィンランドには、隣国のスウェーデンとロシアの支配下に置かれた長い

歴史がある。最終的に独立を果たしたのは1917年のことであり、ロシア帝国の崩壊を機に、この年の12月6日、独立を宣言した。2017年の独立100周年の際には、国中で祝賀行事が盛大に催された。

地理的には、フィンランドとロシアは約1,300kmにわたって国境を接しており、エネルギーや経済面におけるロシアへの依存度も高いため、対ロ関係については常に腐心している。現在も徴兵制が存在する背景の1つとして、ロシアの軍事的脅威の存在が指摘されている。もっとも、EU加盟国としてロシアに経済制裁を課す一方、ロシアと二国間で首脳会談等のハイレベル対話を実施するという「両面戦略」によって、現在のところ比較的うまく対応との意見も聞かれた。

今回の視察の面談者からは、「これまでのロシアとの長い歴史によって、隣の強国（ロシア）との付き合い方のノウハウが蓄積されている」との話も聞かれた。

強国のロシアが隣国であるという点で、実は、日本とフィンランドは共通している。両国ともロシアとの戦争の歴史をもつ。ただし、フィンランドは、陸地でロシアと国境がつながっており、さらに首都間の距離も近く、日本よりロシアの影響力が格段に大きかったことは想像にかたくない。

日本からのアクセスという点では、国際的なハブ空港として高く評価されているヘルシンキ・ヴァンター国際空港が、欧州主要空港のなかで日本から最も短い時間（約9時間）で到着することのできる空港だという点が注目される。このため、フィンランドは「日本からいちばん近い欧州」ともいわれており、その近さを活かし、二国間の関係強化が今後さらに進められることが期待されている。

ヴァンター国際空港は、1952年に開催されたヘルシンキ・夏季オリンピックにあわせて開港され、オリンピックの「良いレガシー（遺産）」となっている点にも注目したい。大国に挟まれた小国フィンランドが、オリンピック大会の数十年後に空のゲートウェイとして大きく飛躍するための重要な礎となったのである。

多言語を操る裏に小国としての危機感

　フィンランドが、スウェーデンによって長く支配された苦難の歴史を映す代表的な事例として、フィンランドの公用語がフィンランド語とスウェーデン語の2カ国語であるという点を指摘できる。

　現在もフィンランドには、スウェーデン語系の人が人口の5％程度存在している。ちなみに、ムーミンの作者トーベ・ヤンソンはフィンランド人であるが、スウェーデン語を母語として育ったため、ムーミンの原作はスウェーデン語で書かれている。

　フィンランド人にとっての国民的スポーツは、アイスホッケーである。実際、ヘルシンキとタリンを結ぶ大型高速フェリー内の大型テレビでは、アイスホッケーの試合が流れていた。フィンランド人は、アイスホッケーの国際試合において、ライバルの隣国スウェーデンに勝つのが、いちばん嬉しいのだそうだ。

　言語に関しては、フィンランドには、公用語（2つ）と英語の3カ国語を流暢に話すトリリンガルが多い。その背景には、世界であまり利用されないフィンランド語だけではやっていけない、という小国としての危機感を指摘する声を現地で聞いた。

　近年、フィンランドでは、テクノロジー分野での起業が増えている。世界最大級のスタートアップイベントである「SLUSH」がヘルシンキで毎年開催されるなど、世界の投資家からの注目度も着実に高まっている。フィンランドのスタートアップ企業は、こうした世界的なイベントを通じて海外展開を目指しているが、それを可能にしているのが、フィンランド人の英語力である。この点は、日本のスタートアップ企業にとって今後の課題だといえる。

▌世界一幸せで男女平等な国

現役最年少の女性首相

　フィンランド人は、クオリティ・オブ・ライフ（QOL：Quality of Life、人生の質）を大事にしており、「世界中で最も幸せな国」としても知られる[1]。国民の約6割が、自分もしくは家族や友人の別荘（Second Home）を定期的に利用しており[2]、長期の夏休みを取得して湖のほとりや森のなかの別荘で過ごす。冬は日照時間が非常に短いため、南欧のスペインなどへバカンスに行く人もいる。現地での面談では、「フィンランド人は、自国の夕日をみるのが人生の醍醐味と考えており、一度国を離れた人も最終的にはフィンランドに戻ってくることが多い」という話があった。

　世界的に有名なフィンランドの文化として、サウナ文化があげられる。サウナ発祥の地とされるフィンランドには、公衆サウナのほか、大きなホテルのなかにサウナ施設があり、さらには自宅に家庭用サウナを備え付けているところも多い。大まかにいえば、フィンランドのサウナは、日本の湯船のような存在である。

　サウナに入って心身ともにリラックスさせるという古くからの文化が、フィンランド人の心の豊かさにつながっている面もあるようだ。また、サウナ（sauna）は、フィンランド語であり、世界で最も利用されているフィンランド語の単語といわれている。

　フィンランド人の国民性については、時間を守る、できることを見せびらかさない、威張らない、忍耐強いという指摘があった。日本人は、開始時間

1　UN（2018）"The World Happiness Report 2019" による。
2　Finnish Environment Institute（SYKE）（2015）"Second home tourism in Finland - Perceptions of citizens and municipalities on the state and development of second home tourism" による。

をきっちり守る傾向がある一方、終了時間は比較的ルーズである。しかし、フィンランド人は、終了時間もきっちり守る。視察中に話を聞いた日本人留学生からは、ややシャイな面が日本人と似ていることや、親切な人が多いという話を聞いた。

フィンランドは、昔から男女平等に対する意識が高く、世界トップレベルの男女平等社会を実現している。とりわけ、女性の活躍という点で注目されているのが、政治の世界である。全閣僚のうち過半数が女性（視察した2019年9月時点）であり、国際的にみても女性の比率が非常に高い。さらに、2019年12月には、サンナ・マリン氏が現職で世界最年少34歳の女性首相となった。

実は、フィンランドは、ロシア帝国支配下の1906年に、欧州で初めて女性に選挙権および被選挙権を認めた国（当時は、フィンランド大公国）であり、女性の参政権という面でかなり先駆的な国である。当時は、女性議員の比率が低かったものの、非常に長い年月を経て現在のような状況に至ったのである。

近年、日本では、女性の活躍推進が大きな課題とされている。しかし、そのかなり先を行くフィンランドでは、すでに女性が政治などさまざまな分野で活躍していることもあり、女性の活躍推進という議論自体があまり意味をなさなくなっているとの印象を現地で受けた。

充実した子育て支援政策のもとでも少子化が進行

国際的にみて、フィンランドの女性の労働参加率は高く、それを支えるために仕事と育児を両立させやすい環境が整えられてきた。たとえば育児休暇の充実であり、そのもとで男性の育児休暇取得率が高いことでも知られる。さらに、フィンランドでは、女性の大臣が産休を取得するケースも少なくない。

ほかには、妊娠期から子育て期にわたって検診や各種相談など総合的なサポートを提供する制度、もしくはその地域拠点を指す「ネウボラ」という独

自の支援体制や、育児・子育て世帯の経済的な負担を軽減するための各種補助制度などがあげられる。

　このように、女性が仕事と子育てを両立しやすい環境にあり、女性の活躍推進が広く浸透するフィンランドにも、課題は存在する。

　第1に、日本並みに出生率が低いことである。フィンランドは、欧州諸国のなかで最も急速に少子高齢化が進行している国の1つであり、現在の充実した社会保障制度が将来的に維持できなくなるのではないかという懸念が強まっている。

　出生率低下の背景として、出産の高齢化や子供をもつことに対する価値観の変化、不安定な労働環境などが指摘されているものの、まだ明確な原因は解明されていない。少子高齢化は、フィンランド政府にとって相当頭を悩ませる問題となっている。女性が働きやすく、子育て支援政策が充実している国における少子化という現実は、日本の少子化対策においても、あらためて考えさせられる問題であろう。

　第2に、女性技術者の比率がかなり低く、テクノロジー分野において優秀な女性を採用するのがむずかしいという点である。その理由としては、高校において数学と物理を履修する女性が少なく、理系の大学に進む女性が少ないこと、仮に理系の大学に進んだ場合でも、技術分野の専攻者が少ないことが指摘されていた。女性技術者の確保は、日本にも共通する課題だといえる。

MaaS先進国にみる将来のモビリティ像

過度な渋滞解消と環境問題がMaaSを後押し

　現在、フィンランドに関して、世界から特に注目を浴びている分野は、人の移動に革命をもたらすサービスとして期待されるMaaS（マース、Mobility as a Service）であろう。

　MaaSは、近年登場した移動（モビリティ）に関する概念で、まだ明確な定義はない。ただわかりやすくいえば、電車やバス、タクシーなど、さまざまな交通手段を１つのモビリティサービスとしてとらえ、ルート・交通手段の検索、予約、決済をまとめて提供するサービスを指す概念である。これまで事業者ごとに分かれていたモビリティサービスをシームレスに利用できるようになることで、利用者の利便性が大きく向上すると期待されている。

　具体的な例としては、利用者が、スマートフォン（スマホ）にインストールしたMaaSアプリを用いて出発地から目的地までのルートと交通手段を検索し、実際にその交通手段で目的地に向かい、運賃の支払いをアプリで行うというケースがあげられる。

　フィンランドは、このMaaSの世界的な先駆者であり、首都ヘルシンキはMaaS発祥の地ともいわれる。フィンランドがMaaSを積極的に推進している背景として、現地では、交通インフラを効率化させ、さらには環境問題にも対応するためという話を聞いた。

　たとえば、公共交通機関のバスや地下鉄、トラムなどをうまく組み合わせて利用することで、自家用車の利用を減らして混雑を解消させるとともに、二酸化炭素（CO_2）の排出量を削減することもできる。これまで、フィンランドでは、自家用車を利用する人の割合が高く、過度な交通渋滞が大きな社会問題となっており、その解決策としてMaaSを推進したというわけである。また、環境意識の高い北欧の国ということもあり、日本におけるMaaSの議論に比べ、環境問題に対する取組みという視点が強いという印象を受けた。

　MaaSアプリが、ヘルシンキで普及しやすかった理由としては、バス、トラム、地下鉄のすべてをヘルシンキ地域交通局（HSL）が管轄しており、データも集約されていることがあげられる。鉄道だけでも複数の事業者が存在する日本とは状況が大きく異なる。さらに、HSLが管轄する公共交通機関の料金体系はエリアごとに決まっており、どの交通手段を利用しても同じ料

■2-2　ヘルシンキ中央駅構内のWhimアプリの広告

金で目的地まで行くことができる。こうした環境は、MaaSを進めやすい。

話題先行のMaaSアプリ

　近年、MaaSの議論において、フィンランドのMaaS Global社の提供する「Whim」というスマホ用アプリが、日本でもよく話題にのぼる。このアプリは、フィンランドのスタートアップ企業が開発したもので、公共交通機関（バス、トラム、電車）、タクシー、カーシェアなどを対象に、出発地から目的地までのルート・交通手段の検索、タクシーやカーシェア用の自動車の確保、決済機能等を備えている。さらに、料金体系の1つとして、世界初の交通サブスクリプションモデル（定額制）を導入した点が注目される。海外の多くの企業や自治体が、先駆的なMaaSアプリとしてWhimを参考にしている。

Box 2-2　Whimを実際に使ってみた

　現地では、実際にWhimのアプリをインストールして利用してみた。普段からスマホを使っている人にとっては、アプリのインストールから利用までの一連の操作はむずかしくない。また、外国人（日本人）が、事前の準備なしにすぐ利用できたと

いう点も特筆される。

　具体的に、トラムで移動した際の手順を示すと以下のとおり。⑴目的地を入力してルートと交通手段を検索、⑵複数のルートから１つを選択（今回はトラムのルートを選択）、⑶電子チケットを購入、⑷トラムに乗車、⑸乗務員にチケット証明を提示、⑹目的地で下車、⑺事後的にレシートのメールを受信（下図参照）。

　フィンランドのトラムには改札がないため、何も見せずに乗車と下車ができるが、車内で乗務員が回ってきた場合には、チケット証明を提示する必要がある。今回は、たまたま乗務員がきたため、スマホを操作して画面にチケット証明のQRコードを表示させ、乗務員に提示した。

　ただ課題としては、スマホの利用に不慣れな高齢者には、このサービスを利用しにくいという点が指摘できる。また、改札が存在するような状況では、改札を通過する際に毎回スマホをかざすなどの操作が必要になると思われる。そのような環境であれば、日本において、スマホ上でルート・交通手段の検索を行い、スマホ対応の交通系電子マネーを利用する場合と比べ、利便性はさほど変わらないとみられる。

■ Whimアプリの実際の使用例

（ルート検索）　　　　　　　　　　　　　　（電子チケット）

（チケット証明）　　　　　　　（レシートのメール）

（出所）　MaaS Global

　MaaSの発展段階については、スウェーデンの研究者らの提示した分類が利用されることが多い。モビリティサービスがまったく統合されていない場合をレベル0とし、統合されている場合はその程度によって、レベル1〜4に分類している（■2-3）。レベル1が情報の統合（Integration of information）、レベル2が予約・決済の統合（Integration of booking & payment）、レベル3がサービス提供の統合（Integration of the service offer）、レベル4が社会目標の統合（Integration of societal goal）である。

　この分類に基づくと、定額制を導入しているWhimは、レベル3に該当し、現時点で最も進んだMaaSアプリとされる。このレベルに該当する他のサービスとしては、スウェーデンの「UbiGO」があげられる。日本は、たいていレベル0〜1といわれており、現在、民間企業がレベル2、もしくはレベル3のサービス導入に向けた取組みを進めている。

レベル	分　類	概　要
4	社会目標の統合 (Integration of societal goals)	中央・地方政府の政策目標にも資する サービスになっているか等 (Policies, incentives, etc)
3	サービス提供の統合 (Integration of the service offer)	サービスのパッケージ化、定額制の導入等 (Bundling/subscription, contracts, etc)
2	予約・決済の統合 (Integration of booking & payment)	シングルトリップの検索、予約、決済を 一元的に提供 (single trip - find, book and pay)
1	情報の統合 (Integration of information)	複数の交通手段のルート検索と運賃情報を 一元的に提供 (Multimodal travel planner, price info)
0	統合なし (NO integration)	単一サービス、各サービスが分離 (Single, separate services)

（出所）　Jana Sochor, Hans Arby, MarriAnne Karlsson, Steven Sarasini (2017), "A topological approach to Mobility as a Service: A proposed tool for understanding requirements and effects, and for aiding the integration of societal goals." ICoMaaS 2017 Proceedings より作成

　実は、MaaS Global社は、日本とのつながりも深い。複数の日本企業が同社に出資しており、同社と協業協定の締結を行った日本企業も存在する。さらに、2019年後半、MaaS Global社は、日本企業と組んでWhimを日本で試験的に導入すると発表した。その日本での動向は、今後の大きな注目点であろう。

　それでは、最も進んでいるMaaSアプリのWhimは、現地でどの程度利用されているのだろうか。現地でのヒアリングによれば、実はWhimを利用している人はまだ少なく、それ以前から存在するヘルシンキ地域交通局のアプリ「HSL」を使っている人が多いようである。

　タクシーやカーシェア以外の公共交通機関のみを利用する人は、基本的にHSLでも同じことができるため、現時点では、Whimを利用するメリットはあまり大きくない。

　こうした現地の状況をふまえると、Whimの日本での取り上げられ方は、

■２－４　WhimとHSLのアプリのアイコン

（出所）　MaaS Global, HSL

■２－５　HSLのルート検索

やや話題先行という印象は否めない。なお、HSLも実際に利用してみたが、Whimとほぼ同じ操作であり、ルート検索の画面も似ている（■２－４、２－５）。さらに、外国人（日本人）でも簡単に利用できたという点も共通する。

日本版MaaS推進における課題

これまで、MaaS先進国として世界的に注目されているフィンランドの現状について概観してきたが、今後日本がMaaSを推進するうえでは、国ごとに異なる交通事情を考慮する必要がある。たとえば、前述したように、ヘルシンキでは、バス、トラム、地下鉄のすべてをヘルシンキ地域交通局が管轄しているが、東京は、鉄道会社とバス会社が複数存在している。ヘルシンキと異なり、東京では同じ目的地に行く場合でも経路・交通手段によって料金が異なる。

現在、日本でMaaS普及に向けた機運が急速に高まっており、MaaS先進国のフィンランドの事例を参考にしたいという声も多い。しかし、当然ながら、日本にフィンランドのモデルをそのまま適用することには無理がある。重要なことは、フィンランドにおいてMaaSが成功した背景を丹念に探り、

そのなかから日本版MaaSの推進において参考になる仕組みや要因を見つけ出すという視点である。そこで、現地視察をふまえ、今後の課題として以下の3点を指摘したい。

　第1に、どの交通手段を利用するかにかかわらず、利用者が一元的に利用できるサービスであることが重要である。東京には、多くの交通事業者が存在するが、利用者にとって利便性の高いMaaSアプリとするためには、できるだけ多くの事業者が参加する必要があり、可能であればすべての事業者の参加が望まれる。

　また、事業者側にとっては、システム費用の負担軽減という視点も重要となる。新たにMaaSアプリや関連サービスを導入するにあたっては、各事業者がシステム対応を行う必要があり、それが事業者の負担となる。しかし、より多くの事業者が参加し、その費用を分け合えば、1事業者当たりの負担を軽減することができるのである。

　ただ、いまのところ日本においては、広範な企業連携を想像しにくいというのが正直なところであろう。実際、これまで日本では、顧客の囲い込みといった企業の事業戦略や、広範な企業連携に対する企業の後ろ向き姿勢などを背景に、サービスの規格が乱立した事例がいくつも存在する。最近の代表的な例として、キャッシュレス決済があげられる。

　こうしたなか、現実的なシナリオとしては、複数の企業連合のMaaSアプリが共存するという姿が見込まれる。ただ、それでもサービスの規格が「乱立」し、結果として利用者にとって不便なサービスとなる事態だけは避けるべきであろう。

　第2に、MaaSアプリを普及させるためには、できる限りシンプルで使いやすいものとすることである。前述のように、フィンランドのMaaSアプリは、事前に準備していかなくても現地で簡単に利用することができた。

　日本では、これまで技術力を活かした高度で多機能なサービスを提供するケースが多くみられた。それにより、機能にこだわる日本の消費者のニーズを満たしてきた面もある。しかし、MaaSアプリを広く普及させるために

は、充実した機能よりシンプルさが重要になろう。シンプルで使いやすいアプリが普及の鍵になるというのは、スウェーデンの国民的な個人間送金アプリとなったSwishの事例からも指摘できる。

　また、サービスの統合という視点に立てば、日本のMaaSのレベルは低いものの、日本の都市部では、スマホによるルート・交通手段の検索と交通系電子マネーを組み合わせることで、電車、バス、タクシーの移動をかなりスムーズに行うことができる。その意味で、実際の交通機関の利便性はかなり高いといえる。

　こうした状況のもと、何度も操作しなければならないようなMaaSアプリが登場したところで、それを利用するメリットは限られると思われる。都内の移動であれば、すでに存在するスマホ対応の交通系電子マネーのほうが便利という状況になりかねない。

　第3に、日本人旅行者および外国人旅行者への対応という視点も重要となる。とりわけ近年（ただし新型コロナ禍以前）、日本を訪れる外国人旅行者が急速に増加しており、彼らの日本での移動をMaaSアプリによってサポートする余地は大きいと思われる。

　そもそも、MaaSアプリで、出発地から目的地までのルート・交通手段の検索と支払いを行うメリットは、土地勘のない旅行者のほうが大きいという見方もできる。現地の人は、近場であれば目的地までのルートをある程度把握しており、交通系電子マネーをもっていれば、それで支払うことも多いと思われる。しかし、旅行者はそうはいかない。

　ヘルシンキでWhimを利用した際、外国人（日本人）でも簡単に使え、非常に便利だという印象をもった。また、目的地の名称を入力すれば、スマホに経路が示されるので、現在地との位置関係の把握も容易であった。

　企業にとっては、旅行者の移動情報を適切に活用することで、インバウンド需要の分析や、旅行者の移動をふまえたダイヤの見直しを行うことができるといったメリットもある。地方自治体は、MaaSアプリを通じて旅行者の誘致活動を行うこともできよう。

厳しい気候が生んだ全天候型の自動運転バス

運転手まで減らした効率化思想

　フィンランドでは、「GACHA」や「Robobus」に代表される自動運転バスの研究・開発が非常に活発に行われている。この背景には、MaaSと同様、交通インフラの効率化という考え方がある。ただ自動運転バスは、自家用車から公共交通機関への利用を促すだけでなく、その運転手（人件費）まで減らして効率化をいっそう進めるという点が大きな特徴だといえる。

　GACHAを開発したフィンランドのSensible 4の担当者は、自動運転バスに関して、「電気自動車」「自動運転」「シェア」という3つの視点が重要だと説明した。

　まず、電気自動車（バス）は、環境の面で優れており、二酸化炭素（CO_2）の排出量を削減することができる。次に、自動運転は、輸送の効率化や運転手の負担軽減などが期待される。ただし、個人の車を自動運転化するだけでは、全体の自動車の数はほとんど減らず、環境問題や交通渋滞の問題は解決できない。そこで最後に重要となるのが、「シェア」という考え方であり、これには、バスや電車など公共交通機関の利用も含まれる。さらに、その公共交通機関を自動運転化して人員を削減することができれば、それによって浮いたコストをサービスの質の向上に充てることも可能となる。

　また、現在、次世代の自動車産業に関して、「CASE（ケース）」と呼ばれる領域が重要なテーマとなっている。これは、「Connected（コネクテッド、つながる車）」「Autonomous（自動運転）」「Shared & Services（シェア＆サービス）」「Electric（電気自動車）」の頭文字を取ったものである。2016年9月のパリモーターショーにおいて、独ダイムラー社のディーター・ツェッチェCEO（当時）が発表した中長期戦略のなかで示された概念であり、その後、自動車産業の大きなトレンドへと発展した。

　このCASEに関し、フィンランドの自動運転バスは、現時点で、自動運転、シェア＆サービス、電気自動車という、Sensible 4の担当者があげた3つの視点をおおむね満たしていると考えられる。さらに、将来的には、車（バス）と社会をつなげるコネクテッド技術の活用も期待される。

　GACHAに関しては、無印良品がデザインしたことで日本でも知名度が高まっている（■2－6）。また開発元のSensible 4は、欧州と日本での普及を目指し、2020年1月、日本のソフトバンクの子会社であるSBドライブ社と協業の締結を行った。今後の日本での展開にも注目していきたいと思う。

　実用面と技術面において、GACHAは、高性能のLiDARと独自のソフトウエア等により全天候で自動運転を行うことができるという点が大きな強みである。世界で現在開発が進められている自動運転バスのなかには、大雨や雪の場合に運行できなくなるバスも存在する。しかし、GACHAは、そうした悪天候のもとでも問題なく運行できる。そもそも、フィンランドは冬の気候が非常に厳しく、その環境にも耐えうる性能でないと、自動運転による効率化や環境対応という議論自体、絵に描いた餅で終わってしまうという実情があった。そして、その厳しい気候のもとで技術開発を重ねてきたことが、GACHAの強みにつながっているのである。

■2－6　テスト走行中の自動運転バス「GACHA」

バスとタクシーの自動運転の違い

自動運転に関して、フィンランドは、バスの開発に軸足を置いている。しかし、他国の状況をみると、米国はタクシーが中心であり、国によって自動運転の対象が異なっている。これは、主に各国の交通事情の違いによるものである。

たとえば、フィンランドのヘルシンキは、バスや地下鉄、トラムなどの公共交通機関が複数存在し、それを多くの人が利用する。そのため、いわゆるドア・ツー・ドアで人を輸送する自動運転タクシーのニーズはさほど高くない。他方、米国は車社会で、公共交通機関もあまり充実していないため、自動運転タクシーの開発が重要となる。

バスとタクシーの違いは、交通分野の「ラストワンマイル」問題に影響を及ぼす。ラストワンマイルとは、目的地（家や店など）の最寄りの停留所・駅から実際の目的地までの区間である。目的地まで人を直接輸送する自動運転タクシーの場合には、ラストワンマイルの問題は存在しない。一方、自動運転バスの場合は、ラストワンマイルへの対応が課題となる場合もある。具体的な対応策としては、シェア自転車や電動キックボードの活用があげられる。

実際、ヘルシンキには、シェア自転車や電動キックボードが整備されている（■2－7）ただし、視察団が主に滞在していたヘルシンキ中心部は、トラムやバスが充実している影響なのか、シェア自転車や電動キックボードを利用している人を見かける機会は少なかった。ちなみにスウェーデンのストックホルムでは、電動キックボードが頻繁に走っており、ヘルシンキとは対照的であった。

自動運転システムの開発においては、バスとタクシーで共通する部分が多い。ただ一般には、特定のルートを周回するバスに比べて、顧客の希望する出発地から目的地まで走行するタクシーのほうが解決すべき課題は多い。

たとえば、停止の問題である。乗客を降ろすために自動運転タクシーが停

■2-7　ヘルシンキのシェアサイクルポート

車禁止の場所に停車してしまうことや、特定ルートの周回に比べ、予期せぬ場所で緊急停止して交通を妨げるリスクが高いことなどがあげられる。実際、Sensible 4のロボット技術の専門家が、自動運転システムの開発で停止の判断というのはきわめてむずかしい問題だと強調していたのが印象的であった。

自動運転の未来に必須の「5G」技術

　現在、GACHAをはじめとする自動運転バスには、もしものために手動でバスを操作する補助スタッフが乗っているケースが少なくない。しかし、完全自動化に向けた次の段階以降は、バスに補助スタッフを乗せずに運行させることとなる。緊急事態が発生した場合には、指令センターのような場所から遠隔操作で対応する。そして、この段階で必要不可欠な通信技術になるのが「5G（第5世代移動通信システム）」である。

　自動運転では、高速で走行しながらリアルタイムで変化する交通状況に対応するため、大量の情報を高速で送受信しなければならない。さらに、道路が車で渋滞しているような場合には、回線輻輳によって通信が切断されないように同時多接続の環境が必要となる。しかし、現在主流の4G（第4世代移動通信システム）では、こうした自動運転に要求される条件を十分満たすこ

とができず、次世代の5Gの活用が必須とされているのである。

　フィンランドで実際に試乗したGACHAは、ヘルシンキの隣接市エスポー
で試験走行を行っていた。これは、5G技術に強みをもつノキアの拠点が存
在することも大きな要因という話を聞いた。つまり、完全自動化に向けた次
の段階を見据えた戦略というわけである。

起業家たちのルーツは、巨大企業ノキア

昔の若者は大企業志向だった

　フィンランドは、国際的にみてもビジネス環境が良く、イノベーションの
面でも優れた国だと評価されている。

　たとえば、WIPO（世界知的所有権機関）が公表している「グローバル・イ
ノベーション・インデックス 2019」の「ビジネス環境」の部門において、
フィンランドは第1位、欧州委員会の「欧州イノベーション・スコアボード
2019」で第2位につけている[3]。

　こうした環境のもと、近年、フィンランドでテクノロジー分野のスタート
アップ企業が数多く生まれている。とりわけFinTech企業に関しては、現在
も企業数が増加傾向を続けており、分野としては、決済サービス（Payments）
や金融関連ソフトウエア（Financial Software）が多い。

　しかし、1990年以降の歴史を振り返ると、フィンランドでは、かつて世界
最大の携帯電話端末メーカーであったノキアという巨大企業が経済をけん引
していた時期もあり、必ずしも現在のように「起業立国」と呼べるような国
でもなかった。当時は、ベンチャー企業ではなく、ノキアに代表される大企

3　ほかには、CTA（全米民生技術協会）の「2019 国際イノベーション・スコアカー
　ド」の総合スコアにおいて第3位となっている。

■2−8　ノキアの社屋

業に勤めて定年を迎えることを希望する若者も多かったという話を、現地の面談者から聞いた。

　そうした環境を劇的に変えたのが、タッチディスプレイを搭載したスマホ、「iPhone」の登場である。米アップル社が2007年に初代iPhoneを発売すると、世界の携帯電話端末市場の潮流は、それまでのフィーチャーフォン（いわゆる「ガラケー」）からスマホへと大きく転換していった。しかし、ノキアは、過去の成功への固執や見通しの甘さからスマホへの転換で出遅れ、さらに2000年代後半の世界的な金融危機の影響も重なり、経営危機が懸念される苦境に陥ったのである。

凋落した巨人ノキアが生んだ金の卵たち

　その後、ノキアは、従業員のリストラや事業の抜本的な再編を進め、2012年には従業員1万人のリストラ計画を発表した。さらに、2014年にはそれまでの中核ビジネスであった携帯事業を米マイクロソフト社に売却した。ノキアの凋落は、フィンランド経済にも大きな影を落とした。失業者は増加し、成長のけん引役が不在のなか、低成長に苦しむことになったのである。

　ノキアに回復の兆しが出てきたのは、2015年以降のことである。フランス

■2-9 巨大企業ノキアの凋落から起業立国への変遷

携帯電話
(ノキア)

人材

スタートアップ企業等
(ノキア関係者)

5G
(新生ノキア)

繁栄期　　　　　　経営危機局面　　　　　　現在
　　　　2010年　　　　　　2015年

（出所）　筆者作成

の大手通信機器開発のアルカテル・ルーセント社の大型買収（2016年）によって、世界の通信機器分野のシェアで大きく躍進した。さらに、自動運転においても活用される5G技術で世界のキープレーヤーとして台頭し、新生ノキアとして復活の道を歩み始めたのである。

　もう1つ注目される動きとして、ノキア関連の優秀な人材が、スタートアップ企業や異業種企業に転じ、さらに起業家として新規ビジネスを立ち上げるなど、まるで「金の卵」のような存在として活躍し始めたことを指摘できる。実際、FinTechを含む、テクノロジー分野のスタートアップ企業の創業者や技術者には、かつてのノキア関係者が多い。

　現地でも、フィンランドが起業立国へと変貌を遂げた背景として、ノキアの技術革新的な精神とDNAをもつ優秀な人材が、新たなビジネス分野に飛び出して活躍したことを指摘する人が少なくなかった。いまなお、フィンランドのイノベーションは、かつての巨大企業ノキア抜きに語ることはできないのである。

なぜ若者の起業意識が高いのか

世界最大級のスタートアップイベント「SLUSH」

起業立国の道を歩むフィンランドでは、起業家と投資家とを結ぶスタートアップイベント「SLUSH」が開催されている。SLUSHは、2008年に始まり、当初は、数百人程度が参加する小規模なイベントであった。しかし、イベントの回を重ねるごとに規模を拡大させ、現在では、世界最大級のスタートアップイベントになっている。

2019年のSLUSHには、世界各国からおよそ25,000人が参加し、そのうちスタートアップ企業が3,500社程度、投資家が2,000人程度であったとされている。日本からは、福岡市がJETRO（日本貿易振興機構）と協力してSLUSHにブースを設けるなど、日本のスタートアップ企業を支援している。

フィンランドのスタートアップ企業における資金調達の内訳をみると、近年、海外投資家からの資金調達額が増えており、その割合も高まっている。こうした海外投資の呼込みという点において、SLUSHの貢献も大きいと思われる。

SLUSHは、テクノロジー系を中心とする大学生のボランティアによって支えられ、基本的に非営利で運営されていることも大きな特徴である。さらに、イベントの出展者にも若手のスタートアップ企業の創業者が多く登壇しており、フィンランドにおける若者の起業意識の高さがうかがえる。

クールな起業家とプレッシャーの少ない若者たち

フィンランドは、①過去に銀行危機や世界金融危機を経験したこと、②低成長とマイナス金利政策の長期化、など日本と同じような厳しい金融・経済環境を経験してきた。しかし、フィンランドの若者は、日本の若者に比べて、前向きにイノベーションに挑んでおり、スタートアップ企業を創業する

若い経営者も増えている。

　その理由について、現地の面談者から、若者の心理的な側面に関して非常に興味深い指摘が2点あった。

　第1に、フィンランドの一部の若者にとって、起業家になることが非常に"クール（格好いい）"と考えられているという点である。かつてフィンランドでは、大企業のノキアなどに就職して、そこで一生働くことを希望するような堅実な若者も多かった。しかし、2010年代になると、たとえば、ゲーム会社のSUPERCELLを創業した若い起業家が、若者にとってまるで「ヒーロー」のような憧れの存在となった。こうしたなか、大企業に勤めるより、起業家になることのほうが、とてもクールだと考える若者が増えたという指摘である。

　第2に、フィンランドの若者には失敗に対するプレッシャーが小さいことがあげられる。

　まず、教育面である。フィンランドでは、小さい頃から個人の習熟度にあわせて学習ペースが変わり、その結果、義務教育段階で留年することもある。日本ならば、それは教育の失敗のようにネガティブにとらえられがちだ。しかし、フィンランドでは、個人の習熟ペースの違いにすぎないと考え、留年を気にするような人はあまりいないようである。

　次に、大学への進学と就職についてである。フィンランドでは、何歳で大学に進学し、何歳で就職するといった目安は、あまり気にされない。大学へは、自分の行きたい時に行けばよく、大学卒業後にしばらく就職しない学生も少なくないようである。そのため、日本の学生のように、就職活動で失敗したくない、というプレッシャーを感じにくい。

　また、フィンランドでは、大学の学費は無料であり、大学卒業後に失業しても政府の支援があるため、金銭的なプレッシャーが小さい。

　このように、日本人の目からみれば「失敗」ともとらえられることが、フィンランドでは普通に受け入れられている。その結果、フィンランドの若者のプレッシャーは、日本の若者に比べてかなり小さい。そして、こうした

環境が若者のリスクテイクを促し、起業の増加につながっていると考えられる。

　若者のプレッシャーに関しては、日本に留学経験のある現地の面談者から、日本の学生は非常に大きなプレッシャーを抱えており、とりわけ大学入試と就職活動におけるプレッシャーが大きいのではないか、との指摘があった。さらに、大学生のアルバイト活動の負担の大きさにも言及していた[4]。

　日本人の若者は保守的であるとよく指摘されるが、その根底には、失敗できないというプレッシャーを若者に与えている社会環境が存在するというわけである。日本の次世代の若者が、積極的にチャレンジをしながら起業家を目指すようになるには、以上のようなプレッシャーを軽減させるような取組みを、日本全体で進めていくことが大きな課題だと考えられる。

▌北欧リカレント教育先進国の一翼担う

技術立国として歩み始める

　フィンランド経済もまた新型コロナウィルスの感染拡大により深刻な影響を受けている。しかし、新型コロナ禍以前におけるフィンランド経済は堅調に推移し、低金利環境のなかでも銀行の収益性が維持されていた。失業率は、2015年頃から低下傾向にあり、現地を訪問した2019年秋頃は6％台後半で推移していた。この水準は、リーマン・ショック前の景気の良かった時期と同程度であり、それをふまえると同国の労働市場は総じて良好であったと評価できる。

4　フィンランドでは、大学の学費が無料で、かつ他の支援制度もあるため、日本に比べて学生がアルバイト活動をする必要性は少ない。また、説明のなかで「シュウカツ」（就活）、「アルバイト」という日本語が使われており、これらは、日本に滞在している間、強く印象に残った日本の文化だったとみられる。

ただ日本や米国など他国と比べ、フィンランドの失業率が高い水準にあるという点には若干の留意が必要である。この背景としては、若年層の失業率が非常に高いことや、充実している失業手当の影響などがあげられる。前者の要因の1つには、大学卒業後すぐに就職しない学生が結構いるという同国の事情が存在する。後者は、失業者の就業意欲の低下に作用しているとの指摘がある。

　ここ数十年のフィンランド経済は、ノキアの影響抜きに語れない。かつてノキアが世界最大の携帯電話端末メーカーであった時代は、ノキアが国内経済のけん引役であり、雇用の創出にも重要な役割を果たしていた。前述のとおり、2010年代初めにノキアの経営が大きく悪化した際には、それが労働市場の悪化や景気低迷へとつながった。その後、ノキアは、「5G（第5世代移動通信システム）」関連の分野で急速に存在感を高めている。

　近年のフィンランドに関して特筆すべき点としては、産官学の連携による起業支援や若者の起業意識の高まり等を追い風に、テクノロジー分野でスタートアップ企業が数多く生まれ、「起業立国」として歩み始めたことを指摘できる。そして、スタートアップ企業や5Gで復活した新生ノキアが技術革新の推進役になっている。

リカレント教育推進の背景

　起業立国として歩み始めているフィンランドでは、急速に進む技術革新と、それに伴う産業構造の変貌を受けて、企業の現場で必要とされる人材や労働者の希望する職種も大きく変化してきた。こうしたなか、新たに必要とされる知識や技術をいかに習得するかが人材面における重要課題となっている。

　この点に関しては、社会人らが大学で再教育や職業訓練を行い、新しい知識や技術を身に付ける「リカレント教育」が重要な役割を担う。また、経済全体でみると、このリカレント教育には、労働者の生産性を高める効果のほか、雇用のミスマッチを緩和させて雇用の流動化を促す効果も期待される。

　北欧諸国は、リカレント教育に積極的に取り組んできた国として世界的に知られている。そして、その一翼を担うフィンランドでは、社会人がリカレント教育を受ける際に、政府が費用面でしっかりと支援するなど「リカレント教育先進国」といえるような環境が整えられてきた。現地では、自国のリカレント教育が充実しているとの言及が何度もあった。

　それでは、なぜフィンランドで、リカレント教育が推進されてきたのだろうか。この背景として、まず同国の強みがあるテクノロジー分野において技術革新のスピードが速いことがあげられる。つまり、ひと昔前の知識や技術が陳腐化しやすく、新しい知識や技術を継続的にインプットしていかなければ、置いて行かれてしまうというわけである

　また、フィンランドでは、異業種の企業に転職するため、そこで必要となる知識や技術を大学で学び直すというキャリアパスが珍しくない。転職といった雇用の流動化の面において、リカレント教育が欠かすことのできない重要な社会基盤になっている点も重要なポイントだと考えられる。

　さらに、現地では、小国のフィンランドが生き残るために、能力の高い人材を多く育てなければならないという国家の危機意識も影響しているとの指摘があった。これは、先の多言語教育にも共通する視点だといえよう。

　近年、日本でも、デジタル化の進展で労働者に必要となる知識や技術が急速に変化していくと見込まれるなか、雇用の流動化や高齢者の再雇用といった観点からリカレント教育のニーズが高まってきている。日本が国際競争力を維持していくためにも、フィンランド並みの危機意識をもって、リカレント教育をはじめとする人材育成を強化していくことが重要となろう。

▌キャッシュレス化でも現金流通残高は大きく増加

「この７年間、現金を使ったことがない」

　キャッシュレス化が急激に進んできた隣国のスウェーデンほどではないが、国際的にみると、フィンランドもキャッシュレス先進国の１つに数えられる。

　実際、フィンランドでは、日常的な支払い手段として現金は使われなくなっており、支払いはデビットカードがメインである。観光地の屋台でもカードが利用でき、フィンランド滞在中に現金を利用することはなかった。

　現地の面談では、「現金を７年間もったことも、使ったこともないが、ECB（欧州中央銀行）の会議でドイツに出張した際、タクシーで現金を使わざるをえなかった」という話が出た。また、「（現金主義が根強く残るドイツに行ったり、住むことにでもなったら）、現金を使うのに慣れなければならない」という冗談も聞かれた。

　フィンランド人も、スウェーデン人と同じように現金による支払いはクールでない（カッコよくない）と考えているようである。

■２−10　ヘルシンキ中央駅　　　　　■２−11　カードのみの表示

　他方、スウェーデンではカードしか使えない店舗が増えているのに対し、フィンランドではそのような動きはまだ限定的である。実際、ストックホルム中央駅（スウェーデン）では、カードしか利用できない店舗を探すとすぐに複数見つかったが、ヘルシンキ中央駅（フィンランド）では、1店舗しか見つけることができなかった。

財布からカードケースにシフト

　現金をもたなくなったことで、日常の携帯品に変化がみられる。具体的には、近年、複数のカードを入れる「カードケース」を携帯する一方で、紙幣と硬貨が入る「財布」をもたないフィンランド人が増えている。フィンランドではキャッシュレス化の進展により、財布が必要とされなくなってきたのである。

　なお、このようにキャッシュレス化によって、財布が売れなくなる現象は、中国や他の一部のアジア諸国でもみられる。日本の場合、そうした光景が見られるのはまだずいぶん先になると思われるが、北欧諸国並みにキャッシュレス化が進んだか否かを測る身近なモノサシとして、財布の販売動向が1つの注目指標となろう。

■2−12　フィンランド人のカードケースと日本人の財布

貯蔵需要が現金流通残高を押し上げ

　日本に比べて、キャッシュレス化がかなり進んでいるフィンランドとスウェーデンであるが、両国で異なる点もみられる。2点ほど紹介したい。

　第1に、近年、現金流通残高の推移が対照的な動きを示している。具体的には、スウェーデンの現金流通残高が減少傾向にあった一方、フィンランドは増加傾向が続いてきた。現金流通残高は、基本的に決済需要と貯蔵需要によって決まる。フィンランドでは、キャッシュレス化の進展で決済需要が減少しており、これは、日常的な支払いで利用される小額紙幣の流通が減少傾向にあるという統計データからもうかがえる。しかし、それ以上に貯蔵需要が増加した結果、現金流通残高が大幅に増えたと考えられる。

　また、海外旅行者にかかわる統計上の問題で、見た目上、フィンランド国内の現金流通残高が増えてしまうという問題も指摘されているようだ。やや統計上のテクニカルな内容になるが、簡単に整理すると以下のとおりである。

　フィンランドでは、海外旅行者が、国際的なハブ空港であるヘルシンキ・ヴァンター国際空港で現金を引き出して、そのお金を他国に持ち出すケースがよくある。この場合、国内の現金流通残高において、増加（現金の引出し）と減少（現金をもって他国に移動）が発生し、両者は相殺されてネットでゼロとなる。しかし実際には、現金を他国に持ち出す分（減少分）を統計で十分に捕捉できないため、現金流通残高に上方バイアスが生じるというわけである。

　いずれにせよ、近年キャッシュレス化が進むなか、スウェーデンの現金流通残高が明確に減少してきた一方、フィンランドの現金流通残高が大幅な増加傾向にあることは、非常に対照的な姿として注目される。

　第2に、個人間送金アプリに関して、フィンランドには、銀行連合によって誕生したスウェーデンの「Swish」のような圧倒的なシェアをもつアプリは存在しない。

　各大手銀行がそれぞれ似たようなサービスを提供し、競合している。大手銀行は、いわゆる家計簿管理アプリも提供しており、そのアプリと個人間送金アプリ、デビットカードを通じて顧客を抱え込む戦略をとっているようだ。

　今後、フィンランドにおいて、個人間送金のビジネスモデルが銀行連合の方向に進むのか、それとも大手銀行のアプリの共存が続くのかが1つの注目点となろう。

ATM共通化にみる金融インフラの効率化

北欧の銀行に根づく長期的な協力関係

　フィンランドやスウェーデンの街並みを歩くと、日本と比べてATMが非常に少ないことに気づく。北欧の銀行は、ATMや店舗など金融インフラについて、効率性を重視する意識が強いことでも知られているが、ATMの少なさを現地で目の当たりにし、それをあらためて実感させられた。

　この背景としては、北欧の銀行が、1990年初めの銀行危機以降、金融インフラの効率化を通じてコスト削減を進め、収益性の維持・向上を図ってきたという点を指摘できる。そして、固定費削減の一環として、ATMの削減も対象になったのである。近年は、キャッシュレス化の進展によって顧客のATMの利用件数が減少しており、そのことも追い風となっている。

　さらに、スウェーデンとフィンランドの銀行に共通する大きな注目点として、「ATMの共通化」があげられる。

　現在、スウェーデンでは、Bankomat社の「Bankomat」というATMが独占的な状況にあり、フィンランドでは、Automatia社の「Otto」というATMがきわめて高いシェアをもつ。つまり、両国では、全銀行のATMがほぼ共通化されているといえる。

この背景として、訪問先の面談者から、近年の急速なキャッシュレス化の影響のほか、小国であるため無駄な投資や非効率的な業務を続ける余裕はなく、銀行が協力してATMの共通化を行ったという話を聞いた。北欧の銀行は、超低金利環境下でも比較的収益性を維持できているが、その要因の1つとして、ATMの共通化や店舗の削減といった金融インフラの効率化の取組みが存在するのである。

　こうした金融インフラの効率化について、小国で危機意識も高い北欧諸国だから実現できたという見方もできよう。しかし、日本は、今後少子高齢化の影響がいっそう大きくなることがほぼ確実であり、とりわけ地方で深刻化するとみられる。こうしたなか、日本の金融機関も、北欧の小国にも負けないレベルの危機意識をもち、金融インフラの効率化に向けた取組みを進めなければならない段階に差し掛かっていると考えるべきであろう。

■2−13　スウェーデンのBankomat　　　　■2−14　フィンランドのOtto

日本の金融インフラ効率化への示唆

ここで日本の状況を確認すると、近年、コスト削減や顧客の利便性向上のためにATMの削減やATMの共同利用を進める金融機関が着実に増えている。たとえば、地域金融機関同士、地域金融機関とゆうちょ銀行、都市銀行同士がATMの相互利用で提携する例があげられる。また、ATMを数年間で３割削減するといった数値目標を掲げる金融機関も出てきた。

一方、日本では、いわゆるコンビニ銀行によるATMの新規設置も進んでいる。すなわち、「ATMの相互利用」と「ATMの新規設置」が同時に進んでいるといえる。また、金融機関のなかには、顧客との重要な接点であるATMの削減に対して慎重な姿勢を維持しているところも少なくない。

こうした日本の現状をふまえると、北欧のような全銀行のATM共通化というモデルを、そのまま日本に当てはめることは必ずしも適当ではないかもしれない。ただ注目したいのは、北欧の銀行が前向きに協力して、ATMなど金融インフラの効率化を進めてきたという長期的な経緯である。

日本では、日本銀行が掲げる２％のインフレ目標政策の実現がまったく見通せず、今後も新型コロナ禍の影響もあり、超低金利環境が続く公算が大きい。金融機関は、利鞘の縮小という負の影響が重石となり、本業の預貸ビジネスにおいて苦戦が続くとみられる。既存のビジネスモデルの持続可能性が問われる金融機関も出てこよう。

こうした環境のもと、北欧の銀行に根づく「長期的な協力関係」による金融インフラの効率化という考え方自体は、日本の金融機関にとってもおおいに参考になるのではないか。具体的には、長期的な視点に立って、金融機関同士のATMの相互利用等をいっそう拡大させることがあげられる。これにより金融インフラのコスト（固定費）削減効果が期待される。

そして、もしかしたら遠い未来の日本において、現金がほとんど利用されず、街でATMをほとんど見かけないといった光景が当たり前になるかもしれない。

口座維持手数料と預金金利のゼロ制約

サービスへの対価は当然という考えが根づく

　フィンランドの銀行は、日本の銀行と同様、長期化している低金利環境のもとで銀行の預貸ビジネスの利鞘が縮小しており、それが収益の悪化要因となっている。しかし、日本の銀行と比べ、相対的に収益性が維持されているとのことである。

　その1つの要因が、先にみたATMや店舗など金融インフラの効率化を通じた固定費の削減である。最近は、日本の銀行も効率化の取組みを進めているが、フィンランドの銀行の現状をふまえると、まだ効率化の余地は大きいと考えられる。

　他の要因としては、不動産融資の増加や銀行の口座維持手数料の徴収があげられる。不動産融資の増加は、近年、日本をはじめ多くの国でも観察されており、世界的な低金利環境が追い風となっている。銀行の口座維持手数料の徴収については、欧米の銀行でよくみられ、フィンランドの銀行も同様に徴収している。一方、日本の銀行は、基本的に口座維持手数料をとっておらず、フィンランドを含む欧米の銀行とは状況が大きく異なる。そして、その有無が、銀行の収益性の差にも一定程度影響を及ぼしていると考えられる。

　日本では、銀行口座は無料のサービスであり、口座維持に手数料はかからないという認識が非常に強い。しかし、欧米では、銀行口座というサービスに対して適当な対価を払うべきだという考え方が一般的である。こうした海外の見方については、現地の面談者との議論において、あらためて確認させられた。

　現在、超低金利環境のもとで銀行の収益環境が厳しさを増すなか、日本でも口座維持手数料の導入に向けた議論が広がりつつある。これに関しては、システム維持やマネー・ロンダリング（資金洗浄）対策に伴う口座管理コス

トが上昇していることも影響している。

　日本ではいまのところ、口座維持手数料の導入に対して消極的な銀行が圧倒的に多い。その背景には、顧客の反発に対する懸念があげられる。これまで、ほとんどの預金者は、銀行口座に維持手数料はかからないと考えており、それを有料にすると預金者から強い反発を受けるのではないかと銀行は警戒している。

　また、もし同じ営業エリア内に、口座維持手数料を徴収する銀行と徴収しない銀行が存在することになれば、徴収する銀行の預金者が自分の預金を徴収しない銀行へ移してしまう可能性がある。そうした事態を避けるために、各銀行がけん制し合って、結局、口座維持手数料の導入を断念せざるをえないという見方もある。

　こうしたなか、日本の金融機関において、入出金が一定期間行われない休眠口座もしくは不稼働口座に限り、手数料を課すという動きが出始めている。このように、対象を絞ったかたちの口座維持手数料の徴収というのが、日本の当面の現実的な対応なのかもしれない。

　今後も、口座維持手数料をめぐる議論は続くと見込まれる。その際、この問題を目先の収益改善という視点だけでとらえるのではなく、フィンランドを含む欧米の銀行のように、銀行口座というサービスに対する適当な対価はどれくらいかという視点も欠かせないだろう。

マイナス金利下でも、預金金利はゼロが下限

　フィンランドは、ユーロに加盟しており、金融政策はECB（欧州中央銀行）のもとで一元的に実施されている。ECBと日本銀行は、マイナス金利政策を導入しているという点で共通しており、両国の銀行はマイナス金利政策の影響で収益環境が悪化している。なお、ECBのマイナス金利政策の導入は2014年6月であり、2016年2月に導入を決定した日本銀行よりも1年半以上早い。

　銀行の預貸ビジネスの収益性は、貸出金利と預金金利の差が非常に重要な

ファクターとなり、その差が拡大（縮小）すると収益性が改善（悪化）する。マイナス金利政策は、貸出金利と預金金利のいずれも低下させる要因となるが、基本的には、貸出金利の低下幅のほうが大きくなり、銀行の収益性は悪化する。

さらに、たいていの場合、個人の預金金利はマイナスにできず、金利の下限にゼロ制約が存在すると考えられている。もし、貸出金利が低下しても、預金金利をマイナスにすることができれば、銀行は利鞘を確保でき、収益性も維持できる。しかし、通常であれば銀行から利子を受け取る側の預金者に対して、手数料を支払わせるというマイナスの預金金利は、預金者から非常に強い反発が生じることになるため、その実現は非常に困難なのである。

日本でも、マイナス金利政策の導入後に、マイナスの預金金利について何度も議論されたが、現実には、預金金利の下限にゼロ制約が存在し、マイナスにすることはできないというかたちでおおむね決着している。現地の訪問先の面談者は、いずれも預金金利はマイナスにできないとの見方で一致しており、その点で日本と共通していた。

ただ少し注意しておきたいのが、北欧の銀行は、預金以外に市場からの資金調達を行っており、その比率が日本よりも高いという点である。そして、その調達金利の下限にはゼロ制約が存在しない。このことをふまえると、フィンランドの銀行は、日本の銀行と同じように預金金利のゼロ制約に直面している一方で、市場からの資金調達比率が日本の銀行よりも高い分、マイナス金利政策の影響は軽減されていることになる。

PSD2はゲーム・チェンジャーになるのか？

オープン・バンキングを後押しするPSD2の導入

　近年、国内外の金融リテール・ビジネスにおいて、「オープン・バンキング」が一大テーマとなっている。オープン・バンキングとは、銀行が顧客の同意のもと、その顧客に関する情報等をFinTech企業といった第三者（サードパーティ）企業に開放していくことを意味する。これにより、顧客の利便性を向上させる新たな金融サービスの登場や、既存の金融サービスの低価格化といった効果が期待される。

　具体的なサービスとしては、FinTech企業が提供するスマホの家計簿アプリがあげられる。顧客は、このアプリを利用することで、自ら保有する複数の銀行口座情報や入出金記録をスマホ上で一覧できるようになる。なお、日本の代表的な家計簿アプリでは、クレジットカードや証券口座、電子マネーの情報も連携されている。

　オープン・バンキングを推進するうえで重要な鍵の1つとなるのが、銀行の「オープンAPI（Application Programming Interface）」の提供である。オープンAPIとは、わかりやすくいえば、ある企業の保有する情報やアプリケーションの機能等を、第三者企業が参照・更新できるようにする仕組みのことである。家計簿アプリの例では、FinTech企業が、顧客の銀行口座情報を参照できる仕組みの部分が該当する。

　これまで銀行は、顧客の情報を囲い込み、その意味で閉鎖的なビジネスともいわれてきたが、オープン・バンキングという大きな潮流のなかでは、そうしたビジネスモデルの変革が迫られている。欧州では、金融規制当局が、オープン・バンキングを大きく後押しする金融規制・制度の整備を進めており、日本でもその動向に対する関心が高い。特に注目されているのが、「PSD2（Payment Services Directive 2、第2次決済サービス指令）」の導入である。

PSD2は、EU圏の決済サービスの統合・標準化や競争促進、効率化等を目的として、2007年11月に成立した「PSD（決済サービス指令）」を改正したものである。欧州委員会が2015年11月にPSD2を採択し、各国は2018年1月までにそれを国内法化することとされた。オープン・バンキングという観点から押さえておきたいPSD2のポイントとして、ここでは以下の3点を取り上げたい。

　第1に、PSD2では、2種類の金融サービス事業者を新たに定義するとともに、それらの免許・登録の要否や財務要件などを定め、規制の枠組みの対象としたことである。具体的な事業者は、①決済指図伝達サービス提供者（PISP：Payment Initiation Service Provider）、②口座情報サービス提供者（AISP：Account Information Service Provider）、である。

　前者が提供するサービスとして、たとえば、顧客がスマホ用アプリに登録している自分の銀行口座から振込手続を行うといったものがあげられる。また、個人向けの家計簿アプリや企業向けの会計管理アプリなどが、後者のサービスに該当する。

　第2に、PSD2は、第三者企業が銀行口座情報にアクセスできるようにすることを、銀行等に対して求めている。そのため、銀行は、マネー・ロンダリング等の重大な懸念が認められない限り、オープンAPIの提供を拒否できなくなる。つまり、事実上のオープンAPIの義務化ともいえる。そして、これにより、オープン・バンキングがいっそう後押しされることが期待される。

　第3に、個人情報保護を強化するため、PSD2では、決済サービス事業者に対して「強力な顧客認証（SCA：Strong Customer Authentication）」の適用を義務づけた。これは、本人認証の際に、3つの要素のうち少なくとも2つを確認しなければならないというものである。具体的には、①Knowledge（パスワードや秘密の質問など本人のみが知る情報）、②Possession（スマートフォンやスマートウォッチなど本人のみが所持する物）、③Inherence（指紋や顔情報など本人に固有の事実）、である。

PSD2の影響は限定的との見方が大勢

　PSD2の導入については、オープン・バンキングの動きを加速させることで新興のFinTech企業が急速に台頭し、既存の金融業界の収益環境やビジネスモデルが大きく揺るがされるのではないかという懸念が指摘されている。つまり、PSD2が金融業界の市場競争環境を劇的に変える「ゲーム・チェンジャー」になるというのである。

　それでは、PSD2は、フィンランドでどのように評価されているのだろうか。ここで、現地の面談者の見方を紹介することとしたい。

　まず、総じてPSD2の導入そのものの影響はあまり大きくないという意見が多かった。その理由として、当面の影響は、主にオープンAPIなどのシステム対応や各種手続対応といった、実務的な問題にとどまるという点があげられた。また、そもそもPSD2は、現状に即したルールや枠組みを整備したにすぎないという側面もあり、既存の金融ビジネスが直ちに影響を受けるようなものではないという趣旨の見解も聞かれた。

　新たに規制の枠組みに入る「口座情報サービス提供者（AISP）」に関しては、そのサービス（家計簿アプリや会計管理アプリなど）だけではマネタイズ（収益化）がむずかしく、個人向け融資など他のサービスを組み合わせて収益化を図らなければならないとの指摘があった。なお、フィンランドでは、すでに銀行が家計簿アプリを提供しているケースもあり、家計簿アプリの分野にFinTech企業が参入することは必ずしも容易でない。

　ほかには、目先の懸念材料として、電子商取引を行う企業で「強力な顧客認証」への対応が遅れていることがあげられた。強力な顧客認証は、もともと2019年9月14日から適用が開始されることになっていた。しかし、企業の対応が十分でないこともあり、移行期間等を設けて、事実上、適用を先送りしている国もあるとのことであった。

　長期的な視点からは、金融業界にイノベーションをもたらす効果が期待され、新たなアイデアを生み出すきっかけになるというポジティブな評価が聞

かれた。ただ実際の影響が読みにくいこともあり、引き続き慎重に見極めたいという声も少なくなかった。

　こうした現地の見方を勘案すると、PSD2は、オープン・バンキングを大きく後押しする要因として期待される一方、いまのところ、金融業界の「ゲーム・チェンジャー」とまではいえないように思われる。

▌制度面の注目点と銀行員像の変化

銀行同盟と単一パスポート制度の影響

　北欧の大手銀行のなかには、域内の複数の国にまたがって事業展開を行っているところがある。そのため、各国の税制や規制など制度面の違いが、銀行のビジネス戦略にも影響を及ぼすこととなる。そこで、ここでは注目度の高い「銀行同盟（Banking Union）」と「単一パスポート（Single Passport）制度」の影響について簡単に整理したい。

　フィンランドは、北欧4カ国（スウェーデン、ノルウェー、フィンランド、デンマーク）唯一のユーロ加盟国であり、それと同時に「銀行同盟」の枠組みにも入っている。

　銀行同盟とは、ユーロ圏内の銀行にかかわる政策を一元化して、金融システムを強化するために創設されたものである。この背景には、2008年に発生した世界的な金融危機や2010年代初めの欧州債務危機の際、銀行に関する統一的な規制の枠組みが整備されておらず、それにより対応が遅れ、危機を悪化させてしまったという教訓が存在する。現在、ユーロ圏内の銀行は、この銀行同盟という共通の枠組みのもとで金融ビジネスを展開できるようになっている。

　欧州諸国の「単一パスポート制度」も金融ビジネスにおける焦点の1つとなる。単一パスポート制度とは、金融機関が対象国のうち、どこか1カ国で

免許を取得すれば、それが他の対象国でも有効になるというものである。なお、同制度の対象となるのは、EU加盟国に、ノルウェー、リヒテンシュタイン、アイスランドを加えた「欧州経済地域（EEA）」の国々である。この制度により、金融機関は、その域内で金融ビジネスを展開しやすくなる。

　現在、英国のEU離脱（Brexit）の移行期間終了後に、英国が単一パスポート制度から離脱することになっている。そのため、英国で免許を取得していた金融機関では、Brexitに備え、欧州大陸の対象国に新たな拠点を確保し、あらためて免許を取得しようという動きも出ている。このように、単一パスポート制度は、欧州の金融機関のビジネス展開に大きな影響を及ぼす要因となっているのである。

　ただし、銀行同盟の場合と異なり、北欧4カ国はすべて単一パスポート制度の対象国であり、この制度が同地域のビジネス展開に直接影響を及ぼすことはない。

　近年、北欧大手銀行のビジネス展開で注目を浴びた出来事として、ノルデア銀行の本社移転があげられる。ノルデア銀行は、2017年9月に本社をスウェーデンからフィンランドに移転すると発表し、翌2018年10月に移転を実施した。

　この目的として、ノルデア銀行は、銀行同盟に加盟しているフィンランドに本社を移転することで、ユーロ圏内のライバル行と公平な規制の枠組みのもとで金融ビジネスを展開できるようになるという利点をあげている。さらに、スウェーデン政府による銀行税の引上げにより、本社をスウェーデンに置いておくと、ノルデア銀行の競争力が阻害されてしまうという不満もあったようだ。

　他方、単一パスポート制度は、前述のとおり北欧4カ国すべてが対象国であるため、ノルデア銀行の本社移転の判断に影響を及ぼす要因とはなっていない。実際、現地の面談者もこの点について、同様の指摘をしていた。

銀行が求める人材とスキル

　日本の銀行業界を取り巻くビジネス環境は、近年、超低金利環境に伴う利鞘の縮小や、人口と企業数の減少に伴う国内資金需要の停滞などにより、本業の預貸ビジネスを中心に厳しい状況が続いている。また、将来的には、FinTech企業など異業種企業の参入・台頭によって、既存の銀行ビジネスが大きく揺るがされるという見方もある。

　こうしたなか、銀行の将来性に不安を感じた学生が、就職先として銀行を敬遠する動きが一部にみられている。また、若手行員の離職が増えているという問題を指摘する声も少なくない。離職については、将来性への不安のほか、ノルマの負担が重いことや若手の中途採用市場の活発化なども影響しているとみられる。

　それでは、フィンランドの銀行の就職事情はどうなのか。現地の声を聞く限り、フィンランドでは、日本のような動きは限定的である。ただし、昔に比べて、既存の銀行業務でなく、FinTechなどIT関連の職種を希望する傾向が強いとの指摘が複数あった。

　これと表裏一体ではあるが、銀行側が求める人材やスキルもIT関連のウエイトが高まっている。IT関連の人材については、中途採用も積極的に活用しているとのことである。IT分野の急速な発展が続くなか、これまで既存の銀行業務についていた人を異動させるといった自前主義では対応できないということであろう。

　以上のことは、銀行がもはや金融業という枠にとどまらず、テクノロジー産業としての側面が強まっていることを示唆する。当然、優秀なIT人材に対するニーズは他の産業でも強く、この分野の人材獲得競争が激しくなっているという話もあった。

インバウンド需要と中国企業の接近

フィンランド人の決済手段への影響は？

近年、新型コロナウイルスの感染が拡大するまで、世界各国に多くの中国人旅行者が訪れており、フィンランドのキャッシュレス決済サービス分野においても、その影響が出始めていた。特に注目すべき出来事として、2015年にフィンランドの「ePassi」というFinTech企業が、中国の二大モバイル決済サービスの1つである「Alipay」と提携したことがあげられる。Alipayは、中国Alibaba（アリババ）グループ傘下のAnt Financial Services Group（アント・フィナンシャル・サービス・グループ）が提供する決済サービスである。

フィンランドには、北部地方（ラップランド）におけるオーロラ、サンタクロース、ムーミンや歴史建造物など豊富な観光資源があり、中国からの旅行者数も大きく伸びている。また、フィンランドは国際的なハブ空港として高く評価されているヘルシンキ・ヴァンター国際空港をもち、他の欧州諸国へ旅行する際の乗り継ぎ地にもなっている。

ePassiは、こうした中国人旅行者のインバウンド需要をねらってAlipayと提携し、フィンランド国内や飛行機内、フェリー内でAlipayを使えるようにしたのである（■2−15）。この提携により、新型コロナの影響が出るまではフィンランド航空の中国人向け機内販売が大幅に伸び、ePassiの収益拡大にもつながるなど、明確な提携効果が出ている。また現在、フィンランドでは、中国のもう1つの二大モバイル決済サービスである「WeChat Pay」も利用できるようになっている。WeChat Payは、中国Tencent（テンセント）の決済サービスである。

このような中国人旅行者数の増加を起点とした、中国決済サービス企業の「経済圏」の拡大という潮流は、新型コロナウイルスの感染拡大まで他の欧州にも広がっており、今後いっそう勢いを増す可能性があった。

■2-15　AlipayとWeChat Pay の利用案内

①ヘルシンキの屋台　　　　　　　　　　②フェリー船内の店舗

　もっとも、フィンランド人の日常的な決済においては、依然としてデビットカードが主な決済手段であるという状況は変わらない。つまり、中国のAlipayやWeChat Pay、さらには国内の新興FinTech企業が、銀行を中心とする既存の決済サービスを脅かす、いわゆるディスラプター（創造的破壊者）になる気配はまったくみられない。

国内決済サービスに欠かせない「信頼」

　日本では、海外の成長著しい巨大IT企業である米国のGAFA（Google、Apple、Facebook、Amazon）や中国のBAT（Baidu、Alibaba、Tencent）が、将来的に国内のキャッシュレス決済サービスのディスラプターになりうる存在として警戒する声がある。

　それでは、なぜフィンランドにおいて、海外の巨大IT企業に対する脅威があまり感じられないのだろうか。

　この背景として、フィンランド人が決済サービスに対して「信頼」を重視していることや、プライバシー問題への意識の高さがあげられる。そして、フィンランド人が決済サービスの分野で信頼を置いているのが銀行である。こうした見方をうかがえる現地の話を2つほど紹介しよう。

　2019年は米国Facebookを中心とする企業連合が打ち出したデジタル通貨「リブラ」の発行計画が世界中で注目を浴びることとなった。ただ現地の面談で「リブラ」について聞くと、Facebookが過去に起こした情報流出事件等に起因する不信感やプライバシーの問題などから、リブラは新たな決済手段としてフィンランド国民に広く受け入れられないのではないかとの見方が示された。

　また、中国では、電子商取引の記録といった決済データを利用して個人に融資を行う金融サービスが普及しつつある。そして、こうした決済や融資を含む複数の金融サービスを総合的に利用できるという利便性が、中国人の決済手段の選択にも影響している。しかし、フィンランドでは、プライバシーの観点から個人の決済データの利用に対して慎重であり、中国とはかなり状況が異なるという指摘があった。

　このような現地の見解をふまえると、フィンランド人の利用するキャッシュレス決済サービスは、今後もデビットカードといった銀行を中心とする既存のサービスが支配的となろう。すなわち、フィンランド人向け（デビットカード）と中国人旅行者向け（Alipay、WeChat Pay）という2つの決済手段が並存するというのが今後の基本シナリオとなる。

　日本でも新型コロナウイルスの感染拡大まで、2013年以降、訪日外国人旅行者数が大幅に伸び、中国人旅行者向けに中国のモバイル決済サービスを提供する店舗等が増えていた。こうしたなか、仮に日本人がそのサービスを利用できるようになったとしたら、どうなるだろうか。現在のところ、フィンランド人と同じように、信頼やプライバシーの問題に対する懸念から、実際に利用する日本人は限られると思われる。

　ただし、日本の消費者の大きな特徴として、決済手段を選択する際にポイントや割引などの便益性を重視する傾向が強いという点には少し留意したい。もし、中国の決済サービス事業者が大規模なキャッシュバック・キャンペーンを打ち出すことになれば、その恩恵を受けるため、中国の決済サービスを利用する日本人が増える可能性はおおいにある。

いずれにせよ、フィンランドや他の欧州諸国における中国の二大モバイル決済サービスの動向は、日本への示唆という点からも、引き続き注目していくことが重要だと考える。

フィンランド人には想像しにくい決済手段の乱立

　国内のキャッシュレス決済サービスをめぐる議論において、現地の面談者から「日本ではなぜ多くの決済サービスが存在するのか」という非常にシンプルかつ本質を突かれたような質問が出た。

　前述のように、フィンランドでは銀行に対する国民の信頼が高く、日常のキャッシュレス決済では、たいていの場合、銀行のデビットカードが使われる。最近は、デビットカードを決済端末にかざすだけで支払いが可能な非接触型決済の利用も増えている。いわば、1枚のカードで便利なキャッシュレス決済というのが、フィンランドの日常の光景なのである。

　そのような生活を送るフィンランド人にとって、日常的な支払いの場面でキャッシュレス決済手段が多数存在する状況は想像しにくいと思われる。まして、日本のような決済手段が乱立する国は、異次元の世界と映ってもおかしくはないだろう。

　日本では、当面キャッシュレスの決済手段の乱立が続くと見込まれる。ただし、2019年後半以降、それまでのキャッシュバック・キャンペーン戦略による消耗戦の影響もあり、大手キャッシュレス決済サービス事業者の統合や吸収の動きがみられた。

　こうしたなか、日本のキャッシュレス決済に関しては、決済手段の「乱立」から「集約」に向けた動きが今後の焦点の1つになる。現実には、フィンランドをはじめとする北欧諸国、さらには中国のような決済手段の大胆な集約はかなりむずかしいと思われる。しかし、他国の人からみても異様な乱立状態の解消が進まなければ、消費者にとって本当の意味で「良いキャッシュレス社会」は実現できない。消耗戦による弱者淘汰を待つのではなく、消費者目線に立った前向きな集約に進むのか注目していきたい。

2ケーススタディ | フィンランド銀行
ビジネス・フィンランド
ヘルシンキ・フィンテック・ファーム
Sensible 4
ePassi

▌フィンランド銀行

▌キャッシュレス化でも現金は急増

◆世界で4番目に古い中央銀行

　フィンランド銀行は、欧州中央銀行制度およびユーロシステムのメンバーを構成するフィンランドの中央銀行である[5]。

　欧州では、1999年1月に単一通貨ユーロが導入され、ユーロシステムは、ユーロ圏における金融政策の決定・実施や外国為替操作等を担う。具体的に、金融政策については、ユーロシステムの中核をなすECBが決定し、各国の中央銀行が実施する。なお、フィンランドは、北欧4カ国（スウェーデン、ノルウェー、フィンランド、デンマーク）唯一のユーロ加盟国であり、ユーロ導入当初からのメンバーでもある。

　具体的なフィンランド銀行の役割としては、ECBの決定した金融政策のフィンランドにおける実施、金融システム安定の確保、統計の作成と調査研究、経済政策の分析、インターバンク決済の清算、決済システムの安定性と

5　欧州中央銀行制度は、欧州中央銀行（ECB）およびEU加盟国の中央銀行から構成される。そこから、ユーロ圏非加盟国の中央銀行を除いた枠組みがユーロシステムである。

効率性の維持、銀行券（ユーロ）の発行、などがある。

　その歴史を振り返ると、19世紀初頭、ロシア帝国の皇帝アレクサンドル1世が、当時首都であったトゥルクにフィンランド銀行を創設すると宣言した1811年12月12日にまでさかのぼる[6]。その後、1819年にヘルシンキへと移転された。

　フィンランド銀行は、設立当初には中央銀行の機能を十分に備えていたわけではないが、設立時期はリクスバンク（スウェーデン、1668年）、イングランド銀行（英国、1694年）、フランス銀行（フランス、1800年）に次いで、4番目に古い中央銀行である。

　フィンランド銀行の正面には、フィンランド国内で非常に有名な19世紀の哲学者・政治家のユーハン・ヴィルヘルム・スネルマンの銅像が建てられている（■2−16）。この銅像が面している通りは、彼の名前をとってスネルマン通り（Snellmaninkatu）と名付けられた。銅像の台座には、第二次世界

■2−16　フィンランド銀行の外観

6　Antti Kuusterä and Juha Tarkka, (2011), Bank of Finland 200 Years: Imperial Cashier to Central Bank (Volume I). による。

大戦時の旧ソ連軍による激しい攻撃の記憶を後世に残すために、その攻撃の痕跡が意図的に残されている。また、フィンランドにおいて、スネルマンは、旧通貨マルッカ（Markka）の100マルッカ紙幣の肖像人物としても知られる。

◆現金とキャッシュレスの現状

フィンランドは、世界最速でキャッシュレス化が進む隣国のスウェーデンほどではないが、日常的な支払いにおいて現金の利用が着実に減っており、国際的にみてもキャッシュレス先進国の1つとなっている。

ここで、フィンランドにおける現金・カード別支払額の長期推移を確認すると、カードによる支払額が増加傾向を続ける一方、現金による支払額が徐々に減少していることがわかる（■2−17）。そして、現在は、カードによる支払いが圧倒的に多い。日常的な支払いは、主にデビットカードが利用されており、なかでも近年は「非接触型」のデビットカードの普及が進む。

今後も、現金による支払いは減少傾向が続くと予想されている。問題は、

■2−17　現金とカードによる支払額

（出所）　フィンランド銀行

将来的に現金がなくなるのかという点である。この点に関して、フィンランドでは、現金を受けつけない店舗がかなり限られており、まだ現金が消えていくような状況にはないというのが現地の見方であった。

　欧州における現金の利用に関しては、地域差が大きいことも重要な論点である。具体的には、北欧に比べて、南欧のキャッシュレス化が遅れている。この背景の1つとして、北欧諸国では、ほぼすべての国民が銀行口座をもっているのに対し、南欧諸国では、銀行口座をもっていない人が一定程度存在することがあげられる。そして銀行口座がなければ、当然、それと紐づいたデビットカードやクレジットカードを利用することはできない。

　また、キャッシュレス化が進む北欧諸国において、国ごとに現金流通残高の推移が大きく異なっている点も注目される。

　フィンランド銀行によると、デンマークが緩やかに増加し、フィンランドが大幅に増加しているのに対し、スウェーデンは、2013年以降大幅に減少しているとのことである。足元では、スウェーデンの現金流通残高に下げ止まりの動きがみられるものの、近年の3カ国の推移はかなり対照的な様相を呈している。なお、スウェーデンのように現金流通残高が明確に減少してきた主要国は少ない。

　それでは、なぜキャッシュレス化の進んでいるフィンランドにおいて、現金流通残高の大幅な増加という一見矛盾したような動きがみられるのだろうか。これについては、国民の現金保有の主な動機である、①決済需要、②貯蔵需要、の両面から考える必要がある。

　フィンランドでは、キャッシュレス化の進展で決済需要が着実に減少している一方、超低金利環境下で預金の利子が減っているなかで、それ以上に貯蔵需要（タンス預金）が増加した結果、現金流通残高が大幅に増えているのである。

　実際、統計によると、日常的な支払いで利用される小額紙幣（5ユーロ、10ユーロ）の流通が減少している一方、それより高額の紙幣（50ユーロ、100ユーロ、200ユーロ）は一定程度引き出されて流通しているとのことである。

さらに、先の総論で言及したように、フィンランドでは、海外旅行者にかかわる統計上の問題によって、現金流通残高に上方バイアスが生じている可能性もある。

そのほか、現金流通残高に関しては、脱税やマネー・ロンダリングのような犯罪対策の観点から、高額紙幣の廃止などを通じて、その残高を減少させるべきとの主張もある。たとえば、米国のケネス・ロゴフ教授（ハーバード大）が、日本に対してこのような主張を展開している。

フィンランドの通貨はユーロであり、その最も高額な500ユーロ紙幣の発行はすでに終了している。この背景の1つには、犯罪を減らすために高額な500ユーロ紙幣を廃止すべきという圧力が高まったことがある。ただし、面談では、高額紙幣の廃止により犯罪が減るという事実関係については、必ずしも明確ではないとの指摘があった。

なお、すでに500ユーロ紙幣の発行は終了したが、発行済みの500ユーロ紙幣は、いまも法定通貨（Legal Tender）として流通している。

◆デジタル通貨には慎重姿勢

フィンランド銀行は、中央銀行デジタル通貨（CBDC, Central Bank Digital Currency）の発行に対して慎重姿勢をとっている。隣国のスウェーデンのリクスバンク（中央銀行）が、中央銀行デジタル通貨「e-クローナ（e-krona）」のプロジェクトを前向きに進めているのとは対照的である。その背景としては、以下の2点のような指摘があった。

第1に、スウェーデンが自国通貨「クローナ」をもっているのに対し、ユーロ加盟国のフィンランドは単一通貨「ユーロ」を利用しているという違いである。

仮に、スウェーデン国民がクローナの利用をやめて民間のデジタル通貨を利用することになれば、クローナは消滅の危機に直面しうる。実際に、消滅までいかなくとも、法定通貨であるクローナの存在感が急速に低下する可能性はおおいにあろう。そして、リクスバンクが、e-クローナのプロジェクト

に積極的なのは、そうした事態に備えるという側面もある。

　他方、フィンランド国民だけがユーロの利用をやめて民間のデジタル通貨を利用することになっても、他のユーロ加盟国においてユーロは利用され続ける。現在、フィンランド銀行は、欧州中央銀行や他のユーロ加盟国の中央銀行と協力しながら中央銀行デジタル通貨の調査・研究に取り組んでいるが、スウェーデンのように、いわば通貨消滅のような事態に備えるといった危機感はない。

　第2に、中央銀行と民間の役割についてである。現在、フィンランドをはじめ北欧諸国では、民間金融機関によってさまざまなキャッシュレス決済関連サービスが提供されており、それがうまく機能している。具体的なサービスとしては、電子マネーやウォレットアプリなどがある。

　こうしたなか、フィンランド銀行をはじめ中央銀行が、デジタル通貨の発行を通じて、民間のキャッシュレス決済市場に関与する必要性はあまりないという見方も結構多いとのことである。

　また、フィンランド国民の意識に関して、FinTech企業のデジタル通貨に対して慎重であるという話があった。たとえば、2019年に米国Facebookを中心とする企業連合が打ち出したデジタル通貨「リブラ」は、前述のとおりフィンランド人には広く受け入れられないのではないかと現地ではみられていた。

　その理由として、フィンランド人は、信頼（Trust）を非常に重視する傾向にあることやプライバシー問題に対して意識が高いということがあげられた。Facebookは過去に情報流出事件等を起こしており、そのような企業がかかわる決済サービスは敬遠されやすいというのである。

　他方、国民の銀行に対する信頼は高い。フィンランドの銀行は、1990年代に銀行危機を経験したが、それ以降、経営改善と顧客からの信頼確保のために多大な努力を続けてきた。そうした効果もあり、現在、フィンランドの銀行は、国内で高い信頼を獲得しており、フィンランド人の決済手段の選択でも、基本的にデビットカードなど銀行のサービスが選ばれているのである。

◆FinTech投資、決済サービス特化で勢い続く

　フィンランド銀行が、FinTechの重要性が今後高まってくると認識し始めたのは数年前と、比較的最近とのことである。当時は、新しいFinTech企業が数多く誕生し、新たな資金がFinTech分野に投資されるようになっていた。ただ、そうしたFinTechの隆盛が数年程度で落ち着くのか、それとも永続的に続くのかについては判断できなかったようである。結果として、現在までFinTechの勢いは衰えず、今後も拡大していくような様相を呈している。

　民間企業のデータ等によると、2015年時点において、FinTech企業は、決済（Payments）サービス分野に集中していた。また、あくまでも当時の仮説にすぎないが、今後FinTechは決済サービス分野から銀行ビジネス全体へと波及していき、既存の銀行モデルを大きく変容させる、場合によっては、破壊的な影響をもたらす可能性があると考えられていた。

　しかし、現在の状況を確認すると、FinTechは、決済サービス分野にいっそう特化しているような傾向がみられ、この分野で新たなサービスやアプリなどが提供されている。一部に、融資（Lending）サービスを提供する動きもみられるが、決済サービスに比べると限定的である。

　また現在、フィンランド銀行は、FinTechを活用した融資関連サービスに関して、クラウド・ファンディングとP2P（Peer-to-Peer）レンディングの統計を年次で公表している。この統計に基づくと、FinTechの融資関連サービスは、非常に速いペースで融資残高が増加している一方、その水準はまだ小さい。フィンランドの住宅ローン市場と比較すると、まだ1%程度にとどまるとのことである。

　クラウド・ファンディングの残高を、融資ベース（Loan-based）と投資ベース（Investment-based）に分けて比較すると、足元では前者の増加ペースのほうが速い。後者も2〜3年前は大きく伸びていたが、足元で増加ペースが鈍化している。

　フィンランド銀行は、国内のFinTech企業と数多くのミーティングを行っ

ている。その際、面談先企業がいうには、投資ベース（Investment-based）のクラウド・ファンディングは、銀行員（バンカー）のアドバイザリー業務に近く、いわゆる「プラットフォームの経済学（Platform Economics）」が必ずしも機能しない。実際、現場では、資金調達をアレンジするために多くの銀行員を必要としているようである。

P2Pレンディングについては、足元でも増加傾向が続く。こちらについては、自動化の促進やプラットフォームの経済学を活かすことが重要な課題となっている。

銀行のFinTechやデジタル化の動向に関しては、以前に比べて、銀行の取組みが後退しているようにみられる点を気にしていた。その背景の1つとしては、FinTechやデジタル化関連ビジネスの収益化に時間がかかるなか、その事業の見直しを求める圧力が株主等から高まった可能性が指摘された。

さらに、銀行の収益状況を分析すると、収益の多様化を進めるなかで、たしかに仲介事業などの手数料収入が10年前に比べて増加していることがわかる。ただし、それ以上に伸びているのが不動産融資事業の収益とのことである。つまり、銀行は、収益化に時間のかかるFinTechやデジタル化関連ビジネスより、既存のコア事業である融資、とりわけ不動産融資を強化・効率化することで収益性を維持してきたと考えられる。

◆FinTech拠点としての評価

フィンランドをFinTechの拠点として評価する際には、①スキル、②エコシステム、③市場環境、④規制、⑤ファイナンス、という5つの視点が重要となる（■2－18）。

第1に、フィンランドには、ITやテクノロジー分野でスキルの高い人材が多いという強みがある。ただし、企業にとっては、優秀な人材の獲得競争が厳しいという点が課題となっている。

第2に、FinTechを取り巻くエコシステム（大まかにいえば、多様な企業が複雑に絡み合う産業構造のこと）に関しては、国内の大手銀行グループを中心

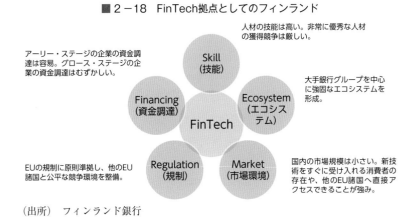

■ 2 - 18　FinTech拠点としてのフィンランド

人材の技能は高い。非常に優秀な人材の獲得競争は厳しい。

アーリー・ステージの企業の資金調達は容易。グロース・ステージの企業の資金調達はむずかしい。

大手銀行グループを中心に強固なエコシステムを形成。

Skill（技能）

Financing（資金調達）

Ecosystem（エコシステム）

FinTech

EUの規制に原則準拠し、他のEU諸国と公平な競争環境を整備。

Regulation（規制）

Market（市場環境）

国内の市場規模は小さい。新技術をすぐに受け入れる消費者の存在や、他のEU諸国へ直接アクセスできることが強み。

（出所）　フィンランド銀行

に非常にしっかりとした基盤が存在している。そして、スタートアップ企業は、大手銀行グループの力も借りながらビジネス展開を行っている。

　第3に、市場環境の特徴として、フィンランドは市場規模が小さい一方で、非常に先端的な市場であることがあげられる。国民は日常的にデジタル・サービスを利用しており、国民のほぼ全員がスマホと銀行口座をもつ。こうしたフィンランドの市場環境は、海外企業にとっても、製品・サービスの「テスト市場」として魅力的に映る。

　第4に、規制の面では、EUに大きく依存しており、他の加盟国と公平な競争環境にある。加えて、クラウド・ファンディングやデジタル通貨といった新たな分野についても、すでに国内で規制を整備している。EU諸国のなかでそうした分野の規制を導入した国はまだ少ないとのことである。

　第5に、フィンランドは、ファイナンスに関して非常に長い歴史があり、現在は、大手銀行グループが中心的な役割を担っている。スタートアップ企業の国内での資金調達環境については、アーリー・ステージの企業に対するシリーズＡの投資資金は豊富である。しかし、グロース・ステージやそれ以降の段階の企業に対する投資資金が限られるという課題があり、その結果、

企業が海外投資家から資金調達を行うケースも多い。

◆ 新決済規制PSD2への対応に課題も

欧州の新たな規制である「PSD2（Payment Services Directive 2、第2次決済サービス指令）」は、①決済指図伝達サービス提供者（PISP：Payment Initiation Service Provider）、②口座情報サービス提供者（AISP：Account Information Service Provider）、という2種類の金融サービス事業者に対して新たな規制の枠組みを提供している。

決済指図伝達サービスは、フィンランドですでに存在しているが、いまのところ革新的なサービスは登場していないとのことである。ただ、まだ黎明期であることもあり、近い将来、この分野のサービスが急速に発展することも十分考えられる。

口座情報サービスは、わかりやすくいえば、複数の口座情報を集約するサービスのことである。こちらに関しては、集約したデータを提供するだけのサービスを、いかに収益性の高いビジネスへと発展させられるかが大きな課題だという指摘もあった。

収益化のためには、口座情報サービスと他のビジネスを組み合わせることが考えられる。たとえば、口座情報サービス提供者のライセンスを取得した事業者が、個人とデータ保護に関する契約を結んだうえで、その情報を個人向け融資に活用することができれば、それは収益性の高いビジネスとなりうる。そして、今後こうした新たなビジネスモデルが出てくるかが注目点の1つとなろう。

以上のようなPSD2の影響については、銀行ビジネスを大きく変革させるというより、主にオープンAPIなどのシステム対応や各種手続対応といった、実務的な問題にとどまるとの指摘もあった。

また、2019年9月14日、EUにおいて、PSD2の「強力な顧客認証（Strong Customer Authentication）」の規制が導入された。先の総論でも言及したとおり、この規制のもとでは、本人認証のために3つの要素（①Knowledge、

②Possession、③Inherence）のうち少なくとも2つを確認しなければならない。そして、銀行や決済サービス事業者、オンライン店舗は、この規制に対応した本人確認システムを導入する必要がある。この規制に関して、今回の視察（当時）では、以下のような指摘があった。

　フィンランドでは、銀行の本人確認は銀行から送付されるコードによって行われており、PSD2の「強力な顧客認証」の条件を満たしていない。そのため銀行セクターは、この新たな認証方法に対応することが課題となっている。

　さらに、ネットショッピングなど電子商取引においても、「強力な顧客認証」に対応するために認証要素を追加する必要がある。現在のところ、決済サービス事業者の対応は十分でなく、とりわけオンライン店舗の準備不足が大きな問題となっている。

　フィンランドの金融監督当局は、他の欧州諸国と同様、オンライン店舗に対して、「強力な顧客認証」の完全実施に際して移行期間を設けることを検討している。もちろん、すでに規制が導入されているため、店舗は対応していなければならないが、当面、金融監督当局が猶予する可能性がある。

　この「強力な顧客認証」への対応は、個人情報保護という観点で非常に重要な規制であり、その導入をめぐる課題等については、日本が参考にすべき点も多いと思われる

◆金融監督や規制に関する他の論点

　フィンランドと欧州における金融監督や規制に関して、面談では、以下の5つの特徴について説明があった。

　第1に、フィンランドのマクロプルーデンス政策（金融システム全体の安定を確保するための政策）の体制についてである。フィンランドでは、FSA（Financial Supervisory Authority）が、個別の銀行および銀行セクター全体にかかわる監督・政策手段等の権限をもっている。具体的な決定は、金融監督機関であるFSAの理事会（Board of Directors）が行う。

ただし、実務上は、FSA、財務省、フィンランド銀行（中央銀行）の３つの機関が連携して取り組んでいることも大きな特徴である。この一例として、FSAは、法律によって、フィンランド銀行と財務省の意見を聴くことが義務づけられているとのことである。また、FSAは、実際の決定を行ううえで必要となるデータ・情報等を自らもっていないケースがある。たとえば、FSAは、経済や財政の分析などを行っておらず、そうした分野において、フィンランド銀行や財務省と連携することになる。ほかには、フィンランド銀行が作成・公表している金融システムに関する定期レポート（Bank of Finland Bulletin）を参考にしているという話もあった。

　第２に、フィンランドの金融規制に対する基本姿勢とイノベーション・企業間競争についての考え方である。フィンランドは、「プリンシプル（原則）・ベース」の金融規制を重視する。そして、そのプリンシプルでは、イノベーションと企業間競争を基本的に望ましいものととらえている。なぜなら、それによって消費者に恩恵をもたらす新たなサービスの登場が促されるためである。ただし、企業間競争に関しては、公平な競争環境を確保することも非常に重要な課題だと考えている。原則として、既存の企業と新規参入企業のどちらも優遇されることがあってはならない。

　第３に、EU諸国における金融規制の基本的な姿勢についてである。EU諸国には、各国がEUの法律より厳しい規制を設けないという「マキシマム・ハーモナイゼーション（Maximum Harmonization）」が存在する。そして現在、すべての加盟国がEUの規制を遵守している。過去にEU委員会が新たな金融規制を提案した際は、各国が独自の規制を設けることもできたが、現在はそうした余地はきわめて小さいという指摘もあった。

　第４に、欧州のFinTechに対する規制と金融システムの安定についてである。欧州の規制では、公平な競争環境を確保するために、同じサービスには同じルール・規制を適用すべきという考え方が存在する。そのため、米国のFacebookやGoogleなどのビックテック（Big Tech）に対しても、彼らがルール・規制を遵守する限り、公平な競争環境を提供すべきだという意見が少な

くないようである。

　他方、欧州では、金融システムの安定を確保するという視点も非常に重視されている。そして、通常は、金融システムの安定より、公平な競争環境が優先されることはないとのことである。この点をふまえると、Facebookを中心とする企業連合が打ち出したデジタル通貨「リブラ」に関しては、それが金融システムの安定を脅かす存在とならないように、欧州において厳しい対応がとられる可能性があろう。

　第5に、FinTech企業に対する規制の整備についてである。金融監督当局は、すでに銀行業や投資業、ファンドに対する規制を整備しており、FinTechのスタートアップ企業は、たいていの場合、これらのいずれかに属する。実際、FinTech企業が、預金サービスを提供する場合には銀行ライセンスが必要であり、投資サービスと決済サービスについても必要なライセンスの取得が欠かせない。こうした現状をふまえると、実は、FinTech企業に対して、今後どのような規制を新たに設けるべきかという点については必ずしも明確でない。

■ ビジネス・フィンランド　BUSINESS FINLAND　(Webサイトより)

■ イノベーションによる産業推進の旗振り役

◆40のグローバル拠点をもつ雇用省傘下組織

　ビジネス・フィンランド（Business Finland）は、フィンランド経済・雇用省傘下の政府系機関であり、2018年1月に、2つの政府系機関（FinproとTekes）が合併して設立された。従業員は約600人で、40のグローバル拠点、フィンランド周辺に16の地域事務所をもつ[7]。

その主な役割は、イノベーションを通じた国内産業の発展や国際産業連携の促進である。具体的には、イノベーション基金による企業支援のほか、貿易やインバウンド観光の拡大、国内への投資誘致のための各種活動を行う。これらの活動は、大きく2つの領域に分けられる。1つは、フィンランド企業の海外展開の促進であり、もう1つは、フィンランド国内に世界レベルのビジネス・エコシステムおよび魅力的なビジネス環境を構築・整備することである。

　フィンランドでは、企業の国際展開を支援するために、関係省庁・機関が連携して「チーム・フィンランド（Team Finland）」というネットワークを構築しており、ビジネス・フィンランドはそのメンバーでもある。

　また、ビジネス・フィンランドは、2019年2月18日にJETRO（日本貿易振興機構）と相互協力強化に関する覚書（MoC、Memorandum of Cooperation）を締結した。これにより、両者は、「それぞれのネットワークを活用したイノベーション創出をはじめビジネス協力のさらなる推進、相互への情報提供やイベント開催に関する協力」などを進めることとしている。

◆SDGs推進プログラムで企業を支援

　ビジネス・フィンランドは、フィンランド企業に対し、将来的に有望な産業分野等にかかわる推進プログラムを複数提供している。それにより、企業の成長やフィンランドの産業発展をサポートする。

　具体的なプログラムには、「スマート・ライフ」（健康と福祉の向上等）、「スマート・エネルギー」（省エネやクリーンエネルギーの普及等）、「スマート・モビリィティ」（MaaSや自動運転の開発等）、「サステイナブル・マニュファクチャリング」（生産性向上や国際ビジネス展開の支援等）、「AIビジネス」、「デジタル・トラスト」、「ニュー・スペース・エコノミー」などがある[8]。当然、フィンランド国内には、ビジネス・フィンランドの推進プログラムの対象と

7　同社のウェブページ、執筆時点による。

なっていない重要分野も存在する。しかし、フィンランドは人口が約550万人の小国であり、できることはより限られている。そのため、ビジネス・フィンランドは、重点的に取り組むべき分野を慎重に選んだうえで推進プログラムを策定し、その分野の企業を中心に支援しているとのことである。

ビジネス・フィンランドのプログラムの特徴として、UN（国際連合）のSDGs（Sustainable Development Goals、持続可能な開発目標）の考え方に沿っているという点があげられる。たとえば、スマート・ライフは、SDGsの17の目標のうち、目標3の「すべての人に健康と福祉を」にかかわる。この背景として、フィンランドが日本と同じように少子高齢化の問題を抱えているという指摘もあった。その他、スマート・エネルギーは、目標7の「エネルギーをみんなに そしてクリーンに」、スマート・モビリティは、目標11の「住み続けられるまちづくりを」、サステイナブル・マニュファクチャリングは、目標9の「産業と技術革新の基盤をつくろう」と関連する。

また現在、フィンランドにおいて、特に重要なテーマの1つになっているが、スマート・モビリティである。ビジネス・フィンランドは、スマート・モビリティの推進プログラムを通じて、物流と人の移動をシームレスに行うことのできる社会の実現を支援している。

このうち物流に関しては、自動化や二酸化炭素（CO_2）排出量の大幅削減が課題となる。面談では、製紙業が自動化の例として取り上げられ、究極的には、「木を切り倒し、その木を工場に運び、その工場で製造した紙を港に運送し、船で輸出する」という一連の流れを無人で行うことが最終目的になるという説明があった。人の移動に関しては、ビックデータの活用やシェアリングなどの「MaaS（マース、Mobility as a Service）」が重要な鍵を握る。

8　「デジタル・トラスト」は、情報セキュリティやプライバシー問題など、デジタル社会において要求される「信頼（Trust）」全般のことである。「ニュー・スペース・エコノミー」は、国や公的部門のみがかかわっていた昔の宇宙関連産業（経済圏）に対して使われる言葉であり、複数の民間企業が参入して開発競争やビジネス展開が進められている現在の宇宙関連産業（経済圏）のことである。

◆質の高い教育こそ国際競争力の源泉

　フィンランドは、ビジネス分野で国際競争力の高い国の1つであるが、それを維持していくために、質の高い教育によって優秀な人材を育成することが重要な課題になっている。フィンランドの教育における主な特徴としては、以下の4点について言及があった。

　第1に、平等な教育機会の提供についてである。フィンランドの小学校は、ほぼすべてが公立であり、いずれの学校でも同じレベル、かつ質の高い教育を行っている。この教育の平等という考え方は、初等教育だけでなく、高等教育においても同様とのことである。

　第2に、すべての教育課程を無料で受けられるという点である。学ぶ意欲と能力のある人であれば、金銭的な負担をあまり気にせずに大学まで進学することができる。他方、日本では大学進学における金銭的な負担は少なくない。これに関して、日本に留学経験のある面談者から、日本の大学生はアルバイト活動の負担が大きいとの指摘があった。

　第3に、英語教育に関してである。フィンランド人は、公用語のフィンランド語とスウェーデン語のほか、英語も流暢に話すトリリンガルの人（3言語話者）が多い。フィンランドでは、小さい時から英語の授業科目があり、大学の講義も英語で行われる場合が多いなど、英語を使う機会が非常に多い。この点に関して、面談では、そもそも大学の講義でフィンランド語の教科書がなく、英語の教科書を使わなければならなかったという自身の体験談も紹介された。こうした英語教育の背景の1つとして、世界であまり利用されないフィンランド語だけでは国際社会でやっていけないという小国としての危機感があげられた。

　第4に、充実したリカレント教育体制についてである。フィンランドでは、通常の場合、政府からリカレント教育を受けるための十分な補助を受けられる。こうした政府の支援を背景に、フィンランドではリカレント教育を活用する人が多い。たとえば、転職のためにICT（情報通信技術）の知識や

スキルを身に付けようと考え、その時点で大学に通い、必要なICTの知識やスキルを学ぶというケースがある。とりわけ近年は、技術や知識の進歩が速いため、多くの人がリカレント教育の必要性を感じているようである。

　また、リカレント教育の体制が充実していることが、フィンランドの労働市場の流動性を高めている面もある。日本は、国際的にみて労働市場が硬直的な国の1つであるが、その流動性を高めるという観点からも、フィンランドのリカレント教育を参考にする意義はおおいにあると思われる。

　他方、フィンランドでは、自分の住んでいる地域から出て働きたくないという傾向がみられ、地理的な面で労働市場がやや硬直的だという興味深い話もあった。この地理的な硬直性に伴い、仕事の少ない地域から仕事の多い地域への労働移動がなかなか進まないという問題が一部で生じているとのことである。

　フィンランド政府がリカレント教育に力を入れている背景としては、小国のフィンランドが国際競争力を維持して生き残るために、教育水準の高い人材をたくさん育てなければならないという、この国固有の事情があるという指摘もあった。

◆ICT産業の構造変化

　現在、フィンランドのICT産業は高い国際競争力を有しているが、これは2010〜2015年頃の一大危機を乗り越えて実現したものである。かつてフィンランドのICT産業は、世界最大の携帯電話端末メーカーであったノキアが圧倒的な影響力をもっていた。

　しかし、2010年代初めにノキアの経営が大きく悪化すると、ICT産業で多くの技術者が失業を余儀なくされた。しかし、比較的短期間のうちにICT産業が回復に向かい、足元のハイテク・セクターの雇用者数は、いわゆる「ノキア危機」以前よりも増加している。近年は、フィンランドのICT産業の技術や技術者を活用しようと、海外企業がフィンランドに進出してきている例もみられるとのことである。

ICT産業の中身をみると、これまでになかった新しい分野が誕生するなど、産業の裾野が広がっていることが注目される。たとえば、自動運転技術やMaaSアプリなどの自動車分野や最近注目度の高いFinTechがあげられる。

　FinTechは、まだ初期のフェーズにあると思われるが、世界的に市場規模が急拡大しており、フィンランドでも数多くのFinTech企業が誕生している。欧州では、オープンAPIが銀行に原則義務づけられており、そのことがFinTech企業の追い風になっている面もある。

　また、「自動車×FinTech」の組合せで興味深い分野の1つが保険である。たとえば、「コネクテッドカー」（ネットワークにつながった自動車）といった最先端の技術と既存の保険ビジネスが、今後どのように融合していくかが注目される。

　このようにフィンランドのICT産業は、2010年代初めのノキア危機を乗り越え、着実に復活してきた。近年は、フィンランドのICT産業からスタートアップ企業が数多く誕生している。世界最大級のスタートアップイベント「SLUSH」が首都ヘルシンキで開催されていることも大きな注目点であろう。

　このイベントの主な目的は、スタートアップ企業と海外投資家をつなぐことである。テクノロジー系を中心とする大学生により、基本的に非営利で運営されていることもあり、若者が非常に多く参加している。ビジネス・フィンランドもこのイベントに協力しており、面談者から、もしスタートアップ企業への投資を目的に「SLUSH」に参加するのであれば、企業の紹介等で協力できるとの話も出た。

◆スタートアップ企業の資金調達とマッチング

　フィンランドのスタートアップ企業の資金調達の内訳をみると、海外投資家からの資金調達額が増えており、その割合も高まっている（■2-19）。ベンチャーキャピタル（VC）に限れば、2018年の資金調達に占める海外投資家の割合は5割強に達する。これまで海外投資を呼び込む取組みを強化してきた成果が出ていると評価できる。

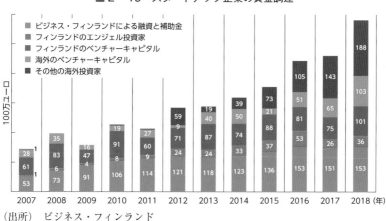

■2-19　スタートアップ企業の資金調達

（出所）　ビジネス・フィンランド

　企業のビジネス・フィンランドからの資金調達は、貸出と補助金（Grants）のかたちであり、エクイティ・ファイナンスは行われない。これは、ビジネス・フィンランドの役割が、スタートアップ企業のイノベーションを促すカタリスト（きっかけ）になることであり、キャピタル・ゲインによって利益の最大化を目指すことではないためである。

　また、ビジネス・フィンランドがスタートアップ企業に補助金を出す際には、民間の投資家から資金調達を行っていることが条件となる。この条件には、実際に民間が投資しているか否かを確認することで、間接的ながらも、その企業のビジネスモデルに将来性があるのか評価するという意味合いもある。

　また、フィンランドのスタートアップ企業は、将来的に、欧州全域にビジネス展開するより、事業の売却や上場によってイグジットすることを考えているケースが多いという指摘もあった。この背景として、フィンランドのスタートアップ企業の創業者は、技術分野出身の人も多く、いわゆる欧米のビジネスマンに比べ、ビジネスのグローバル展開に積極的でないという点があげられた。

211

ビジネス・フィンランドは、海外投資家が今後の投資先候補となりうるフィンランドのスタートアップ企業を見つけるために企業検索用のウェブページを提供し、いわばマッチメーカーの役割も担っている。

　フィンランドのスタートアップ企業は、この検索サイトに、自社のビジネスの内容や希望する投資資金の種類などを登録する。他方、海外投資家は、この検索サイトに登録した後、投資したい企業の業種や技術、顧客の属性などによりフィルターを掛けてスタートアップ企業を検索できる。企業の連絡先も載せているため、海外投資家が企業に直接連絡することも可能である。ビジネス・フィンランドでは、現在、AIを利用したシステムを開発しているとのことである。これにより、海外投資家とスタートアップ企業のマッチングがこれまで以上に円滑化し、海外からの投資資金を一層呼び込む効果が期待される。

◆代表的な８つのテクノロジー企業

　フィンランドを代表するテクノロジー企業として、ビジネス・フィンランドが面談で取り上げたのは以下の８社である。

　まず、フィンランド国内で特に重要な企業として、5G技術で世界的に台頭しているノキアが取り上げられた。かつて世界最大の携帯電話端末メー

■２－20　フィンランドの代表的なテクノロジー企業

（出所）　ビジネス・フィンランド

212

カーであったノキアは、経営が悪化した際に、携帯電話端末事業をマイクロソフトに売却し、現在は、5Gを中心とするネットワーク分野が主力事業となっている。この復活のきっかけになったのが、2016年のフランス大手通信機器開発のアルカテル・ルーセント社の買収である。

　また、ゲーム業界からは、SUPERCELLとROVIOの2社が紹介された。SUPERCELLは、フィンランドを代表するユニコーン企業であり、「クラッシュ・オブ・クラン（Clash of Clans）」というゲームシリーズが代表作となっている。ROVIOの代表的な人気ゲームシリーズとしては、「アングリーバード（Angry Birds）」があげられる。

　いずれもフィンランドの若者にとって非常に人気のある企業である。とりわけ、SUPERCELLの創業で大成功を収めた起業家については、フィンランドの一部の若者にとって、まるで「ヒーロー」のような憧れの存在になっているとの指摘があった。そして、その成功をきっかけに、起業家になることを非常にクールだと考える若者が増えたとのことである。

　さらに、最先端のウエアラブル機器メーカーとして、SUUNTOとPOLARの2社が代表企業である。SUUNTOは高機能スポーツウォッチ・メーカーであり、POLARは心拍数モニターやGPS（全地球測位システム）機能などを備えたフィットネス・ウォッチなどを製造している。当初2020年に予定されていた東京オリンピック・パラリンピックにおいて、SUUNTOとPOLARのウォッチを着けた選手を多くみることになるだろうという話も出た。

　ほかには、フィンランドのサイバー・セキュリティ会社のF-Secure、気象観測機器や産業用計測機器などを製造するVAISALAがあげられる。VAISALAの製品は火星探査車にも利用されている。

　最後は、オープンソースのオペレーティングシステム（OS）であるLinuxである。Linuxは、フィンランド人のリーナス・トーバルズ氏が開発したものである。フィンランド人は、ほかにもオープンソース・ソフトウエアの開発にかかわっており、たとえば、世界で最も利用されているデータベースのMySQL、暗号化プロトコルのSSHなどがあげられる。

◆フィンランドと日本

　現在、フィンランドと日本は非常に良好な関係を維持している。近年の両国関係における注目すべき出来事として、フィンランドのニーニスト大統領と日本の安倍晋三首相が、2016年に「アジアと欧州におけるゲートウェイとしての日本国とフィンランド共和国との間の戦略的パートナーシップに関する共同声明」（ゲートウェイ・プログラム）を発表したことがあげられる。

　ゲートウェイ・プログラムにおけるビジネス連携については、ビジネス・フィンランドと日本のJETRO（日本貿易振興機構）が実務面で中心的な役割を担う。具体的な目的は、両国企業の連携を通じてオープン・イノベーションを促進させることや、貿易と投資における関係強化などである。

　日本の国際的に有名な大企業とフィンランドの規模は小さいが技術力の高いハイテク企業との連携によってオープン・イノベーションを生み出すことができれば、両者にとって「ウィンウィン（Win-Win）」の関係になる。ここ数年、日本からフィンランドへの投資や両国の貿易取引が増加傾向にあり、今後さらなる関係強化が期待される。

　また、近年、フィンランドに多くの日本企業が進出している[9]。そのうち注目されるのが、「無印良品（MUJI）」で有名な良品計画と自動車部品メーカーのデンソーである。

　良品計画は、2019年11月、ヘルシンキの中心部に「MUJI」の大規模店舗をオープンした。さらに、フィンランド企業のSensible 4が開発した自動運転バス「GACHA」をデザインした企業としても良品計画はよく知られている。今後、同社がフィンランド国内でどのようにビジネス展開を行い、フィンランドの小売業にどのような影響をもたらすのか楽しみにみていきたいとの指摘があった。

9　日本の外務省の「海外在留邦人数調査統計」によると、フィンランド国内の日系企業数は、2017年に180社（日本人が海外で興した企業を除く）である。

　デンソーは、陸運の分野において、フィンランドのビジネス・エコシステムに進出してきており、かなり深くまで入り込んでいる。たとえば、デンソーは、複数のスタートアップ企業に投資したほか、フィンランドの企業と共同でイノベーション・センターを設立し、さらに自らMaaSの研究開発拠点を設立した。

　このように、デンソーがフィンランドへ積極的に投資を行っている背景の1つには、世界的なMaaSの潮流がある。既存の自動車産業に、電動化関連企業やモビリティサービス企業が参入してきており、大手自動車・自動車部品メーカーもMaaSに対して積極的に取り組まなければならなくなっている。将来的には、自動車産業のビジネスモデルが、「自動車の販売」から「モビリティの販売」へとシフトしていく可能性もあろう。こうした大きな潮流を見据えて、MaaS先進国であるフィンランドにも進出してきたというわけである。

■ ヘルシンキ・フィンテック・ファーム　⚙ Helsinki Fintech Farm

▎FinTechネットワークのパイプ役

◆国際イベントで海外投資を呼び込む

　ヘルシンキ・フィンテック・ファーム（Helsinki Fintech Farm）は、FinTech関連のステークホルダー（たとえば、FinTech企業、サービス・プロバイダー、銀行、投資家、規制当局）間の仲介役として、FinTechの発展に貢献することを目的に設立された（■2−21）。その運営は、企業のイノベーションを促進するためのコンサルティング・サービス等を行うHUB13が行っている。

■2-21　ヘルシンキ・フィンテック・ファームの役割

(FinTech企業と関係企業・組織のパイプ役)

(具体的な支援内容)

| 調査 | 研修 | 活動促進 | 仲介 |

（出所）　ヘルシンキ・フィンテック・ファーム

　主に、調査（Research）、研修（Training）、活動促進（Acceleration）、仲介（Matchmaking）、の分野でFinTech関係企業等を支援する。支援にあたって、コンサルタント会社、テクノロジー企業、金融業と提携しており、80を超えるFinTech企業がメンバーになっている（訪問時点）。

　具体的なサービスとして、投資家や提携先の銀行に対し、フィンランドのFinTech業界に関する情報を提供するとともに、戦略的パートナーシップの締結先や投資先となりうるFinTech企業の紹介・仲介を行う。投資家や銀行は、ヘルシンキ・フィンテック・ファームのオンライン・データベースを利用することで、フィンランドのFinTech企業の情報をリアルタイムに取得することができる。また、海外のグローバル企業に対して、彼らの新規事業創出プログラム（Acceleration Innovation Program）で共創するのに適した、フィンランドのFinTech企業を紹介する。

　そのほかには、FinTechに関する大規模なカンファレンスや、FinTech企業向けのワークショップの開催にもかかわる。ヘルシンキで開催される世界最大級のスタートアップイベント「SLUSH」では、FinTech企業を対象と

したいくつかのイベントの企画を担当している。2020年には、「SLUSH」の前後に、「Eurasian Finance Forum」というイベントを開催する予定であり、アジアや欧州から多くの投資家の参加を見込んでいるとのことである。

◆フィンランドのFinTech業界動向

ヘルシンキ・フィンテック・ファームは、FinTech業界の全体像をとらえるために、「Finnish Fintech Landscape」（フィンランドのFinTech業界地図）という図を作成・更新している（■２−22)[10]。

分野別にみると、FinTech企業は、とりわけ決済サービス（Payments）や金融関連ソフトウエア（Financial Software）の分野に多い。ほかには、ファ

■２−22　フィンランドのFinTech業界地図

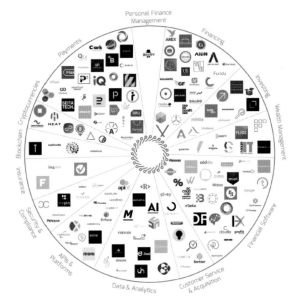

（出所）　ヘルシンキ・フィンテック・ファーム

10　https://www.helsinkifintech.fi/fintech-landscape/

イナンス（Financing）やデータ・分析（Data & Analytics）が目立つ。

　他方、最近「InsurTech（インシュアテック）」として注目されている保険（Insurance）や個人資産管理（Personal Finance Management）の分野は少ない。保険分野が少ない理由として、フィンランドでは、大手保険会社の営業基盤が非常に強く、FinTech企業が新たに参入する余地が少ないという指摘があった。また、個人資産管理分野のFinTech企業は、数年前には3～4社存在していたが、訪問時点で1社のみである。

　フィンランドのFinTech企業数は、2000年代後半以降、大幅に増えており、現在も増加傾向が続いている。ヘルシンキ・フィンテック・ファームのデータに基づくと、近年は、決済サービス分野の増加が最も目立つ。面談では、今後も決済サービス分野の成長が期待できるとの見方が示された。ただし、参入企業が増加して競争も厳しくなっているため、将来的に企業数の減少や小さな企業の集約化が進むというシナリオも考えられるとのことであった。

　企業規模別には、従業員10名以下の企業が55％程度と過半を占めており、従業員100人超の企業は6％程度である。また、規制面に関しては、FinTech企業のうち、すでに17％程度は規制の対象になっているとのことであり、それらの企業は必要なライセンスの取得などを行っている。

　FinTechのスタートアップ企業を立ち上げる起業家の経歴については、金融業界の出身者に限らないという話もあった。実際に、いちども金融業界で働いたことのない人が、これまでにない新たな視点やアイデアをもってFinTech企業を立ち上げた例も存在する。フィンランド人は、クオリティ・オブ・ライフを重視していることもあり、日本人と比べて平均的な労働時間は短いが、当然ながら起業家たちは事業で成功するためにかなり長時間働く傾向にあるとのことである。

　また、フィンランドで起業する人が多い理由としては、社会保障制度などが非常にしっかりしているため、他の国に比べて、起業家になるというリスクをとりやすいことがあげられた。さらに、FinTech企業の創業者は、ノキ

アにゆかりがある人も多く、ノキアの優秀な人材および人脈が、いわば起業
家の「金の卵」になっているという趣旨の指摘もあった。

◆フィンランドFinTech企業のいま

　ヘルシンキ・フィンテック・ファームのデータによると、フィンランドの
FinTech企業のうち、30％がシード・フェーズ（Seed phase）で、20％がマー
ケット・エントリー（Market entry）、50％がグロース・フェーズ（Growth
phase）である（■2－23）。資金ニーズについては、45％の企業が投資資金
をいま必要としており、FinTech企業の足元の資金ニーズが高いことがわか
る。今後12カ月の間に資金調達を行いたいと考えているFinTech企業は40％
程度である。

　フィンランドのFinTech企業が希望する投資資金額は、全体的に小規模な
ものが多い。たとえば、50万ユーロ以下を希望する企業が33％程度、100～
200万ユーロが39％程度となっている。また、金融機関との提携に対する意

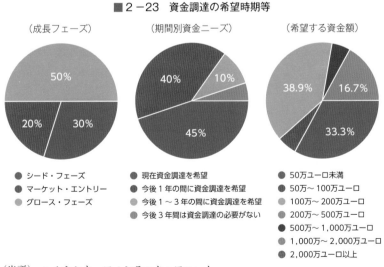

■2－23　資金調達の希望時期等

（出所）　ヘルシンキ・フィンテック・ファーム

向については、どの企業も金融機関との提携を強く希望しているとのことである。

　ここでフィンランドを代表するFinTech企業を規模別（売上）に確認すると、上位3社は、Ferratum（2005年創業）、Basware（1985年創業）、Samlink（1994年創業）である。なお、5位に後述するePassiという企業が登場するが、同社は中国の二大モバイル決済サービスの1つである「Alipay」と提携したことでも知られている。さらに、2014年から2017年の間に創業したFinTechのスタートアップ企業について上位3社を確認すると、Enfuce（2016年創業）、Voima Gold（2017年創業）、Tomorrow Tech（2016年創業）という順位となる。

　欧州全体に目を向けると、スウェーデンや英国には、企業価値が数十億ドル規模のFinTechのユニコーン企業が複数存在している。他方、フィンランドには、そこまで規模の大きなFinTech企業は存在せず、上場している企業もまだ少ないとのことである。

　また、フィンランドのFinTech企業のなかには、収益性の高い消費者ローンを提供している企業がある。しかし、フィンランドでは、2019年9月から消費者ローンの金利の上限が引き下げられたため、それら企業の収益悪化といった影響が少し懸念されるという指摘もあった。

　FinTech企業の資金調達環境に関して、シード・フェーズの比較的少額の投資資金については、フィンランド国内で調達できている。しかし、企業規模が拡大し、必要な金額が増えてくると、海外投資家から資金調達を行うことが多い。たとえば、あるFinTech企業は、米国サンフランシスコの投資家から必要な資金の大部分を調達しているという話があった。

　資金調達先の海外投資家については、機関投資家とベンチャーキャピタルのいずれのケースもある。ただ、FinTech企業が市場の拡大を目指す場合には、機関投資家と戦略的パートナーシップを結ぶことを希望する。海外投資家に頼る主な背景としては、国内のベンチャーキャピタル市場の規模が小さいことがあげられる。

◆FinTech企業にとってのPSD2と金融規制

　欧州の新たな規制であるPSD2の影響については、金融分野にイノベーションをもたらし、新たなアイデアを生み出すきっかけになるとみているものの、PSD2そのものの影響はあまり大きくないという意見が出た。これは、前述のフィンランド銀行で示された見方と基本的に同じである。

　PSD2によって、事実上、銀行にオープンAPIが義務づけられたが、その普及度合いを聞くと、オープンAPIの本格的な活用はまだ始まったばかりだという評価であった。

　オープンAPIの活用事例としては、個人のクレジットスコアリング（信用度の数値化）の分野が最も一般的とのことである。具体的には、企業が、オープンAPIによって個人の口座情報のデータ等を特定の数理モデルによって分析し、個人の信用度を定量的に評価する。

　オープンAPIの活用という点に関しては、個人より企業においてメリットが大きいのではないかという見方も示された。たとえば、企業が、口座データを利用してキャッシュフローを予測するという活用方法である。とりわけ、アーリー・ステージのスタートアップ企業は、資金の流動性が十分確保できていないため、「キャッシュフロー予測」に対するニーズが高いとみられる。

　また、フィンランドでは、電子商取引のデータを利用した融資等の金融サービスは、あまり普及していないようである。その理由として、フィンランドの消費者はプライバシー問題に対する意識が高く、企業も個人データを利用することによって消費者を不安にさせたくないと考えているとの説明があった。この点において、フィンランドは、電子商取引等のデータを利用した融資が普及しつつある中国とは大きく状況が異なっている。

　そのほかには、個人の複数の銀行口座を取りまとめる家計簿アプリで資産管理を行うという金融ビジネスがあげられる。これは、PSD2の導入以前から注目されていたものである。しかし、この個人向けアプリのみでマネタイ

ズ（収益化）するのは、かなりむずかしいという指摘があった。

　EU（欧州連合）における金融規制に関しては、単一パスポートと銀行同盟の話が出た。北欧4カ国（スウェーデン、ノルウェー、フィンランド、デンマーク）は、すべて「単一パスポート制度」の対象国であり、この制度の影響は国によって差は生じない。

　他方、フィンランドは、北欧4カ国唯一のユーロ加盟国であり、「銀行同盟」の枠組みにも入っている。この違いは、規制対応等の面で、大手金融機関の北欧4カ国におけるビジネス展開に影響を及ぼす可能性がある。具体的には、ノルディア銀行がスウェーデンからフィンランドに本社を移転させた理由の1つとして、この銀行同盟の存在があげられた。

◆金融ビジネスにかかわる3つの論点

　フィンランドの他の金融ビジネスにかかわる論点として、面談では、主に以下の3点についても言及があった。

　第1に、フィンランドの銀行は、互いに連携し、ATMや一部システムで共通化を図っているという話である。その理由として、フィンランドは小国であり、異なる規格が複数存在して非効率的なことをやっている余裕はないという趣旨の説明があった。

　たとえば、フィンランドには、Automatia社の「Otto」というATMが多く、これは大手銀行の連携による共通ATMである。スウェーデンで独占的な地位を占めるBankomat社の「Bankomat」というATMも銀行連合によるものであり、両国では、全銀行のATMがほぼ共通化されているといえる。ただし、フィンランドのATM市場は、独占的ではなく、競争もある程度存在するようであり、その点でスウェーデンの状況とは少し異なる。

　また、現在、金融システムの連携に関して、北欧4カ国全域で画期的な取組みが進められている。具体的には、北欧4カ国で統一的なリアルタイム決済システムの構築を行う「P27」プロジェクトである[11]。これにより、北欧4カ国のすべての人が、最先端の優れた決済サービスを利用できるようにな

ると期待される。

　こうした国家横断的なプロジェクトが実現可能となった背景としては、もともと北欧の大手銀行が複数の国をまたいでビジネス展開を行っていることや、いずれの国も金融インフラを効率化しようという意識が強いことなどがあげられる。

　第2に、個人間送金アプリに関して、隣国スウェーデンの国民的送金アプリ「Swish」のようなものはなく、大手銀行がそれぞれアプリを提供している。たとえば、フィンランドでは、大手のダンスケ銀行（本社はデンマーク）のスマホ用アプリが有名とのことである。

　第3に、日本では、銀行の経営環境が厳しく、その就職人気の低下を懸念する声も聞かれるが、フィンランドの就職市場では、そうした傾向はみられないようである。ただし、以前に比べて、これまでのような既存の銀行業務ではなく、FinTech関係の業務を希望する人が増えているという話があった。

■ Sensible 4

（Webサイトより）

■ 全天候対応の自動運転システムを開発する ■ スタートアップ企業

◆ルーツは工科大学のロボット研究

　Sensible 4は、自動運転技術の研究・開発を行うスタートアップ企業であり、2017年に、ロボット開発会社のGIM Robotics社からスピンオフするかたちで設立された。GIM Robotics社は、2014年に創業された比較的新しい

11　このP27は、北欧4カ国の人口（約2,700万人）に由来する。

会社であるが、そのルーツは旧ヘルシンキ工科大学（現アールト大学）で1985年に始まったロボット研究にさかのぼり、その時から数えるとロボット研究の歴史は30年以上になる。

自動運転技術におけるSensible 4の強みは、激しい雨や雪といった厳しい天候のもとでも自動運転を行えること、自動運転で利用するセンサー「LiDAR」の性能の高さ、車に積むコンピュータ等の機器が少ないこと、などがあげられる。

フィンランドでは、「無印良品（MUJI）」で有名な日本の良品計画がデザインした「GACHA」という自動運転バスのテスト走行を行っていることでも知られている。またSensible 4は、GACHAの欧州と日本での普及を目指し、2020年1月、日本のソフトバンクの子会社であるSBドライブ社と協業の締結を行っている。

◆自動運転バス「GACHA」の特徴

自動運転バス「GACHA」は、デザインを良品計画、自動運転技術をSensible 4が担当して2017年から開発が進められてきたものであり、2019年3月に実働車両のプロトタイプが公開された（■2-24）。そのデザインは、フィンランド国内で高く評価されている。日本企業の良品計画がデザインしたということもあり、日本での知名度も徐々に高まっている[12]。

現在のところ、GACHAの製造は、欧州企業の製造パートナーが担う。その基本的なスペックを確認すると、サイズはL（全長）4.5m×W（全幅）2.5m×H（全高）2.8m、座席は10名分、立ち乗りできる人数は6名となっている。ただし、訪問時に乗車した無料のテスト走行では、補助スタッフ2名を含む最大乗車人数を9名としていた。

最大速度は時速40kmであり、駆動方式は4WDである。なお、前後関係な

---

12 2019年に日本で「グッドデザイン金賞」を受賞した。また、面談者によると、良品計画との出会いはまったくの偶然であり、同社がヘルシンキのイベントに参加するためにフィンランドに来たことがきっかけとのことである。

■2－24　GACHAの外観とテスト中の車内補助スタッフ

く走行可能であるが、ドアが片側だけであり、フィンランドの道路が右側通行であることから、進行方向（前後）は自然と決まる。電気をエネルギーとする電気自動車で、1回の充電で100km超走行することができる。面談では、今後、電池の容量を2倍にして、200km超走行できるようにすることを検討しているという話もあった。

　テスト走行中は、車内に2名の補助スタッフが常駐しており、彼らは、自動運転状況のチェックや、必要な場合に限り、手動運転に切り替えて操作を行う。今回の視察で乗車した際には、2回ほど手動運転が行われた。今後、遠隔操作に切り替えることを検討しているようである。現在は、まだ「5G（第5世代移動通信システム）」を利用していないが、次の遠隔操作の段階で、5Gが重要な通信手段となる。

　今後の事業計画（訪問時点）として、2020年に4〜6台からなる自動運転シャトルバスの実用化、2021年に完全自動運行システムの完成を目指す。GACHAの製造については、提携先候補の企業と交渉を進めているとの話もあった。また、2020年にGACHAを日本で公開することを計画しているという話も出た。

◆厳しい気候の北欧ならではの全天候型自動運転システム

　Sensible 4は、次世代の運転分野において、「電気自動車」「自動運転」「シェア」という３つが重要なテーマになると考えている。

　まず、電気自動車は、環境の面で優れており、二酸化炭素（CO_2）の排出量を削減することができる。次に、自動運転は、現在、開発競争が活発化している分野である。ただし、個人の車を自動運転化するだけでは、自動車の数はほとんど減らず、環境問題や交通渋滞などの問題は解決できない。そこで最後に重要となるのが、「シェア」という考え方であり、これには、公共交通機関の活用も含まれる。そして、公共交通機関を自動運転化して人員を削減することができれば、それによって浮いたコストをサービスの質の向上に充てることも可能となる。

　Sensible 4の自動運転システムを搭載したGACHAの研究・開発は、「電気自動車」「自動運転」「シェア」をすべて満たしており、その点で評価することができる。ただ、その製造に関してSensible 4は、現在のところGACHAの製造者になることは考えておらず、あくまでもソフトウエアなど自動運転技術の研究・開発のみを行うとのことである。

　自動運転の実用化において、非常に大きな課題となるのが、天候の問題である。以前の自動運転車は、雪、豪雨、霧など厳しい天候のもとで、まともに走行することができなかった。たとえば、米国のカリフォルニア州やアリゾナ州など、比較的気候の良い地域で研究・開発を行っていた米国の自動運転車のスタートアップ企業は、悪天候に慣れておらず、厳しい天候下での自動運転走行に問題を抱えていたという話があった。

　また現在、ヘルシンキでは、自動運転バス「Robobus」のテスト走行が行われているが、Robobusも激しい雨天などの悪天候の場合に運行できないとのことである。

　これに対し、Sensible 4の自動運転システムは、フィンランドの厳しい冬の環境はもとより、豪雨や霧など全天候のもとで自動運転を行うことができ

■２−25　フィンランドの厳しい冬にも対応

（出所）　Sensible 4

る（■２−25）。そして、このことが非常に大きな強みになっているのである。

◆　"自動運転レベル４"を達成

Sensible 4が開発した自動運転システムは、大きく４つのスタック（Stack）から構成されている。走行位置を決めるための「Positioning Stack」、障害物を検知するための「Obstacle Detection Stack」、アクセルやブレーキなどの運転・操作を行うための「Control Stack」、複数台で走行する「フリート走行」に必要な遠隔操作などを行うための「Fleet Operations Stack」である。

このSensible 4の自動運転システムは、SAE（米国自動車技術会：Society of Automotive Engineers）の自動運転化レベルの定義において、「レベル４」（高度運転自動化）を達成している（■２−26）。

競合他社と比較すると、Sensible 4の自動運転システムは、自動運転で利用するセンサー「LiDAR」の性能が高いことが強みである。ヘルシンキでテスト走行しているRobobusのLiDARに比べても、高性能とのことである。

このLiDARに関して、他社は基本的に車の天井の上など高い位置に取り付けなければならないが、Sensible 4は、地上から１ｍ程度の高さでよい。また、Sensible 4のLiDARは、他社のLiDARより小さく、価格が安いことも大きな長所である。

また、Sensible 4の場合、自動運転車に積まなければならないコンピュー

■2−26　自動運転化レベル定義

レベル	名　称	概　要	主　体
0	自動運転化なし	運転者がすべて運転	運転者
1	運転支援	システムがハンドル操作、アクセル・ブレーキ操作の両方を一部実行	運転者
2	部分運転自動化	システムがハンドル操作、アクセル・ブレーキ操作のいずれかを一部実行	運転者
3	条件付運転自動化	システムがすべての操作を特定の条件のもとで実行（必要な場合に運転者が対応する）	システム（運転者）
4	高度運転自動化	システムがすべての操作を特定の条件のもとで実行	システム
5	完全運転自動化	システムがすべての操作を実行	システム

（注）　この定義は、SAE（米国自動車技術会：Society of Automotive Engineers）の定義
　　　に基いている。
（出所）　国土交通省の資料より作成

タ等の機器が少なく、場所をとらない。そのため、サイズの小さな車にも自動運転システムを導入することができる。

　その他の特徴として、Sensible 4の自動運転システムは、走行位置を決める際に、特定の建物のような対象物が存在することを前提としていない点もあげられる。周辺にある建物や木々、GPS情報機能などあらゆるものを利用して走行位置を決める。当然、建物や木々がまったく存在しないような開けた場所もあるが、その場合は、GPS衛星からの電波を妨げる障害物がないため、GPS情報機能がより効果を発揮する。

　Sensible 4は、自動運転システムの研究・開発において、自社でかなり大規模のビックデータを取得している。ただし、実際の自動運転走行では、確率論などの数理的手段を活用したり、すべての季節で同じ地図データ情報を活用したりして、利用するデータの量を抑制している。

　◆自動運転をめぐる課題

　実際に自動運転を行う際に生じる問題として、面談では、主に以下の3点について取り上げられた。

　第1に、人口が非常に密集しているエリアにおける走行について、とりわけ交通渋滞の問題である。たとえば、フィンランドに比べて、東京や北京などは人口が密集しており、そうしたエリアにおける自動運転には課題も多い。

　交通渋滞の場合、車の走行速度が遅いため、前の車の後について走行すること自体は非常に簡単である。しかし現実には、渋滞のなかで他の車が車線変更して突然割り込んでくる場合や、道路を横断するために人が車の間から飛び出してくる場合など、自動運転にとってむずかしい状況が数多く発生する。実際、車の割込みは都市の中心部でよく起きており、ラッシュ時は特に酷い。

　将来的に可能であれば、人々に公共交通機関の利用を促すとともに、それを自動運転化することができれば、交通渋滞の解消にもつながると考えられる。また、公共交通機関の自動運転化を進めることでコストを抑制し、サービスの質を高めることもできる。

　第2に、停止の問題である。たとえば、乗客を降ろすために自動運転車が停車禁止の場所にとまってしまうケースがあげられる。ほかには、走行中に予期せぬ場所で緊急停止してしまい、交通を妨げるリスクも存在する。こうした停止の問題は、特定ルートを周回運行する自動運転バスより、顧客の希望する出発地から目的地まで走行する自動運転タクシーで起こりやすい。

　第3に、交通事故が発生した場合の製造物責任（PL、Product Liability）といった法律関係の問題についてである。自動運転の研究・開発では、実用化に向けて繰り返しテストを行って、安全第一を実践しているものの、交通事故といったテール・リスク（発生確率は低いが、発生した場所の損害が甚大となるリスク）はなくならない。こうしたなか、製造物責任など法律関係の問題が非常に重要な争点となる。

　かつて、米国の企業がLiDARの試験を繰り返し行っていたが、交通事故に伴う潜在的な法律上のリスクの大きさなどから、その開発を停止したケースがあるという話もあった。これは、自動運転をめぐる法律の問題がいかに

重大であるかを示している。仮に、人間の運転より自動運転のほうが安全になったとしても、法律関係の問題はなくならないという意見も出た。

◆Sensible 4における人材採用

Sensible 4では、主にフィンランドの大学生を採用している。以前は、旧ヘルシンキ工科大学（現アールト大学）の学生が多かった。現在は、外国人の採用も進めており、今後も採用は増やしていく方針とのことである。

また、現在フィンランドは、他の欧州諸国と同じように景気が減速しているものの、ソフトウエアやロボット分野において、技術者の人材プールが豊富にある。幸運なことに、ロボットや自動運転分野は非常に「セクシー（魅力的）」とみられており、この分野で働きたいという優秀な人材を採用できているようである。

他方、フィンランドには女性技術者が少なく、女性の採用に課題がある。この背景には、高校で数学と物理を選択する女性が男性より少なく、理系の大学に進む女性が少ないこと、仮に女性が理系の大学に進んだとしても、技術分野を専攻する女性の比率が低いことなどがある。ただ、これは他国でも共通する課題だといえよう。

｜ePassi ePassi

｜新たにねらうは中国人需要

◆モバイル決済サービス企業

ePassiは、2007年に設立されたモバイル決済サービス企業であり、①企業が従業員に提供するフリンジ・ベネフィット[13]向けのモバイル・アプリ事

業、②中国の二大モバイル決済サービス「Alipay」との提携による中国人旅行者向けの決済サービス事業[14]、の2つを主なコア事業としている。

　フィンランドのフリンジ・ベネフィットは、かつて紙のバウチャー（クーポン券）で配布されていたが、その処理の手間や未使用分が出てしまうという問題があった。そこで、フィンランドのソフトウエア企業eficodeが、スポーツ活動のバウチャーをモバイル・アプリで提供するサービス「SporttiPassi」を開発した。これがePassiの起源である。

　その後、フリンジ・ベネフィットのランチや文化活動のバウチャーをモバイル・アプリに対応させるなど、対象範囲を拡大させていき、ePassiの設立に至ったのである。現在、ePassiとeficodeは、いずれもTech Consulting Group（TCG）というコンサルティング会社の傘下に属する。

　フィンランドのフリンジ・ベネフィット関連事業において、ePassiは、50〜60％のシェアをもつトップ企業とのことである。ePassiのフィンランド語のウェブページによると、アクティブ・ユーザー数は約80万人、加盟店数は北欧諸国に27,000以上存在する。主な競合企業としては、フィンランドのSmartunとフランスのEdenredの2社について言及があった。

　また、ePassiは、2015年、企業買収を通じてスウェーデン市場に進出し、主にランチとスポーツのフリンジ・ベネフィットについて同じソリューションを提供している。フィンランドとスウェーデンは、フリンジ・ベネフィットに関する税制が異なるため、ビジネスモデルが少し異なっているが、根本的なアイデアと実際に提供するソリューションは同じである。その後、スペイン市場に進出しており、現在、さらなる海外展開について調査・検討を

13　フリンジ・ベネフィットとは、企業が従業員に対して、賃金や給与以外のかたちで支給する各種サービスや現物支給のことである（大まかにいえば、日本企業の福利厚生に相当）。ePassiのモバイル・アプリが対象とするフリンジ・ベネフィットには、ランチ、スポーツ・文化活動、通勤手当、ウエルネス（健康）サービスなどがある。

14　現在、中国の二大モバイル決済サービスのもう1つである「WeChat Pay」とも提携している。

行っているとのことである。

◆紙のバウチャーをデジタル化

　欧州では、企業が従業員に対してフリンジ・ベネフィットを支給することが多く、ePassiは、その一連の手続きをモバイル・アプリで行うというビジネスモデルの先駆者である。

　従業員（利用者）は、ランチやスポーツなどフリンジ・ベネフィットの会計をする際、ePassiのモバイル・アプリを使って、会社から支給された金額と自分がスマホに別途チャージした金額を合算して簡単に支払いを行うことができる。また、フリンジ・ベネフィットを利用できる店舗の検索も可能である。

　具体的な支払例として、企業から支給されたランチのフリンジ・ベネフィットが6ユーロで、実際のランチ代が10ユーロのケースを考えよう。このケースでは、会計の際、自動的にフリンジ・ベネフィットの金額（6ユーロ）が充当され、足りない金額（4ユーロ）があらかじめチャージしておいた金額から充当される。昔であれば、従業員は、企業から事前に配布された紙のバウチャーをもって行く必要があり、さらに足りない金額は、財布からカードか現金を出して支払う必要があった。

　しかし、ePassiのモバイル・アプリの登場により、こうした支払いの手間が大幅に軽減されたのである。また、利用者のユーザー・インターフェース（操作画面や操作方法等）も、スマホの登場によって大幅に改善した（■2−27）。

　従業員にフリンジ・ベネフィットを提供するePassiの顧客企業は、公的機関から民間企業に至るまで非常に多岐にわたる。従業員は、ePassiのモバイル・アプリを無料で利用できる一方、企業はePassiに手数料を支払う。また、ePassiは、店舗からも加盟店手数料を徴収している。

■2-27　ePassiのアプリの「昔」と「今」[15]

（2008年のノキアの携帯）　　　　（現在のスマホ）

（出所）　ePassi

◆従業員の利用データも有効活用

　ePassiのフリンジ・ベネフィット関連事業の他のポイントとして、以下の4点について説明があった。

　第1に、銀行口座との関係についてである。従業員がモバイル・アプリにチャージしたお金は、銀行口座に戻すことができるが、その際には手数料を徴収する。他方、銀行ATM等からのキャッシングサービスは提供していないとのことである。その理由の1つとして、ePassiのモバイル・アプリに現金をチャージしてもらうことで、アプリの利用を促すことがあげられた。また、現金が流出するキャッシングサービスは、ePassiにとって良いビジネスではないという指摘もあった。

　第2に、モバイル・アプリにチャージされたお金の管理・運用についてである。海外のFinTech企業のビジネスモデルのなかには、利用者の資金を国

15　左（2008年）はバウチャー、右（現在）は利用できる店舗を検索している画面。

債等に投資して収益拡大を目指すというものがある。しかし、フィンランドでは利用者から集めた資金を投資していけないという法律があり、利用者の資金はしっかり分別管理されているとのことである。

第3に、従業員のフリンジ・ベネフィットの利用データについてである。ePassiは、その利用データなどを、マーケティング活動や、顧客企業と加盟店のサポートのために活用している。

具体的には、顧客企業に対して、従業員がどこで、どのようなフリンジ・ベネフィットを利用しているのかという情報を提供している。もちろん、特定の個人の情報はプライバシーの問題で提供できないが、従業員全体の情報を提供するのは可能とのことである。そして顧客企業は、従業員の利用状況を基に、今後も現在のフリンジ・ベネフィットを続けるべきか否か等を検討することができる。

加盟店にとっても、フリンジ・ベネフィットの利用状況に関する情報は有益である。自分の店をどの企業の従業員が利用しているかがわかり、今後の営業活動にも活用できる。このようにePassiは、顧客企業や加盟店のニーズにあわせてデータおよび分析結果を提供しているのである。

第4に、フィンランドにおける規制についてである。フリンジ・ベネフィット関連事業については、基本的にフィンランドの税当局によって規制されている。フリンジ・ベネフィットには、銀行ライセンスのようなものは必要ないが、税当局の動向を注意する必要があるという指摘があった。なお、Alipayに関する決済サービス事業は、金融監督当局によって規制されている。こちらについては、EUにおける決済サービス・プロバイダー（PSP、Payment Service Provider）のライセンスを取得しているとのことである。

◆ Alipayとの提携

近年、フィンランドを訪れる中国人旅行者数が急速に増えており、彼らの購買力も大幅に増加してきた。しかし、フィンランドの店舗での支払いは、カードか現金に限られ、中国で普及しているモバイル決済サービスを利用で

きなかったため、中国人旅行者の需要を十分に取り込めていないという課題があった。

　そこで、ePassiは、中国人旅行者が、自国で利用しているモバイル決済サービスをフィンランドの店舗でも使えるようにすることで、中国人旅行者の需要をいっそう喚起しようとしたのである。そして、中国の二大モバイル決済サービスの1つである「Alipay」と交渉し、2015年にパートナーシップを締結した。Alipayは、中国Alibaba（アリババ）グループ傘下のAnt Financial Services Group（アント・フィナンシャル・サービス・グループ）が提供する決済サービスである。

　Alipayは、2016年からフィンランドで利用できるようになり、そのオープニング・セレモニーは、国内のマスコミで大々的に取り上げられた。この提携により、フィンランド航空の中国人向け機内販売が大幅に伸び、ePassiの収益拡大にもつながるなど、明確な効果が出ている。

　実際の支払形式は3種類ある。1番目の方法は、店舗のレジにQRコードが表示されている最も基本的なケースである。この場合、中国人旅行者は、Alipayのアプリを起動して、レジのQRコードをスキャンして決済する。2番目の方法は、加盟店がePassiのアプリをもっているケースがあげられる。まず加盟店の店員がePassiのアプリを起動し、次に中国人旅行者がAlipayのアプリを起動してQRコードを示し、店員がQRコードをスキャンする。3番目の方法は、ePassiアプリとPOSシステムを統合した支払システムによる方法である。実際の支払方法自体は、おおむね2番目と同じである。

　現在のところ、店舗のレジにQRコードが表示されている場合（1番目）が最も多いが、最近はePassiアプリとPOSシステムを統合した支払方法（3番目）の利用が増えているとのことである。規模の大きな店舗は後者を選択する傾向がある一方、中小の店舗は前者を選択する傾向がみられる。

　中国Alibabaグループとの関係については、ePassiがAlibaba Cloud（アリババ・クラウド）を採用している点も注目される。国際的には米国のAWS（Amazon Web Service）のほうが有名であるなか、決済サービスの提携先企

■2－28　ePassi、eficode、Alibaba Cloudが同居するオフィスビル

　業（グループ）のクラウドサービスを選んだのである。また、ePassiと同じ
グループ企業のeficodeは、Alibaba Cloudと戦略パートナーとして提携する
とともに、イノベーション・センターをヘルシンキに設置している（■2－
28）。

　ePassiの2つのコア事業である、フリンジ・ベネフィット向けのモバイ
ル・アプリ事業と中国人旅行者向けの決済サービス事業の収益性について
は、現在のところ、前者の収益性のほうが明らかに高い。過去の12年以上に
わたる実績もあり、収益基盤もしっかりしている。他方、後者は歴史がまだ
2～3年程度であり、収益性も前者より低い。ただし、訪問時点では、すで
に足元で利益はしっかり出ており、利益の増加ペースも速く、今後のさらな
る成長が期待されていた。

第 **3** 章

エストニア

電子国家化とオープン化こそが生き抜く道

山岡　浩巳

広範なプロセスを電子化し データを活用するe-Estonia

小国がたどった苦難の歴史

　エストニア共和国は、面積約45,000kmと、九州よりやや広い程度の国である。もちろん小さな国だが、それでも面積はオランダ（約42,000km）やスイス（約41,000km）よりは大きい。一方で、人口はわずか132万人であり、オランダ（約1,700万人）やスイス（約800万人）よりもはるかに少ない。このため、人口密度は28人／km^{2}と、かなり低い。「九州ぐらいの面積に、山口県や奈良県くらいの人口が住んでいる国」と考えればわかりやすいだろう。

　エストニアの首都タリンは、人口44万人のこじんまりとした街であるが、中心部には美しい旧市街が広がる。タリンは13世紀以降、16世紀までハンザ同盟の港湾都市として栄えた経緯もあり、ドイツ文化への親近感が強い。タリンの旧市街の風景（「タリン歴史地区」は1997年に世界遺産に登録）も、中世ドイツの影響を強く感じさせる（■3－1）。

　エストニアは、大国や強国に囲まれる地理的条件もあって、複雑な歴史をたどってきた。この地域は歴史上、ドイツ、デンマーク、スウェーデン、ロシアなどの支配下に置かれてきたが、1918年2月24日、ロシア帝国の崩壊に伴い第1回目の独立を果たす。しかし、1940年にソ連に占領された後、1941〜1944年までナチスドイツに占領され、さらに、1944年にはソ連軍に再占領され、いったんは獲得した独立を失った。そして、ソ連崩壊に伴い、1991年8月20日に「2度目の独立（独立回復）」を果たすことになった（このためエストニアでは、2月24日が独立記念日、8月20日が独立回復記念日とされ、いず

■3-1　タリンの旧市街

れも祝日である）。

　エストニア出身の人物のなかで、日本で最も有名なのは、元大関の把瑠都（カイド・ホーヴェルソン氏、現在は国会議員）およびNHK交響楽団の首席指揮者であるパーヴォ・ヤルヴィ氏であろう。また、エストニアの著名企業としては、インターネット通話ソフトウェアのSkype、国際送金サービスのTransferWiseなどがあげられる。

▌独立回復と電子立国の決意——これしかない！

　エストニアは、徹底したデジタル立国と電子政府化を推し進めるとともに、自由な経済活動を尊重し経済のオープン化を進め、多くのスタートアップ企業を輩出し高成長を実現している国として、世界的注目を集めている。今回の訪問でわれわれが最も関心をもったのも、「なぜ、独立回復から30年足らずのわずかな期間で、急速な電子国家化（"e-Estonia"と呼ばれる）を成功させ、国を成長に導くことができたのか」という点であった。

結論からいえば、エストニアの人々が語った成功の鍵は、経済力でも技術力でもなく、「強い決意と、リスクをとる決断」であった。

　1991年までソビエト連邦の一部に組み込まれていた小国エストニアの独立回復時の経済力は、きわめて乏しかった（統計の入手可能な1993年時点での一人当たり年間GDPは、わずか1,155ドル）。ソ連時代にエンジニアとして働いていた人材は比較的多かったが、パソコンなどの普及率は低かった。独立回復当時のエストニアは、人口は少なく、国土も狭く、インフラも乏しい、貧しい国だったのである。さらに、（現在はシェールガスを産出するようになったが、）天然資源に恵まれているわけでもなかった[1]。

　しかし、それだけに、「貧しい小国エストニアが、独立国として生き延び、経済発展を遂げるには、徹底したIT化を進めるしかない」と決断するのも速かった。

　独立回復に伴い、かつてのソ連の統治に協力していた指導層は引退し、指導層（首相、大統領、CIO〈最高情報責任者〉など）は大幅に若返った。独立回復時とともに首相に就任したサヴィサール（Edgar Savisaar）氏は就任時41歳、92〜94年に首相を務めたラール（Mart Laar）氏は就任時32歳である。なお、現首相のラタス（Juri Ratas）氏は就任時38歳、現大統領のカリユライド（Kersti Kalijulaid）女史は就任時46歳であった。

　すなわち、独立回復当時のエストニアは、お金もなかったが、しがらみもなかったのである。だからこそ、電子国家化というリスクのある決断に、迅速に踏み切ることができた。独立回復から3年後の1994年に、エストニアは早くも、e-Estonia政策—エストニアの電子国家化および行政の徹底したデジタル化の推進—を決定した。面会したエストニアの人々の多くが、「電子国家化は、お金や技術よりも、若い指導層がリーダーシップを発揮し、数多くのリスクを伴う決断を行えたことが大きかった」「むしろ、お金がなかっ

1　バルト海沿岸の名産品の1つに琥珀（amber）があり、エストニアの土産物店にも琥珀のアクセサリーが並んでいるが、実際には琥珀はリトアニア、ラトビア（およびカリーニングラード、ポーランド）で産出され、エストニアではほとんど産出されない。

たからこそ、徹底したデジタル化に突き進まざるをえなかった」と述べていたのが印象的であった。

　徹底したデジタル化を進めようとすれば、──後述するように──「紙ベースの事務を残さない」「電子IDカードの保有を義務づける」「経済面での国境を開放する」といった、反発も予想される決断を行う必要があった。もちろん、そうした決断に踏み切ることができ、国民にも受け入れられた背景には、前述のような危機意識（sense of urgency）が、国民の多くに共有されていたことも指摘できる。

　また、エストニア当局者は、独立回復時、エストニアの指導層に多くの腐敗が蔓延していたため、電子国家化によって行政の透明性を確立する必要があったことも指摘した。

　さらに、電子国家化の背景には、国の安全保障という問題意識も強く働いていた。

　エストニアは、一度獲得した独立を、ナチス支配下のドイツやロシア（ソ連）の介入により失った経験から、「二度と周辺国に飲み込まれたくない」という意識を強くもっている。また、2006年には巨大な隣国ロシアとの関係が悪化し、その後2007年には大規模なサイバー攻撃に晒された。このサイバー攻撃を誰が仕掛けたのかは明らかにされていないが、ロシアが関与したとの見方が広く流布している。このような経験を背景に、「デジタル空間に国のコピーをつくり、これを分散して保管しておけば、国が物理的に侵略されても、いつでもエストニアを再興できる」という、IT＆サイバー空間時代の安全保障的な配慮も、電子国家化を後押しした。エストニアがブロックチェーンや分散型台帳技術（Distributed Ledger Technology, DLT）に積極的に取り組んでいる背景の１つにも、こうした事情がある。

▍「われわれは欧州の一員」——経済のオープン化

　エストニアは、経済の「オープン化」でも世界の先陣を走っている。これも、「小国であるエストニアが経済発展を実現していくには、国境を開き経済開放を進め、海外からの投資を呼び込むとともに、自由経済国として海外からの理解を得ていく以外に道はない」という、強い危機意識に支えられている。

　エストニアは2004年にEU（欧州連合）およびNATO（北大西洋条約機構）に加盟し、さらに、2011年には旧ソ連圏諸国として初めて、共通通貨ユーロを採用している（この間、2010年には、ラトビア、リトアニアに先駆けてバルト3国で最初にOECDにも加盟している）。エストニアは現在、経済自由度ランキングでは、欧州で第3位、世界全体でも第7位（米ヘリテージ財団、2018年）にランクされている。

　このような、欧州および自由主義経済圏に強くコミットする姿勢の背景にも、この国の「二度とロシアに飲み込まれたくない」「われわれは欧州の一員」という意識が強く働いている2。また、欧州の制度と欧州共通通貨を採

■3−2　エストニア国旗

2　エストニア国旗の青・黒・白の「黒」は、大地を意味するとともに、「過去の被支配時代の暗い歴史を忘れるな」という意味も込められているとの説が根強く信じられている（■3−2）。

用していることは、「欧州でのビジネス展開をねらう企業・起業家は、欧州の制度を導入しスタートアップ企業にもフレンドリーなエストニアを出発点としてはどうか」という、国としてのセールスポイントにも結びついている。

　もちろん、経済的な国境の開放やEUへの加盟、共通通貨ユーロの採用は、一方で、海外企業との競争激化や、エストニアが財政・金融・通貨政策における裁量の余地を失うことを意味する。実際、エストニアの財政収支は近年、ほぼプラスマイナス１％未満に収まってきており、また、ユーロ採用のもと、金融政策はフランクフルトの欧州中央銀行（ECB）が決定するなど、財政・金融・通貨政策のフリーハンドをほぼもたない。所得水準が他の欧州諸国に比べ低い段階でのユーロ採用は、輸出振興のために通貨安という手段を使えないということでもあった。

　しかし、今回の訪問で面会したエストニアの人々のなかで、マクロ政策に自ら言及した人は皆無であり、財政出動や金融緩和に経済成長を頼る姿勢は、まったく感じられなかった。エストニア発展のためには経済をオープンにする必要があり、エストニアはIT化を通じて、高付加価値のプロダクトを世界に売っていくのだという思考が、こうした決断を支えてきたとのことであった。このように「この国を成長させるにはイノベーションしかない」と、IT政策に一点集中する姿勢には、清々しさを覚えた。

　訪問したエストニアの公的プロモーション機関であるe-Estonia Briefing Centreには、海外からの投資やエストニアでの起業の勧誘、エストニアでの企業設立手続きの説明、エストニアでの生活や教育制度の説明など、さまざまな資料が並べられており、経済のオープン化に対する強い意志と取組みが感じられた（■３－３）。海外からの起業家や投資を勧誘する資料の冒頭に "Our Future is Bright!" と高らかに宣言されていたのは印象的であった。

　また、エストニアの企業家と面会して印象的だったのは、人口132万人のエストニアのなかだけでビジネスを閉じさせることは誰も考えておらず、少なくとも欧州、さらにはグローバルにビジネスを展開することを念頭に置い

■3-3　さまざまなパンフレットでオープン化をアピール

©e-Estonia

ていることであった。彼らは、エストニアの国内市場は狭いものの、欧州と
同じ制度と通貨を採用している以上、エストニアで成功すれば欧州でのビジ
ネス成功の糧になると確信しているようすであった。

　このようなエストニアの電子化および経済のオープン化政策は、経済パ
フォーマンスの面で大きな成果を上げてきた。これにより、国民も、電子国
家化政策をおおむね支持しているとのことであった。

　エストニアの経済成長率は、グローバル金融危機の際にいったん大きく低
下したものの、最近までおおむね3～5％で安定的に推移してきており、失
業率も5％台と低い。この間、インフレ率も3～4％程度で安定してきた。
2018年のGDPは303億ドル、1人当たりGDPは22,290ドルに達している。こ
の1人当たりGDPは、独立回復時からの比較では実質ベースでも約7倍に
増加し、現在、バルト3国のなかでは最も高い水準となっている。

　加えて、エストニアはインターネットの自由度やサイバーセキュリティで
も、それぞれ世界1位（Freedom in the world 2018）、欧州1位（ITU 2018）

と、きわめて高い評価を受けている。たとえば、米国のWIRED誌はエストニアを、「世界で最も進んだデジタル社会（the most advanced digital society in the world）」と評価している（■3−4）。

　エストニアは、ビジネスや起業へのフレンドリーさ、デジタル環境などでも高い評価を得ている（■3−5、3−6）。

　2018年には、国際的なベンチャーキャピタルである"Index Ventures"社が、エストニアを"startup friendliness"（スタートアップ企業へのフレンドリーさ）で世界一と評価している。エストニアでは"e-Government"政策のもと、最近では新規設立企業の98％がオンラインで、役所に足を運ぶこと

■3−4　エストニアのデジタル度ランキング（Estonia in digital rankings）

インターネットの自由度 (Freedom on the Net)	世界第1位 (2018年、Freedom Houseによる)
デジタル訓練・教育 (Digital training & education)	世界第17位 (2018年、IMDによる)
経済・社会のデジタル度 (Digital Economy & Society)	EU第9位 (2018年、欧州委員会による)
サイバーセキュリティ (Cyber Security)	欧州第1位 (2018年、ITUによる)
M2Mサービス契約数 (M2M subscriptions)	世界第11位 (2017年、ITUによる)

（出所）　"Enterprise Estonia"資料をもとに作成

■3−5　エストニアのビジネス環境の長所

長　所	・世界で最も競争力のある経済の1つ ・高い経済的自由度と透明性 ・官僚主義・お役所仕事の排除（Low red tape） ・コンパクトでデジタルな環境、R&Dを推進するエコシステム
数　値	98％の企業がオンラインで設立（2018年） 世界銀行の"Doing Business Report"で世界第16位の評価（2019年） WEFの"Global Enabling Trade Report"で世界第14位の評価（2016年）

（資料）　"Enterprise Estonia"資料をもとに作成

■3-6　エストニアのデジタルインフラの長所

長 所	・高速のデジタルインフラを整備 ・パイロットプロジェクトとして5Gを整備 ・サイバーセキュリティで世界をリード ・ITの利用度はきわめて高い
数 値	サイバーセキュリティで欧州第1位（2018年、ITUによる） インターネットの自由度で世界第1位（2018年、Freedom Houseによる） 99％の銀行取引が店舗ではなくオンラインで行われている（2018年）

（資料）　"Enterprise Estonia" 資料をもとに作成

なく設立されている。また、企業の設立に際し自己資本をもたなくともよいとし、この面からも起業を促している（一方、たとえばフランスでは、企業を設立するには25万ユーロの自己資本を用意する必要がある）。さらに、エストニアでは "Enterprise Estonia" という組織も設立され、投資家とのマッチング等、起業家を支援するさまざまな活動も国主導で行われている。

エストニア政府は、税制も競争的かつ簡素・公平・効率的なものとなるよう努めている。すなわち、付加価値税、法人税、個人所得税という主要な税の税率を、すべて「20％」に揃えている。これにより、「個人所得を法人所得にすることで税負担を下げる」といった、税をめぐる裁定行為を行う余地をなくし、節税のために無駄なリソースが使われないようにしている。一方で、法人が収益を再投資に充てる行動を税制面から優遇することで、積極的な投資活動を促している。20％という税率は欧州のなかでは決して高くないが、一方で後述する行政の徹底したデジタル化・効率化などにより、エストニアの財政は健全性を維持してきた。最近では財政収支対GDP比はプラスマイナス1％未満で推移してきており、S&Pのカントリー格付けもAA－（2020年4月末）と、高い格付けを得ている（■3-7）。

エストニアは人口比でみて非常に多くのスタートアップ企業（およそ1,000社）を生んでおり、すでに4つの「ユニコーン企業」（創業10年以内に時価評価額10億ドル以上に達したテクノロジー企業）が誕生している。具体的には、

インターネット通話ソフトウェアのSkype、国際送金サービスのTransfer-Wise、ライドシェアのBolt（旧社名Texify）、ゲームソフトのPlaytechである。人口当たりのユニコーン企業輩出数はもちろん世界一である。雇用者の6％近くがIT分野で働いており、企業経営者のなかには30歳未満の若者も多い（■3－8）。

実際、われわれがタリンの街を歩いていると、メルセデス、BMW、アウディ、ポルシェ、レンジローバーといった高級車が多数走っていることに驚かされた。首都タリンに住むIT人材は、かなり高い所得を得ている人々が

■3－7　エストニアの投資環境の長所と税制への高評価

長 所	・コスト競争力、クオリティ、リスクの最適の組合せ ・高い格付け ・イノベーションと競争力へのコミットメント ・OECD諸国中最も競争力のある税制
数 値	再投資に充てられる利益への課税は０％（2019年） 税制の競争力はOECD諸国中第１位（2018年、Tax Foundationによる） S&Pによるカントリー格付けはAA－（2019年）

（参考）2018年の税制競争力（Tax Foundation調べ、母数はOECD加盟36カ国）

1位	エストニア	6位	ルクセンブルク	16位	ドイツ
2位	ニュージーランド	7位	豪州	18位	フィンランド
3位	ラトビア	8位	スウェーデン	19位	ノルウェー
4位	リトアニア	9位	オランダ	21位	米国
5位	スイス	10位	チェコ	28位	日本

（資料）　"Enterprise Estonia"資料をもとに作成

■3－8　数値でみるエストニアのITセクター

・被雇用者の5.9％がITセクターに勤務
・スタートアップ企業は987社
・すでに４社のユニコーン企業（Skype, TransferWise, Playtech, Bolt）を生んでいる

© "e-Estonia"資料をもとに作成

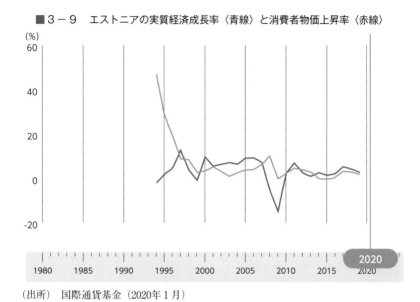

■3-9　エストニアの実質経済成長率〈青線〉と消費者物価上昇率〈赤線〉

（出所）　国際通貨基金（2020年1月）

多いように思われた。

　このようなエストニアの徹底したデジタル化および経済のオープン化という政策を、そのまま日本に採用できるわけではないだろう。しかし、エストニアと日本との間の最も大きな違いは、何よりも“sense of urgency”（危機意識）にあるように感じられた。逆にいえば、エストニアが短期間のうちに世界におけるプレゼンスをここまで高め得たことをふまえれば、日本（とりわけ、人口規模でエストニアに近い県）の経済も、同様のsense of urgencyをもって臨めば、飛躍は不可能ではないように思われた。また、新型コロナウイルスの感染拡大のなか、日本を含め各国でリモート教育や行政手続きのデジタル化などがあらためて注目されている。この面でもエストニアの取組みは大変示唆に富む。

■人材こそ宝！──早期のIT＆語学教育は当たり前

面談したエストニアの人々が揃って強調していたのは、「目ぼしい天然資源をもたない小国エストニアにとって、人材こそが資源」という点であった。実際、エストニアは国を挙げて数学、語学、IT教育を推し進め、IT人材の育成に取り組んでいる国としても知られている。

エストニアの人材に対する国際的評価は高く、世界経済フォーラムでは、人々の「企業家精神」において世界最高の評価を受けている。また、エストニアの大学卒業者に占めるIT系の学位取得者の比率は6.4％（2016年）と、EU平均（3％台半ば）の倍近い。全労働者におけるIT専門家の比率（2017年）も、EU平均が3.7％なのに対し、5.6％とトップクラス（EU内第3位）である。EUにおける「IT人材資本の厚さ」のランキングでも、エストニアは2017年8位、2018年7位、2019年4位と、もともと高かった評価が、近年さらに上昇傾向にある（■3－10）。

さらに、エストニアは2014年に「生涯学習戦略2020」を策定し、子供から中高年にわたってITスキルを高めるプログラムを導入した。現在では85％の学校、44％の幼稚園でコンピュータプログラムやロボティクスが教えられている。このような幼少期からのIT教育については、「生きていくうえで必

■3－10　エストニアの人材への高評価

長　所	・高いスキルをもった労働力 ・成人の88％が、少なくとも1つ以上の外国語を話す（2016年、Statistics Estonia調べ） ・簡素でわかりやすい労働関連法規 ・簡便な雇用の手続き
数　値	月当たりの平均給与は1,310ユーロ（2018年、Statistics Estonia調べ） 被雇用者の企業家精神は世界第1位（2016年、WEF調べ） 人的リソースの潜在力最大化で世界第12位（2017年、WEF調べ）

（資料）　"Enterprise Estonia" 資料をもとに作成

要なことを教えるのが教育。これからの世界を生きるためには自然の知識と同様にITの知識も必要」として、当然のこととととらえられていた。

　経済協力開発機構（OECD）が18年に実施した学習到達度調査（PISA）の「科学」では、エストニアはOECD諸国中1位（なお日本は2位）となっており、ITに限らず、人々のサイエンスに関するリテラシーは高い。

　エストニアの人々は、語学力の高さでも知られる。成人の88％が、少なくとも1つ以上の外国語を話す。今回の訪問で面会したエストニアの人々は、皆、ITのプレゼンテーションが流暢であると同時に、英語を含む多言語に堪能であった。小国にもかかわらず、IT知識・プレゼンテーション・英語という複数の能力を兼ね備えた人材の層の厚さには驚かされた。

　エストニア語は、フィンランド語やハンガリー語同様にウラル語系に属し、英語とは言語体系が違う（したがって、英語習得のむずかしさはアジア人とあまり変わらないはず）にもかかわらず、エストニアの人々の語学力の高さは印象的であった[3]。エストニアでは幼稚園から、IT（ロボティクス等）とともに3カ国語を学べるとのことであり、国を挙げて外国語教育に取り組んでいることの効果が如実に表れているように感じられた。

　エストニアの人々の、外国語の学習意欲の背景には、ほとんどの企業家がエストニアでビジネスを終わらせることは考えておらず、少なくとも欧州進出を前提としていること、そしてIT技術に関する書物の多くが英語で書かれ、最先端のITを学ぼうと思えば英語も学ばざるをえないこと、さらには、フィンランドやロシアの存在が日々の生活のなかに深く入り込んでおり、フィンランド語やロシア語が身近であることがあげられる。

　エストニアの当局者が、貴重なIT人材を最大限に活かすため、オープンな情報共有によって才能を最大限に発揮させることに腐心しているようすも印象的であった。エストニアが、後述する国レベルの共通データベース

3　なお、フィンランド語とエストニア語は似ており、「お互いに何をいっているかは何となくわかります」とのこと。

（X-Road）を構築した1つの背景として、「エストニアにいればおもしろいデータベースを扱える」というインフラを用意することによる、優秀なIT人材のつなぎ留めという動機を指摘する人々も多かった。また、エストニアの民間企業も、オフィスのデザインなども含め、「クール」で「先進的」なイメージづくりを通じて、人材の確保や獲得に取り組んでいた。

　またエストニアは、e-education政策のもと、すべての教材を2020年までにデジタル化する取組みを進めてきており、新型コロナウイルスの拡大のなかでも、生徒たちに教育の機会を提供できている。

Box 3 - 1　外国語でしゃべらナイト

　エストニア出身の元大関把瑠都、カイド・ホーヴェルソン氏は、引退後も日本のバラエティ番組などで活躍し、流暢な日本語でのウィットの効いた受け答えが人気を集めていた。Wikipediaによると、ホーヴェルソン氏は入門時にすでに、独語、ロシア語、英語、仏語を話せた。さらに、日本滞在中に日本語も完璧にマスターした198cmの元国内ジュニア柔道王者は、日本人の目からはスーパーマンに映る。

　これまで筆者は、国際機関での勤務などを通じて多くの語学の達人をみてきた。

2012年、エストニア大統領から勲章を授与される把瑠都関

スイス人やベルギー人などの語学力は羨ましい限りであったが、彼らの母国語は印欧語系であり、彼らが自在に繰る英独仏語は同じ語族に属する。このことを考えても、ウラル語系言語を母国語とするエストニア人の語学力の高さには感服せざるをえない。その背景には、個人の努力もさることながら、やはり徹底した外国語教育がある。e-Estoniaのパンフレットには、「子供たちを賢く育てることこそ、国ができる最も賢い投資（RAISING SMARTER KIDS IS THE SMARTEST INVESTMENT A COUNTRY CAN MAKE)」と高らかに宣言されている。

　エストニアも含め北欧諸国において、外国語教育の推進に対し、「自国文化の教育をより優先すべき」といった反対論は耳にすることがなく、外国語の素養と自国文化への愛着は、完全に両立するものととらえられていた。エストニアの人々は、小国に生まれた人材がその能力を最大限に発揮していくうえで外国語は必須であり、把瑠都やパーヴォ・ヤルヴィ氏（NHK交響楽団音楽監督）など、エストニア出身者が海外で活躍することは、エストニアにとっても喜ばしいと嬉しそうに語っていた。

　「息子を故郷で育てたい」と、2018年にエストニアに帰国したホーヴェルソン氏は、「EstoniaとJapanのかけはしになれるようがんバルト―！」と、日本語でのツイッターも続けている。外国語教育も含め、自国民がその能力を世界で最大限発揮できるよう努める国を、嫌う人は少ないだろう。

▎海外諸国との複雑な関係のなかを生き抜く

　エストニアは歴史上、多くの国々の支配を受けた。とりわけ、帝政ロシアに支配され、さらに、いったん独立した後、再びソ連に併合された歴史を背景に、人々の間にはロシアへの警戒感が強い。また、2007年の大規模なサイバー攻撃にはロシアの関与が取り沙汰されるなど、現在もロシアとの関係は緊張感を伴うものといえる。

　一方で、ソ連の一部であった時期に多数のロシア系の人々が現在のエストニア領内に移り住んだこともあり、エストニアの人口の約4分の1はロシア

系であり、とりわけ首都タリンではロシア出身の人々が半分近くを占める。
このため、ロシア語を話し、ロシア正教を信じる人々も多く、そもそも国籍
自体ロシア連邦という人々もかなり居住している（Wikipediaによれば、全人
口の約7％がロシア連邦国籍）。国を運営していくうえでは、エストニア国内
にいるロシア系の人々とも極力融和していく必要があり、この面での取組み
も印象的であった。

　エストニア人は比較的宗教にこだわりをもたない人々とされるが、首都タ
リンの国会議事堂の正面には、ドイツ風の建築物とはまったく外観が異質の
ロシア正教寺院（アレクサンドル・ネフスキー大聖堂）がそびえ立つ。1991年
の独立回復後、ソ連に組み込まれていた記憶が生々しいエストニアの人々に
とって、この教会はロシア支配を思い起こさせるものとして複雑な思いを抱
くものであったそうだが、それにもかかわらず、エストニアはこの寺院を壊
さず、むしろ綺麗に修復し、国会議事堂の真向かいに残した（■3－11）。

■3－11　アレクサンドル・ネフスキー大聖堂

寺院の内部にはロシア語がびっしりと記されており、われわれが訪れた際も、数多くのロシア系の人々がロシア風の衣装を身にまとい参拝している。その姿には、歴史を乗り越えて経済発展を果たそうとする北欧の姿勢が感じられた。

　この寺院の内部には日本海海戦で犠牲になった若者たちに向けた慰霊スペースが置かれている。バルチック艦隊の出発地はここタリンであり、当地出身の人々も含め、兵士たちははるか極東まで赴き、そこで全滅したのである。ここで祈りを捧げる人々の姿は、戦争の悲惨さを強く感じさせるものであった。

　中世ハンザ同盟の港湾都市として栄え、世界遺産でもある首都タリンの旧市街では、中世ドイツ風の美しい街並みが丁寧に保存されている。このような観光の魅力もあり、他の北欧諸国同様エストニアでも、ヘルシンキからのフェリー内や街中など至る所で、中国からの観光客の姿を多くみかけた（タリンの港では、中国の観光客を待つ観光バスがずらりと並んでいた）。

　中国は一帯一路（One Belt, One Road）政策のもと、ユーラシア大陸をつなぐ観点から東欧・北欧を外交上重視している（実際、中国が中東欧国と構成している「17＋1」には、ラトビア、リトアニアとともにエストニアも加わっている）。また、エストニアを含め、北欧・東欧諸国は総じてロシアへの警戒感が強い。このことをふまえれば、今後ともエストニアを含む北欧諸国と中国との経済関係の強化は進んでいくものと予想される。

　また、他の北欧諸国との関係では、現在、タリンとヘルシンキ（距離約80km）の間に世界最長の海底トンネルを敷設する計画が進められている（■3－12）。実現したとしても、完成は2040年以降になると見込まれるが、実現すれば両都市は30分で往来が可能になり、エストニアと、人口4倍のフィンランドとの協力関係強化につながるとみられる。

　北欧諸国は過去、歴史的に複雑な関係にあり、エストニアもフィンランドの支配下に置かれていたこともあるが、海底トンネルについて、面会したエストニアの人々の多くは、「タリン、ヘルシンキという2つのIT都市が一体

■３−12　ヘルシンキ─タリン間の海底トンネル計画

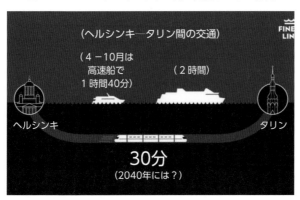

©Muotoilutoimisto Kairo Oyをもとに筆者和訳

化すれば、『タリシンキ（Talskinki）』として相乗効果を生むのではないか」
と、期待感のほうが大きく上回っていた。

　このように、複雑な過去の歴史を乗り越えて、経済的な協力関係を実現し
ていこうとするエストニアをはじめ北欧の努力も、北欧地域全体の経済発展
の背景となっていると感じた。

行政手続の99％をデジタル化

　エストニアは、1991年に独立を回復してからわずか３年後の1994年に、
“e-Estonia政策”のもと、行政の徹底したデジタル化を進めることを決定し
た。この理由として、今回面談したエストニアの人々は、小国で資源も乏し
いエストニアが発展を遂げるには電子国家化を進めるほかはなかったこと、
蔓延していた腐敗を一掃するために行政の透明化を抜本的に進める必要が
あったこと、さらに、仮に物理的な侵略があっても国を復興できるよう、デ
ジタル空間に国のコピーをつくるという発想を指摘した。

とりわけ、エストニアの当局者が強調していたのが、「エストニアにはお金がなかったからこそ、徹底したデジタル化を推し進めざるをえなかった」という点である。

　エストニアの条件のなかで最も厳しかったのは、28人／㎢という人口密度の低さであった。ただでさえ大きくない国土のなかで、小さな村落や島に少数で住んでいる人々も多い。このような条件のもと、小さな集落にまで行政オフィスを維持し、紙ベースの事務を人手をかけてこなしていくには膨大なコストがかかる。また、このために有能な人材を充ててしまうと、その分、経済の成長を支える民間分野に振り向けられる人材が少なくなってしまう。すなわち、エストニアで、まばらに住んでいる人々に行政サービスを効率的に提供するには、行政の徹底したデジタル化を進めるしかなかった。

　エストニアでは独立回復当初、人々の間にパソコンすらあまり普及していなかったが、e-Estonia政策のもと、政府は積極的にパソコンの普及を進め、2000年までにすべての学校や図書館にパソコンを配備した。並行してIT教育の充実も図り、人々のITリテラシーを高める取組みを進めた。

　その後も、エストニアは国力の増加とともに、国内のITネットワークの敷設を着実に進めてきた。いまやエストニア全土は3G、4Gのネットワークでカバーされ、現在は5Gの敷設も行われている。前述のとおり、エストニアでは小規模村落や島嶼部にまばらに住んでいる人々もかなりいるが、3G、4Gネットワーク敷設により、人々は必ずしも自宅にインターネット用の回線を敷かなくても、どこからでもデジタル媒体を通じてインターネットにアクセスできるインフラが整った。2019年の"The Global Information Technology Report"では、エストニアは"mobile network coverage"で世界一との評価を受けている。

　このようなインフラ整備の上に立って、エストニア政府は、電子政府化―"e-Government"―の取組みを、積極的に進めてきた。

　電子政府化とは、政府の業務にデジタル技術を応用するだけではない。むしろ、デジタル技術の応用は、電子政府化のために必要な取組みの、ごく一

部にすぎない。

　国民IDの免許証、保険証、学生証などあらゆる用途への共用化、データの幅広い共有や活用などを進めるうえでは、行政の「縦割り」を取り払い、行政プロセスの透明性を確保し、古い事務手続を徹底的に見直していく必要がある。面談したエストニアの人々は、電子政府化と行政のデジタル化を実現するうえで鍵となり、また、最も苦労を要した点は技術面ではなく、行政そのもののあり方の変革であったことを強調していた。

　以下では、具体的な取組みをいくつか紹介していこう。

　まず、エストニアは、結婚・離婚・不動産取引（いずれも、当事者を物理的に確認するニーズがきわめて高い）を除く「行政手続の99％」を、オンラインベースで、一度も役所に足を運ぶことなく、また、紙の書類を用意することもなく、1年365日、1日24時間、いつでもできるようにする体制を整えた。

　これにより、会社を設立したくなったら、たとえ真夜中でもパソコンを開いて簡単な操作をすれば、30分以内で設立できる。役所に物理的に足を運んだり、役所の人と会う必要はいっさいない。この結果、最近では新規設立企業の98％がオンラインで設立されている。同様に、税務申告もすべてオンラインベースで、数分ですむとの説明であった。このもとで、エストニア政府は、行政手続を極力オンラインベースで行うよう誘導している。

　このような行政手続のデジタル化は、"e-Solutions"と呼ばれる。エストニア当局者の説明によれば、これにより行政コストが節約できるだけでなく、後述する契約の電子化と相まって、人々が行政手続などのために書類を作成したり役所に足を運んでいた時間が、年間5営業日分も節約できるとの試算である。その分、人々は自らの能力や時間を創造的な活動や余暇に振り向けることができ、行政側も貴重な人材を民間に供出できるため、e-Government政策は国民の広い支持を得ているとのことであった。また報道によれば、新型コロナウイルスの感染拡大に対しても電子政府化は行政機能の維持に貢献している。

　もちろん、このようなe-Government、e-Solutionの推進にあたっては、「デ

ジタル媒体が使えない人々が取り残されるのではないか」という「デジタルディバイド」の解消が課題となる。エストニア当局もこの問題を重視し、エストニアのすべての人々がデジタル媒体に親しめるよう、公共施設にパソコンを配置したうえで、使い方を指導するなどの活動にも取り組んでいる。エストニア当局が強調していたのは、「デジタルディバイド批判をおそれて、紙ベース・アナログベースの手続きをあえて残すといった対応は避ける（仮にそうした対応をとれば、事務がデジタルと紙ベースで複線化し、デジタル化の果実そのものが損なわれてしまう）」という点であった。エストニアはあくまで、「デジタル媒体を使えない人々も、親切丁寧な指導によりこれを使えるようにする」という対応を徹底している。

▍必要なカードはこれ１つ──電子IDカード

e-Government政策の１つの核が、原則としてエストニアの全国民が保有する電子IDカード（eID Card、Eesti ID-kaart）である（■3−13）。

エストニア国民は、生まれた時から割り当てられたIDをもっており、それを記した電子IDカードを保有するよう求められている。電子IDカードには、ICチップと2048ビットの公開暗号鍵が搭載され、電子署名を利用することが可能である。

電子IDカードは、これ１枚で身分証明証、免許証、健康保険証、学生証、

■3−13　エストニアの電子IDカード

図書カード、銀行カード、ポイントカード、パスポート（EU内）など、あらゆるカードの機能を兼ねている。エストニア国民は基本的に、このカード1枚だけを持ち歩けばよいようになっている。これは、電子IDカードのスペックが、開発者向けにウェブサイトを通じて公開されているため、民間企業も、電子IDカードに紐づけするかたちで、さまざまな民間サービスを提供していくことが可能となっているためである。

　実際、われわれに電子IDカードについて説明してくれたエストニア当局者は、「自分の財布のなかには、この電子IDカードとクレジットカードしか入っていません」と語っていた。

　エストニアの電子IDカードのプロジェクトは1997年にスタートし、2000年3月に発行が決定され、2002年1月にカード発行が開始された。電子IDカードにはICチップが内蔵されており、カードの表面および裏面には、①カード所有者の顔写真、②氏名、③国民ID番号、④生年月日、⑤性別、⑥自筆署名、などが記載されている。国民ID番号は、エストニア国民であれば出生時に割り振られる番号であり、性別（1桁）+生年月日（6桁）+数値（4桁）の11桁からなる（■3−14）。

■3−14　これ1枚ですべてを兼ねる！

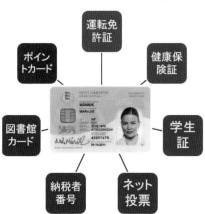

エストニア当局者は、「万が一落とした時にみられたら危ないセンシティブな情報（住所・電話番号など）は、そもそもカードには書かない」ことの重要性を強調していた。すなわち、仮にカードを落としてしまい、そこに住所が書いてあれば、悪意をもつ取得者が住所を知って嫌がらせをする可能性もある。この点に関連し、エストニア当局者はドイツを旅した時の体験談として、「プライバシーの意識が高いとされるドイツで、IDカードの裏面に住所が記載されていることに驚きました」と付言していた。

また、エストニア当局者は、国民共通の電子IDカードの発行には必ずしも最先端のテクノロジーを要求されるわけではないと強調していた。むしろ大きかったことは、行政の側で「縦割り」を可能な限りなくしていったこと、および電子IDカード保有の「義務化」に踏み切ったことであったと述べていた（■3－15）。

■3－15　エストニアでは電子IDカードの保有は義務

99%

（エストニア居住者の99％が
電子IDカードを保有）

© "e-Estonia" 資料に筆者和訳

エストニア当局者によれば、隣国フィンランドは1999年に、エストニアに一歩先んじて、類似の電子IDカード発行を実現した。もっとも、フィンランドでは、—おそらくエストニアよりも国力に余裕があったために—カードの保有を「任意」とした。この結果、①旧来の紙ベースでの手続きも引き続き可能であるため、電子IDカードを敢えてもちたがらない人が多くなる、②政府も「受益者負担」の考え方に立って、電子IDカードの取得者だけに発行手数料（Wikipediaによれば55ユーロ）を課したため、人々はますます電子IDカードをもちたがらなくなる、③電子IDカードをもたない国民が相当程度存在する以上、行政側もオンラインと紙ベースの事務を複線で維持しなければならず、コストが嵩んでしまう、という問題が生じているとの見方であった。そのうえで、「電子IDカードの効果は、その保有を義務化するとと

もに、行政手続もオンラインに一本化し、行政側の業務見直しや縦割りの解消を徹底して進めることで得られる」と強調していた。

　また、電子IDカードのさらなる進化形として、携帯電話のSIMカードに個人ID番号を紐づけた"Mobile-ID"や、さらにSIMカードを必要としない"Smart-ID"も導入され、いずれも順調に利用が拡大している（■3−16）。加えて、民間銀行のなかには、顧客の顔認証と個人ID番号とを紐づけるサー

■3−16　拡大するMobile-ID、Smart-IDの利用

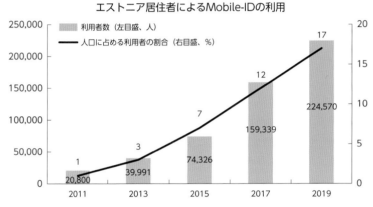

エストニア居住者によるMobile-IDの利用

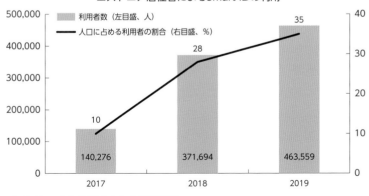

エストニア居住者によるSmart-IDの利用

© "e-Estonia"資料をもとに筆者作成

ビスを開始する銀行もみられるとのことであった。

このように、電子IDカードやMobileID、SmartIDが広く普及し、一方で行政側が縦割りの解消と業務のデジタル化を徹底的に進めたことで、エストニアの人々は広範な電子化されたサービスにアクセスできるようになった。エストニア当局者によれば、アクセスできる行政サービスの充実により、エストニアの人々は電子IDカードの「義務化」をむしろ歓迎しており、義務化への反対は少ないとのことであった。

▎すべてを支えるデータ共有基盤

電子IDカードを通じて、行政サービスを含めた広範なサービスへのアクセスが可能となっている背景として、前述のような行政の縦割り解消に加え、インフラ面では2001年に構築されたエストニアのデータ共有基盤"X-Road"が重要な役割を果たしている（■3−17）。

X-Roadは、当初からなるべく「分散型」の構造をとるように設計されている（■3−18）。エストニアはかつての支配国ロシアと国境を接している。また、2007年には大規模なサイバー攻撃に晒されたが、これについてもロシアの関与を指摘する論調が多い（エストニア当局者は国名の明示を避け、「どこかの国（another country）」と言及していた）。このこともあり、エストニア当局者は、「サイバー攻撃対策とデータセキュリティには最大限の注意を払っています」と強調していた。

エストニアは2004年にNATOに加盟した後、2007年のサイバー攻撃の経験を経て、2008年にはNATOのサイバーテロ防衛機関であるNATOサイバー防衛協力センター（NATO・CCDCOE）の本部がタリンに設立された。

また、X-Roadには新たにブロックチェーン技術を採用し改ざん耐性を強化したほか、2018年には、バックアップのデータセンターをルクセンブルクに設置している。なお、X-Roadにブロックチェーン技術を提供したエスト

■ 3 −17　データ共有基盤 "X-Road"

公共セクタ　　　　　　　　　　　　　　民間セクタ

住民登録	健康保険登録	自動車登録	文書記録管理システム	ドキュメントリポジトリ	エネルギー	通信	銀行

アダプターサーバ（各列）

セキュリティサーバ（各列）

Internet　X-ROAD

ガバメントポータル−Your Estonia http://www.eesti.ee	MISP ミニインフォシステムポータル	X-GIS	中央サーバⅠ　ヘルプデスク 中央サーバⅡ　中央監視 X-ROAD証明書センター	政府情報システムの管理システム	IDカードモバイルID

| 市民
Citizen View | 企業
Enterpriser View | 公務員
Public servant view |

ユーザ・インタフェース　　　MISP　　Geo IS　　X-Roadセンター　　　認証センター

© "e-Estonia" 資料をもとに総務省が作成

■ 3 −18　X-Roadの分散型構造

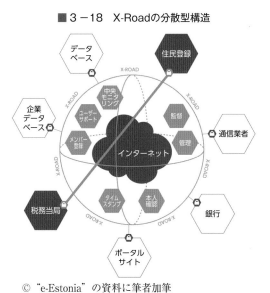

© "e-Estonia" の資料に筆者加筆

263

ニアのGuardtime社は、ブロックチェーンでは世界最大の企業となっており、同社の開発したKSI Blockchainは、エストニア政府に加え、ベライゾンやロッキード・マーチン、エリクソンといった世界企業にも採用されている。

　また、自然災害や停電などを想定し、シェールオイルによる発電のほかに太陽光発電を増やすなど、電源の多様化にも努めている（エストニアでは幸いにして、独立回復以来、大規模停電に結びつくような自然災害は生じていないとのことであった）。

　X-RoadのAPI（Application Programming Interface）はオープン化されており、民間企業もX-Roadを活用してさまざまなサービスを提供していくことが可能である。実際、X-Roadを活用したサービスは拡大傾向をたどっており、2019年中は１カ月当たり約１億8,000件となった。これは、2017年との対比では３～４倍の増加である（■３-19）。

■３-19　X-Roadの利用拡大

・67%のエストニア国民が、電子IDカードを日常的に利用している
・国のサービスの99％がオンラインで提供されている
・2,773ものサービスが、X-roadを経由して利用可能

X-roadの１カ月当りの利用件数（件）

200,000,000

150,000,000

100,000,000

50,000,000

0

63,581　1,630,046　3,551,605　7,426,344　19,520,928　37,324,758　49,169,623　48,250,068　180,855,017

2003　2005　2007　2009　2011　2013　2015　2017　2019

（出所）　"e-Estonia" 資料をもとに筆者作成

264

　エストニア当局者によれば、X-Roadの構築は、優秀なIT人材をエストニア国内につなぎ留めるうえでも有益とのことであった。すなわち、エストニア企業は成長を続けているとはいえ、米国シリコンバレー企業と報酬で競った場合、これに勝つことはむずかしい。このなかで、「エストニアにいれば興味深いデータを扱える」ことは、優秀なエンジニアをエストニア国内にとどまらせる1つの魅力になっているとの説明であった。

▎すべてを"e"！　すべてをデジタル！

　全国民が保有する電子IDカードとデータ共有基盤"X-Road"を通じて、行政だけではなく、納税、医療、教育、政治など、あらゆるものをデジタル化する取組みが進められてきた（■3-20）。以下では代表的な分野を紹介する。

❶ 納税（e-Tax）

　納税のデジタル化は比較的早期に着手され、2000年には"e-Tax"と呼ばれる仕組みが構築された。e-Taxのもとで、人々は1年365日、1日24時間、納税をすべてオンラインで行うことが可能であり、その場合、納税申告にかかる時間はわずか3～5分である。エストニアでは95％の人々が、このインフラを利用して納税を行っている。

■3-20　エストニアの
　　　　デジタル化の歴史

1997	電子政府
2000	電子納税
2001	X-Road 運用開始
2002	電子ID カード発行
2005	電子投票 制度
2007	デジタル セキュリティ
2008	ブロック チェーン 応用開始
2008	e-Health 開始
2014	電子居住権 制度開始

© "e-Estonia" 資料に筆者加筆

❷ 医療（e-Health）

　電子IDカードとX-Roadにより可能となっているサービスの1つが、医療サービスの電子化、"e-Health" である（■3−21）。

　エストニアの人々が病院にかかると、その医療データや処方箋はID番号に紐づけるかたちでX-Roadに蓄積される（e-Health Record）。これらはブロックチェーンを利用し、改ざんが不可能なかたちで保管される。

　医者は処方箋を電子ベースで発行し（e-Prescription）、紙の処方箋は発行しない。患者がすることはただ、最寄りの薬局に行って電子IDカードを提示するだけである。薬局は患者の処方箋データベースにアクセスし、処方された薬を患者に渡す。これに伴い、その処方箋は使用ずみとなり、二度と使えなくなる。なお、このシステムは国境を越えて広がりつつあり、現在、フィンランドがこのシステムに参加している。今後、アイスランド、ポルトガル、スウェーデンにも拡大していく予定である。

　また、個人が新たな医者にかかるときには、「その人の過去の医療履歴や処方箋の履歴にアクセスできる権限」をその医者に付与することで、医者はその人が過去、どのような病気に罹患し、どのような治療や薬の処方を受けてきたかをチェックできる。さらに緊急時には、医師は患者の血液型やアレ

■3−21　e-Health

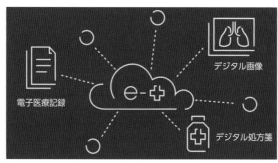

© "e-Estonia" 資料に筆者加筆

266

ルギー反応などのデータにアクセスし、救急医療に活かすことが認められている。

　また、救急車を呼ぶ電話から、30秒以内に自動的に電話の発信地を突き止め、極力すみやかに救急車を到着させる "e-Ambulance" というシステムもある。

❸ 投票（i-Voting)

　電子IDカードとX-Roadに基づいて、オンラインで投票ができるi-Votingと呼ばれる仕組みも導入されている（■3−22)。

　エストニア政府は、国民のデータを大量に託されている存在であり、この仕組みを維持するためには、政府への国民の信頼と民主主義を維持し、国民と政治家の心理的距離を近づける必要があるとの当局者の説明であった。データを預けた政府と国民の距離が離れ、政府がデータを勝手に使い始めたり、圧政に転じたりすれば大変なことになるからである。したがって、選挙の投票率はなるべく高いほうが望ましいとの考え方が広く共有されており、このような観点からi-Votingは導入された。

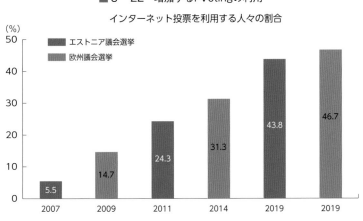

■3−22　増加するi-Votingの利用

インターネット投票を利用する人々の割合

（%）

- エストニア議会選挙
- 欧州議会選挙

	2007	2009	2011	2014	2019	2019
	5.5	14.7	24.3	31.3	43.8	46.7

© "e-Estonia" のデータをもとに筆者作成

エストニアでは、2005年の地方選挙で世界初となる本格的なインターネット投票が導入された後、現在では国政選挙・地方選挙とも"i-Voting"が導入され、その利用は着実に増加している。たとえば、2019年の国会議員選挙では、44％の国民がi-Votingを利用して投票した。当局者によれば、このようなインフラはエストニアの人々の政治参加を促す効果もあり、エストニアの国政選挙の投票率は6割を超えているとのことであった。

エストニアの当局者は、i-Votingの実現にとって必要なのは、最先端のデジタル技術ではなく、「国民と議会の距離は極力近くなければならず、そのために投票率はなるべく高くあるべき」という認識が人々の間に広く共有されることだと強調していた。

経済のオープン化と電子居住権（e-Residency）

❶ 電子居住権（e-Residency）

エストニアの「経済オープン化」政策の1つの目玉が、2014年に創設した「電子居住権（e-Residency）」の制度である。

エストニアは、行政サービスなどの徹底したデジタル化を進め、広範なサービスにオンラインで迅速にアクセスできるインフラを整えたわけだが、こうしたインフラを国外の個人や企業も利用できるようにしようというのが、e-Residencyの発想である。エストニアはEUに加盟しているため、企業活動に関するエストニアの制度はEUの制度とほぼ同じである。また、エストニアは通貨としてユーロを採用している。したがって、先行き欧州全域でのビジネス展開を展望する起業家やスタートアップ企業などが、まずはエストニアを入口（Gateway）とし、ここで経済活動を行うよう誘導し、エストニア経済をさらに発展させていくことをねらいとしている。

電子居住権の取得者にもデジタルIDカードが賦与される。このカードは、

エストニア国民がもつ電子IDカードとは異なり、カード表面に顔写真は掲載されず、IDとしては使えない。一方で、電子IDカード同様、ICチップと2048ビットの公開暗号鍵を搭載し、電子署名を利用することが可能であり、いわば「ビジネス目的限定のID」といえる。これを通じて、エストニアのインフラを利用し、オンラインで企業を設立することが可能となる。

　電子居住権を取得する主体は着実に増加しており、2019年8月末時点で59,747主体にのぼっている。国籍別にみると、電子居住権を取得する企業・個人の国籍のなかで最も多いのは経済関係の強い隣国フィンランド（5,067）、2番目がロシア（4,093）であり、3番目がウクライナ（3,746）である。なお、7番目に多いのは日本（2,588）である。企業に限ってみれば、最も多いのはウクライナ（834）となっている。

　エストニア当局者は、「日本企業もエストニアに来れば、ビジネスを欧州に展開する機会が広がるでしょう」として、日本からの電子居住権取得を歓迎すると述べていた。また、Brexitに伴い、今後、英国からのe-Residency取得者がどの程度増えるのかにも注目しているとのことであった（■3-23）。

■3-23　電子居住権取得主体（個人および企業）の数

© "e-Estonia" 資料をもとに筆者作成

❷ 世界的なマネー・ロンダリング（マネロン）監視強化の影響

エストニアは、2014年の電子居住権制度導入後、電子居住権の保有者はエストニアのオンライン銀行（LHV銀行など）に口座をもつことも可能とうたってきた。これにより、エストニア国外の企業も、エストニアを事実上の拠点として欧州でのビジネス展開が可能であると宣伝してきたわけである。

しかしながら、2018年、Danske銀行（本店はデンマーク）のエストニア支店を舞台とする、史上最大規模（26兆円相当）のマネロン事件が発覚した（■3-24）。また、今回の北欧視察中の2019年9月25日、Danske銀行の元エストニア支店長アイバー・レヘ氏が遺体で発見されるという事件が起こった。

Danske銀行によるマネロンが行われたとされるのは電子居住権制度導入よりも前の2008年頃とされ、電子居住権とマネロンとの間に直接の関係はない。しかし、電子居住権の申請先企業をみると、経済関係の強いフィンランドなどを抑え、ウクライナの企業が第1位となるなど、マネロン関連で話題にのぼることが多い旧ソ連の新興国も多い。このようなこともふまえてか、エストニア当局者や金融関係者は、電子居住権と銀行口座開設との関係につ

■3-24　Danske銀行エストニア支店

いて、かなり慎重な発言に終始していた。すなわち、「電子居住権を取得しても、継続的なエストニアとのコミットメントがしっかり確認されない限り銀行口座は賦与しない」「電子居住権制度は透明性を高めるものであり、むしろマネロンを抑止する方向に働く」「国のデジタル化を通じて、エストニアでは税金関係の手続きもインボイスも送金の動きも、すべてデジタルベースで監視されることになるので、マネロンはむずかしくなるはずだ」と、エストニアがマネロン対策をきちんとやっていること、また、電子居住権制度はマネロンの温床とはならないことを、再三強調していた。

　エストニア当局や金融界としては、エストニアのオープン化政策がマネロンの温床となりうるといった見方が仮に広がれば、「オープン化＆デジタル化」という国の基本方針そのものを揺るがすことにもなりかねないため、情報発信にかなり慎重になっている印象であった。

▌金融セクター
──チャレンジャーバンクとネオバンク

　エストニアの銀行セクターは、独立回復以降、主に北欧系外銀（スウェーデンのSwedbankやSEB、デンマークのDanske銀行、フィンランドのNordea銀行、ノルウェー系のLuminor銀行など）が高いプレゼンスを示してきた。

　最近では、新たにエストニアから、銀行サービスに参入する主体が次々と登場している。その特徴としては、①デジタル化を武器として既存の銀行に挑戦する「チャレンジャーバンク」、②銀行免許をもたずに銀行類似のサービスを提供する「ネオバンク」、③特定のサービスに絞って参入するスタートアップ企業、のいずれかであり、旧来型の「トラディショナルバンク」が見当たらないことである。

　この後の「各論」で取り上げる銀行・企業を分類するならば、①LHV銀行は、デジタルベースでユニバーサルな銀行サービスを提供するチャレンジャーバンク、②Moneseは、銀行免許をもたずに、基本的な銀行サービス

と同様のサービスを提供するネオバンク、③BankishやVeriffは、特定分野にフォーカスしてサービスを提供するスタートアップ企業、と分類できよう。

　エストニアでは、国内銀行、外国銀行をあわせて17の銀行が活動している。このうち、９行はエストニアの銀行として銀行免許を受け、残り８行は外国銀行の支店として営業している。

　エストニアでは、銀行取引の99％以上はオンライン・デジタルベースで行われている。銀行部門の資産は252億ユーロ（2018年）であり、エストニアのGDPの1.1倍に相当する。とりわけシェアが大きいのはスウェーデンのSwedbankとSEB、ノルウェーのDNBの子会社であるLuminor銀行である。一方、エストニア地場銀行のなかで最も時価総額が大きいのは、前述のLHV銀行である（■３−25）。

　エストニアの銀行セクターの収益性は、ROEで11％（2018年第４四半期）と、EUのなかでも高い（■３−26）。これは、①エストニアの銀行が、キャッシュレスやデジタル化の遂行により効率的な経営を実現していること、②外国銀行の支店がエストニアで営んでいるオペレーションの経費の一

■３−25　エストニア国内での銀行の時価総額シェア

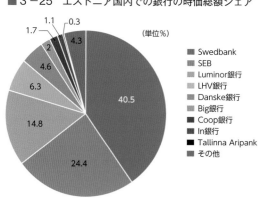

（出所）〝Enterprise Estonia〟資料をもとに筆者作成

■3－26　エストニア銀行部門の主要指標（2018年第4四半期）

貸出残高前年比	4％
預貸率	109％
流動性カバレッジ比率（LCR）	162％
ROE	11％
ROA	1.5％
普通株等Tier1比率（CET1）	30.3％

（出所）　"Enterprise Estonia"の資料をもとに筆者作成

部がグループ全体で負担されるかたちとなっていること、③中小企業向けや小口貸出が相対的に多いことを反映し、欧州他国に比べ預貸金利鞘が大きいこと、などを反映しているとのことであった。

　エストニアの銀行部門の預金量は177億ユーロ、貸出ポートフォリオの規模は190億ユーロと、貸出のほうが多くなっている。着実な経済成長を背景に貸出需要は堅調であり、預金、貸出ともに堅調な増加を続けている。

　貸出のなかでは、近年は住宅ローンの伸びが目立っている（2018年第4四半期の住宅ローン残高は前年比プラス6.5％の増加）。住宅ローンは、非金融部門貸出の約40％を占めており、EUの平均を上回る。この背景としては、エストニアの人々が比較的持ち家志向が強いことや、エストニアの銀行の貸出ポートフォリオが他のEU諸国に比べ多様化していないことなどがあげられる。

　2018年12月時点における企業向け長期貸出の金利水準は平均2％台、住宅ローン金利は2％台半ばであった。不良債権比率は低く、60日以上の延滞が生じている貸出債権の比率は、同時点でわずか0.2％であった。

　キャッシュレス化やデジタル化への対応は進んでおり、大半の銀行店舗が現金を扱わず、ハイカウンターをもたない相談型店舗となっている。たとえば、SEBはエストニア国内に17支店（2019年末時点）を有しているが、そのなかで現金を常時取り扱っているのはわずか2支店だけである。一方で、SEBの支店はいずれも、午後5時ないしそれ以降まで営業している。

今回エストニアで訪問したチャレンジャーバンクもネオバンクも、いずれもモバイル端末を経由した効率的かつ安価な国内・海外送金サービスをビジネスの中核としていた。その背景としては、エストニアが共通通貨ユーロを採用していることがあげられる。エストニアの銀行は、欧州内のリテール決済ネットワークSEPA（Single Euro Payments Area）や英国のFaster Paymentなどに加盟することにより支払決済サービスの利便性向上を図っていた。また、エストニアの銀行や金融企業は、エストニア発祥の企業TransferWise等との提携により、海外送金も安価に行えるようにしていた。

　支払決済サービスの利便性・効率性を高めていくうえでは、個別企業の努力も有益であるが、同時に、金融業界、産業界、さらには当局も含めたインフラ構築努力も重要となる。エストニアの金融サービスの発展には、欧州全体としてSEPAの構築などの取組みを進めるなか、エストニアが国としていち早くユーロを採用し、また、支払決済に関するスタートアップ企業を数多く生み出したことが、複合的に寄与している。

　今回の訪問において、銀行や企業の側から、ECB（欧州中央銀行）の金融政策などマクロ政策に自ら言及する人は皆無であった。訪問団の側から、ECBのマイナス金利政策についてあえて質問したところ、面談者の1人は、「理論的にはマイナス金利は、預金者も含めフルに転嫁されてこそ効果があるはず。たとえば、預金者が預金へのマイナス金利賦課を嫌って消費に充てたり、リスク資産を購入することが効果波及メカニズムとなる。しかし、ECBはマイナス金利を導入しつつ、今般階層構造を導入し、銀行への影響軽減を強調するなど、なるべく預金金利に転嫁させないような情報発信を行っているようにみえる。このため、ECBのマイナス金利政策は全体として、何をねらっているのかよくわからない」と、辛口の評価が聞かれた。

2 ケーススタディ | LHV Monese Veriff Bankish ファイナンス・エストニア

▌LHV　**LHV**

▌"デジタル・ユニバーサルバンク" を標榜

◆2009年免許取得後、国内最大の地場銀行に成長

　今回訪問したエストニアの地場銀行LHV銀行は、デジタルバンクでありながらフルラインの銀行サービスを提供する、「デジタル・ユニバーサルバンク」をビジネスモデルとしている。

　タリンを本拠とするLHVは、1999年に投資会社（Investment Company）として設立された。その後、金融会社としての事業範囲を拡大し、グローバル金融危機のさなかの2008年に銀行免許を申請し、2009年に免許を取得した。

　現在、LHVの2大子会社は銀行（LHV銀行〈エストニア語ではLHV Pank〉）とアセットマネジメント（アセマネ）会社（LHV Asset Management）である。

　エストニアは欧州のなかでは銀行による金融仲介（間接金融）のウェイトが相対的に高く、また、かねて外国銀行、とりわけスウェーデンの大銀行2行（Swedbank、SEB）が大きなシェアを有していた。このなかで、LHVの銀行部門は急速に成長し、LHV銀行は現在では、エストニア市場で地場銀行としてはナンバーワンの銀行に成長し、スウェーデン系2行およびLuminor銀行と4大銀行を形成している。

◆主要収入源は貸出金利息で、支払決済サービスはほぼ無料

　LHV銀行の主な収入源は、貸出金利息である。貸出金利息収入のうち約3分の2は企業向け貸出、約3分の1は個人向け貸出から得ている。さらに、近年は住宅ローン市場にも参入し、現在は新規住宅ローンの10％程度のシェアを占めるに至っているとのことであった。一方、支払決済サービスは戦略的な成長のための手段と位置づけ、サービスの多くを無料で提供している。

　住宅ローン金利（変動金利、Euribor連動型）は訪問時点では、エストニア市場全体の平均で2％台半ば、LHV銀行の金利は2.65％とのことであった。住宅ローンは規制により最長30年とされており、平均期間は17〜20年とのこと。また、LHV銀行の企業向け貸出金利は平均では2.4％との説明であった。

　一方、LHV銀行の調達金利はゼロに近い。これは、デジタルバンクであるLHV銀行の預金の約95％は、金利ゼロの要求払預金であるため。もっともLHVでは、ECBによるマイナス金利賦課を避けるため、運用できないほど多くの要求払預金は、いかに金利がゼロであっても、なるべく抱えないよう努めているとのことであった。

　エストニアの銀行部門の収益率は、欧州のなかでも比較的高く、LHV銀行のROEも15％程度を維持できている。LHVグループ幹部はその背景として2つの要因をあげた。すなわち、まず1つ目は、貸出ポートフォリオの信用リスクを低く抑えられていること、もう1つは、ITテクノロジーを活用した、低コスト経営の実現である。

　一方、LHVの資産運用部門は約400億ユーロの運用資産、約150億ユーロの年金運用資産を抱え、年金運用ではエストニア第2の規模となっている。LHVグループ全体としての顧客数は約40万人であるが、このうち資産運用の顧客は約20万人とのこと。なお、ECBのマイナス金利政策などにより、現在はデット運用の魅力が低下していることもあり、LHVは預かり資産の

相当部分を、プライベートエクイティも含めたエクイティ物で運用しているとのことであった。投資比率はファンドの種類によって異なるが、LHVが預かっている最大のファンドでは、上場株式への投資比率が約4割、プライベートエクイティへの投資が10〜15%、不動産関連投資が10〜15%、残りがデット物および流動性資産であるとの説明であった。なお、投資においてESG・SDGsはますます重要なテーマとなっており、投資先の選定においても重要な判断要素となっている。

◆銀行取引は、準完全キャッシュレス・オンライン

LHVグループは、「ユニバーサルバンク機能をすべてオンラインで提供する金融グループ」として、支払決済サービスを提供するとともに、企業向け・個人向けの融資や資産運用サービスも提供している。さらに、税金の計算などのサービスも提供している。

エストニアでは、99%以上の銀行取引がオンラインで行われる。このなかでLIIV銀行は、2015年までまったく現金を扱わない「完全キャッシュレス・オンライン・ユニバーサルバンク」として営業してきており、2015年8月になって、初めてATMを10台設置した。

LHV銀行の支店はわずかに2つ、首都タリンと、エストニア第二の都市タルトゥにあるだけである。LHV銀行はすべてのサービスをオンラインで提供しているため、機能的には支店はさほど重要ではない。支店の機能は顧客との対面でのリレーションマネジメントに特化し、現金はいっさい扱っていない。また、オンラインでの顧客とのリレーションマネジメント（融資申込みや送金受付なども含む）には、チャットボットを積極的に活用している。

LHV銀行は10年前にできたばかりの歴史の浅い銀行であり、ゼロから（from scratch）最新の技術を取り入れるかたちでITシステムを構築した。したがって、支店網やATM網、古い電算センターなどのレガシー資産をいっさいもっていなかったことが、むしろデジタル化の時代には有利に働いているとの説明であった。

当初はATMをまったくもっていなかったのに、2015年になってATMを設置した理由は、「ユニバーサルバンクを標榜しながら、現金関連の顧客ニーズにはいっさい応えられず、そうした顧客が来たら他行に行ってくださいというのもおかしい」という問題意識によるとのことであった。また、実際にATMを設置してみると、現金の引出しよりも、中小企業による売上金として集まった現金の入金に重宝されているとのことであった。なお、当初LHVは自前でATMを設置していたが、コスト面への考慮から、最近では自前のATMを置くことをやめ、エストニアの共同ATMネットワークに加わる方針に転換した。

LHV銀行は、欧州のリテール決済ネットワークSEPAのメンバーであり、ユーロ建て送金をユーロ圏内で即時に行うことが可能である。送金にかかる時間は、ユーロエリア内であれば、相手方の銀行もSEPA加盟行である場合にはわずか数秒との説明であった。

◆積極提携で地域、業態を超えたサービスを提供

LHVグループは2016年にはNASDAQ Balticに上場し、2019年には"Best Investor Relations Award"も受賞するなど、投資家との関係も良好であるとのことであった。また、Euromoney誌は2018年および2019年に、LHV銀行を「Best Bank in Estonia」として表彰している。

LHV銀行は2018年にロンドン支店を開設し、英国でのビジネスも展開している。LHVは英国のリテール決済ネットワークFaster Paymentにも加盟し、これにより、リアルタイムでの英ポンドの送金が可能となった。

LHVグループのITシステムは基本的に自前で構築しているが、業務面では、世界的に有名なTransferWise（エストニア生まれの海外送金会社）や、急成長しているVeriff（後述するオンライン認証技術の提供会社）など、スタートアップ・テクノロジー企業とも提携している。これによりLHV銀行は、ほとんど物理的支店網をもたないにもかかわらず、「モバイル経由の口座開設が直ちに行え、世界中に送金ができる」といったサービスが提供できてい

る。LHV銀行は、将来的には複数通貨での送金もできるようにしたいとのことであった。

　LHV銀行に口座をもてば、欧州内に即時の送金を行うことができ、また海外送金も行えるため、エストニア以外の国々でビジネスを展開していくうえでも有利だとLHVグループは強調していた。

　エストニアでは、モバイルバンキングの利用者は、前述の国民ID番号を利用するが、このことも、モバイルバンキングのセキュリティに寄与しているとのことであった。現在LHV銀行では、モバイルバンキングの利用者数が、インターネットバンキングの利用者数を上回っているとのこと。LHVグループは、融資の申込みに加え、資産運用や株式売買の機能も、モバイルバンキングのなかに組み込んでいる。たとえば、エストニアでは中古車の売買プラットフォームがモバイルで提供されているが、このプラットフォームを通じて中古車を買いたい人が、モバイル端末から直ちにローンを申し込めるような機能も提供している。

　加えてLHV銀行は、カード会社との提携により、エストニアでバスなどの公共交通に乗ったときに、（日本のSuica, Pasmo等と類似の）NFC技術により、非接触型で支払いをすませられるサービスも提供している。

　LHV銀行は、ブロックチェーン分野でも先進的な取組みを行っていると自負している。まず、"Cuber（Cryptographic Universal Blockchain Entered Receivables）"と呼ばれる取組みがあげられる。これは、スタートアップ企業ChromaWay社と共同で行っている、ブロックチェーンをリテール決済に応用する実証実験である。このプロジェクトのために、LHV銀行はChromaWay社と合同でCuber Technology社を設立した。ユーザーがスマートフォンにCuberのアプリ（Cuber Wallet）をダウンロードすることで、PtoP（個人間）での送金に加え、小売店や飲食店でのQRコードでの支払いが可能となり、また、そのトランザクションをブロックチェーン技術で管理するものである。また、LHV銀行は、カードにブロックチェーン技術を応用する取組みも行っているとのことであった。

279

◆世界的なマネロン規制強化で一部戦略の見直しも

　これらの取組みが示すように、LHVグループは、「オンライン・ユニバーサルバンク」であると同時に「先進的フィンテック企業」であり続けたいと考えている。ロンドンに支店を出した理由も、グローバルなユニコーン企業にサービスを提供することと、ロンドンでの経験を通じて、よりイノベーティブなフィンテック企業になることが目的との説明であった。LHVグループによれば、世界には40のユニコーン企業があるが、LHVグループはそのうち７企業に金融サービスを提供している。グループの幹部は、「今日、あらゆる金融サービスはオンラインで提供することが可能です。LHV銀行の海外支店はロンドン支店だけですが、それでも世界中の企業にサービスを提供することに何の制約もありません」と胸を張っていた。

　なお、LHV銀行は、エストニア政府の電子居住権制度とタッグを組むかたちで、「電子居住権を取得した外国人や外国企業も口座を開設可能」と喧伝していたが、前述のとおり、マネロンへの世界的な関心の高まりを受けて、この面での説明は相当慎重になっていた。すなわち、LHV銀行は、引き続き非居住者への金融サービスの提供には積極的であるとしつつも、マネロンの観点から、非居住者にも居住者と同様のチェックを行い、エストニアとつながりがないと思われる個人や法人については、口座開設を断っていると強調していた[4]。

4　（当方注）LHV銀行はもともと、e-Residency（電子居住権）取得者に口座開設を認める銀行として有名であったが、今回の訪問では、海外居住者の口座開設についてはかなり慎重な言い方に終始しており、やはり、Danske銀行エストニア支店のマネロン問題が影を落としていることが感じられた。

Monese

monese （Web サイトより）

銀行免許をもたない「ネオバンク」

◆外国での口座開設の苦労が設立動機

Moneseは、エストニア人ノリス・コッペル（Norris Koppel）氏が2013年にロンドンで設立した金融サービス企業である。

コッペル氏がエストニアから英国に居を移して仕事を始め、さて銀行口座を開設しようとした際、英国のどの銀行からも「クレジットヒストリーがない」として口座開設を断られる目にあった。コッペル氏はエストニアではきちんとした職に就き、収入もあり、銀行取引もしていたのだが、そうした記録は国境を越えては引き継がれないため、新たに居住する国で、なかなか口座を開設できない苦労を味わった。そして、自分と同じような境遇にある東欧出身の人々が多いことを知り、コッペル氏は、「誰でも、国境を越えて、世界中に銀行口座機能を持ち運べるように」との思いから、2013年にMoneseを創業したとの説明であった（■ 3 −27）。

Moneseは移民や出稼ぎ労働者も含めた個人顧客に、スマホ用アプリによるモバイル口座を提供し、これを通じて銀行口座類似のサービスを運営している。まず、2015年に英国でサービス提供を開始し、その後2017年にはユーロエリア全域でサービス提供を開始した。

このようなビジネス展開を反映し、現在、Moneseの主力サービスは、英国向けとユーロエリア向けの 2 種類となっている。Moneseでは、口座開設に際し困難に直面している人々が世界中にいることをふまえ、いずれグローバルにサービスを拡大したいとの意向であった。

Moneseの説明によれば、たとえば英国では、家族でも親族でもない複数の人々が同じ住所に住み、銀行口座開設を申し込むような場合、疑わしいと

■3−27　銀行類似のサービスを提供するMoneseのスマホ用アプリとカード

（出所）　Monese

思われて口座を開設してくれないとのことであった。東欧から英国に出稼ぎ
に来る人々が、来た当初に7〜10人で同じアパートを借りて共同生活をする
のは普通のことであるにもかかわらず、英国の銀行はそうした事例に詳しく
ないため、口座開設を直ちに断ってしまう。しかし、Moneseは東欧から来
た人々の行動様式を熟知しており、彼らの多くはきちんと働き、数カ月もし
て定収を得られるようになれば別々に暮らすようになることを知っている。
このように、既存の銀行には知見がない分野でMoneseのノウハウを活か
し、銀行に代わって審査をすることで、銀行口座類似のサービスを提供して
いくのがMoneseのビジネスモデルである。

◆数百人の従業員が140万口座をマネージ

　Moneseのサービスは、①月額利用料に含まれる基本サービス、②有料の
付加価値サービス、③プレミアムサービス、という3段階からなっている。
Moneseの主な収益源は、毎月の利用料（monthly fee）、有料の付加価値サー
ビスの利用手数料および外国送金手数料である。Moneseによれば、このビ
ジネスモデルは貸出や証券投資などの運用益に頼らないため、ECBのマイ

ナス金利政策など金利環境の影響も受けにくいビジネスモデルであるとのことであった。

2019年9月に訪問した際、Moneseの従業員は340～350人、一方でMoneseのユーザー数は140万人（Moneseのアプリをダウンロードし、Moneseに電子メールアドレスなど必要な情報を提供した人々の数）とのことであり、非常に少人数でありながら、デジタル技術を駆使して多数の口座をマネージしている。

Moneseの二大オフィスは首都タリンと英ロンドンであるが、最近ではリスボンとベルリンにも拠点を設け、合計4カ所の拠点をもつに至っている。

Moneseは2019年9月時点で、1億ドルの資金を調達している。Moneseの資金調達のうち最新のものは2018年10月の「シリーズB調達」であり、調達額は6,000万ドル、出資者には米PayPalや英British Airwaysも含まれている。今後も資金調達を行い、欧州外にビジネスを拡大していく原資に充てたいとの意向であった。

◆移民・出稼ぎ労働者の実質的メインバンクに

Monese自身は銀行免許をもたず、EUおよび英国で「電子マネー業者（Electronic Money Institution）」として活動している。電子マネー業者は多くの場合、銀行監督当局と同じ当局（英国の場合はFCA）の規制監督を受けるが、銀行との大きな違いは、資金仲介活動（すなわち、顧客の預け金を貸出や投資に充当すること）を行うことが認められていない点である。

もっとも、英国でも欧州でも、銀行だけでなく、電子マネー業者に給与を振り込むことが制度上認められている。この制度のもと、Moneseは、移民や出稼ぎ労働者の事実上の給与振込口座となることで、彼らの実質的なメインバンクとして機能している。

なお、英国がEUに属していた間は、Moneseが英国で受けた電子マネー業者としての免許は欧州全域で有効だったが、Brexitに伴う法的地位の不安定化をふまえ、Moneseは、英国向けビジネスとは別に、ユーロ向けビジネス

に関する免許を別途ベルギーで取得したとのことであった。

Brexitの影響についてMoneseは、「主な顧客である移民や出稼ぎ労働者のうち、EU出身者のなかには英国から出ていく人々もいるかもしれないが、一方で、EU外、たとえばインドやブラジルから英国に来る人々は減らないだろうから、Moneseのサービスに対する需要も減らない」とみている。Moneseによれば、実際、顧客のなかで「英国在住のブラジル人」は着実に増えていると説明していた。

◆テクノロジーでKYC・AML/CFTと120秒審査を両立

Moneseの口座開設にかかる時間は通常、わずか2分（120秒）であり、その瞬時の間に、Moneseは、独自のKYCテクノロジーを用いて口座開設の審査を行っている。たとえば、移民や出稼ぎ労働者などがMoneseに口座開設を申請すると、Moneseは自社独自のKYCやAML/CFT（マネー・ロンダリング／テロ資金供与対策）のインフラを通じて審査を行い、これをパスすればスマートフォン上に口座が開設される。

AML/CFTをめぐる世界的な規制強化に伴い、Moneseの認証手続も複雑化している。もっとも、口座をスマートフォン経由で申請する人々の目からは、Moneseが裏側で行っている複雑な認証手続はみえない。口座申請者は、写真付きのパスポートやIDカードなど、本人であることを証明する書類を用意し、さらに、スマートフォンで自分の動画を撮影してMoneseに送る。Moneseは同社独自のテクノロジーを用いて、申請者のもつIDカードなどが本物であるかどうか、また、申請者が本当にIDカードなどに記載されている人物と同一であるかを認証する。

認証の過程でMoneseは、短時間の間に、申請者が犯罪者リストやPEP（Politically Exposed Person）のリストに載っている人物ではないか等もチェックする。問題がなければ2分程度で口座を開設できるし、仮に問題があれば、Moneseのオペレーター（人間）が、ビデオを通じて申請者に直接インタビューを行う（■3−28）。

■ 3 - 28　数分で開設できるMonese口座

（出所）　Monese

　MoneseはKYC・AML/CFTの審査において他の銀行に問い合わせること
はせず、すべてを自力で審査している。このため、Moneseに口座を申請す
る場合、他の銀行に口座をもっている必要はないし、クレジットヒストリー
も求められない。

　そして、いったん口座が開設されれば、給与支払もこの口座に振り込ませ
ることができる。Moneseはモバイルペイメント手段も提供しているため、
顧客は、Moneseの口座を銀行口座のように使い、日常の支払いを行うこと
ができる。すなわち、銀行口座をもたなくても、日々の生活ができることに
なる。

　Moneseのサービスは現在、世界13カ国語で、20カ国で提供されており、
会社の規模もサービスのネットワークも急成長を続けている（■ 3 -29）。

◆銀行免許をもたない"メインバンク"

　Moneseは銀行免許をもっておらず資金仲介活動は行えないため、Monese
が顧客から預かった資金は隔離され、Monese自身の資産からも切り離され

■3－29　Moneseの顧客数

Dec-15	Dec-16	Dec-17	Dec-18	TODAY

（出所）　Monese

たかたちで、他の銀行に預金として保管される（口座はMonese名義で、代理人として保有する）。仮にMoneseが破綻した場合でも、Moneseの債権者は顧客の預り金には手を出せない仕組み（Bankruptcy Remote）となっているとの説明であった。

　すなわち、Moneseは、顧客と銀行の間に入り、AML/CFTやKYCの審査を代わりに行うことで、顧客に銀行口座と同様の機能を提供しているといえるだろう（■3－30）。

　Moneseの利用者は、Monese口座を通じて給料を受け取り（Monese口座への入金の約75％が給与）、これをモバイル決済に使うことができ、さらに国内・海外送金を安価に行えるなど、銀行類似のサービスを利用できる。このため、銀行口座をもつことがむずかしい移民や出稼ぎ労働者、さらには、家族が別々の国々に離れて暮らす人々にとって、Moneseは貴重なライフラインとなる。また、Moneseは本体では現金はいっさい取り扱わず、現金サービスはパートナーシップ企業を通じて提供することで、サービスの効率化を実現している。

　Monese口座への入金の約75％が給与振込であることは、Moneseのユー

■3−30　Moneseのサービス─概念図（筆者による解釈)─

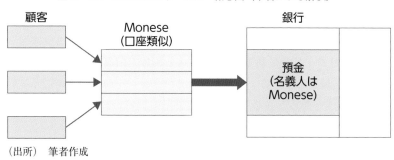

（出所）　筆者作成

ザーが、Moneseを事実上の「メインバンク」としていることを意味している。Moneseはこのことを強みととらえている。

　Moneseによれば、多くのフィンテック企業は、顧客の"メインバンク"の機能は伝統的な銀行に委ね、自らは付加的部分のサービスを提供していることが多い。これに対し、Moneseはまさに利用者にとっての実質的なメインバンクとして、利用者の主な収入を把握できる。このことは、Moneseが他のサービスを提供していくうえでも有益なデータを提供する。

　また、たとえば顧客がユーロ圏からメキシコに送金を行おうとする場合、Moneseは伝統的な銀行とは異なり、SWIFTを介して一本一本送ることはしない。その代わりにMoneseは、ユーロ圏にいる顧客からユーロで資金を受け取り、その段階でユーロとメキシコペソの交換レートを固定する。そのうえで、ユーロ圏とメキシコ間での複数の送金をまとめ、差し引きして回数も減らした送金だけをユーロ圏とメキシコの間で行う。すなわち、Moneseは、海外送金をなるべくネッティングし国内送金に置き換えることで、安価な海外送金を可能にしている[5]。

5　（注）類似のサービスを提供しているエストニアの有名企業がTransferWise社。同社も、海外送金を極力国内送金に振り替えることで、安価な海外送金を実現している。

もちろん、このようなMoneseの海外送金スキームは、送金のほとんどが少額送金であるがゆえに可能という面もある。すなわち、Moneseは口座残高を最大5万ユーロに制限していることから、もともと高額の送金は起こりえない。このような金額制限は、Moneseを通じてAML/CFT上の問題が生じるリスクも減らしている。巨額の資金のマネロンをねらう人々にとって、Moneseを使うとなると送金を多数の小口送金に分けなければならず、手間がかかりすぎるとの説明であった。

　Moneseは、ノウハウの中核であるKYCおよびAML/CFTには細心の注意を払っており、訪問時（2019年9月）に在籍していた340〜350人の従業員のうち、65〜75人はKYCおよびAML/CFTを担当していた。Monese社はAI・機械学習のテクノロジーを動員し、スコアリングのための自社独自のインフラを構築しており、AML/CFT上問題のある取引を検知するパフォーマンスはきわめて良好とのことであった。また、マネロン規制の要求水準が世界的にますます高まっているなかでも、Monese社としてはKYCやAML/CFTを担当する従業員の数を指数関数的に増やすつもりはなく、先進的な情報技術を導入していくことで、KYCやAML/CFTのコンプライアンス・コストを、合理的な範囲に抑えていきたいとの意向であった。

　なお、MoneseのKYCおよびAML/CFTインフラの構築当初は、「本当は問題がない取引を問題ありと判定してしまう」という"false positive"の間違いが多く、そのつど人間による判定に回し、本当は問題がない取引であることを確認していた。もっとも、こうした事例を新たに学習させることでAIはどんどん賢くなり、"accuracy rate"（すなわち、AIが「疑わしい取引」としてピックアップしたものが本当に疑わしい取引である確率）は着実に上昇しているとの説明であった。

◆パートナー企業と連携し広範な金融サービスを提供

　Moneseは、いくつかのサービスについては、他の主体と協力し、時にはこれらの主体のエージェント（代理人）として提供している。

　たとえばMoneseは、顧客に対し、他の金融機関が提供する金融商品を
エージェント（代理人）として提供することがある。たとえば、Moneseが
提供する口座は基本的に無利子であるため、金利付きの預金がほしい顧客に
は、他の金融機関が提供する預金を紹介している。このようなビジネスモデ
ルを採用している理由としてMoneseは、「Moneseのビジネスにとって重要
なことはスピード。すべてを自力で提供しようとすればスピードが遅くな
る。たとえば、保険商品を提供するのに保険業の免許を取得するまで待って
はいられない」と説明していた。

　面談したMonese幹部は、「これからの金融のストラクチャーは、さまざま
な分野で強みをもつ複数の企業がパートナーシップを組むかたちで"integra-
tion"を実現し、広範な金融サービスを提供していくかたちになる」との考
えを述べていた。すなわち、「さまざまな金融サービスの裏側で、顧客にみ
えないかたちで、多くの企業が協力して提供していくことになるだろう」と
語っていた。

　Moneseは物理的な支店をもたず、現金は自らはいっさい扱わない。自前
のATMももたず、ATMサービスはVisaやMasterCardとのパートナーシッ
プを組むかたちで提供している。一方で、Moneseの顧客のなかには「余分
な現金を預けたい」という人もいるため、Moneseは、英国の"PayPoint"
という企業とパートナーシップを組み、この企業を通じて現金の受入れを
行っている。Moneseによれば、「世界中で銀行支店が減少する（たとえば英
国では近年、1年ごとに約3,000の銀行支店が消滅している）なか、顧客の望む
現金サービスを提供し続けようと思えば、企業間でパートナーシップを組む
しかない」とのことであった。

　なお、Moneseの海外進出の戦略上重要となるのは、潜在的な顧客となる
移民や出稼ぎ労働者がどの程度いるのかという点である。そのうえで
Moneseは、海外進出する場合、"source market"（移民や出稼ぎ労働者の出
身地）と"destination market"（流入先）の両方に進出することを基本戦略
としている。すなわち、移民や出稼ぎ労働者の出身地と勤務先の両方でサー

ビスを提供できないと、顧客へのサービスとして十分とはいえないとの考え方である。

　このうち、"source market"では、他の金融サービスがあまり発達していないことが多く、顧客の金融サービスへのニーズも複雑ではないため、シンプルなサービスを提供していくことが基本戦略となる。一方、"destination market"は、すでに多様な金融サービスが他の主体から提供されている先進国であることが多いため、Moneseとしてもいかに多様なサービスを提供していくかを考えなければならず、ビジネスとしての難易度が高い。

　送金サービスの潜在的な競争者として、米Facebookを中心に開発され、2019年6月に計画が公表された「リブラ」について、Monese幹部は厳しめの評価であった。すなわち、Moneseのサービスは顧客に実質的なメインバンクとしての機能を提供しており、これを支えているのは、Moneseが顧客の情報やデータをしっかり取り扱うという信頼である。この点、ユーザーがFacebookにそこまでの信頼をもてるかどうかはわからないと語っていた。

　視察団の印象としては、MoneseのビジネスのコアはKYCおよびAML/CFT技術であるように思われた。すなわち、世界的にKYCおよびAML/CFT規制が強化されており、銀行は移民や出稼ぎ労働者への口座開設やコルレス業務に一段と慎重になっている。このなかでMoneseは、銀行に代わって移民や出稼ぎ労働者などへのKYCおよびAML/CFT審査を行い、また、自らが銀行口座の名義人になるかたちで銀行のコンプライアンス負担を代行しているともみることができる。Moneseは既存の銀行にとって潜在的には競争者であるはずだが、自らがすべてのコンプラ負担を背負う場合のコストとの比較をふまえ、銀行はMoneseとの協力を選択しているといえよう。

∎ Veriff

▌世界中で使えるIDを提供する

◆顔写真データベースと自撮り画像をリアルタイムで照合

　Veriffは、生体認証をはじめとするさまざまな認証技術・本人確認技術をオンラインかつリアルタイムで世界中に提供しているスタートアップ企業であり、設立以降急成長をみせている。創業者はまだ20代前半（訪問時）である。

　創業者のエストニア人カーレル・コットカス（Kaarel Kotkas）氏が14歳の時、環境に優しい紐をネットショッピングで買おうとしたら、年齢が18歳以上であることを証明せよと要求され、自分の写真を加工し、年齢を偽って紐を購入した。この経験からコットカス氏は、オンラインで認証をごまかすことは比較的簡単にでき、これはおそろしいことだと思うようになり、2015年、20歳の時に、オンラインでの本人確認技術を提供する会社としてVeriffを創業した。

　Veriffのオフィスでは、皆玄関で靴を脱ぎ、靴下だけでペタペタと働いている姿が印象的であった。休憩室では社員が靴下姿で寝そべったり談笑していた。企業の急成長により前のオフィスが手狭になったため、5カ月前に現在のオフィスに移ったばかりとのことであった。

　Veriffのビジネスモデルは、「世界中で使えるIDを提供する」というものである。金融を含め、あらゆる分野で本人確認のニーズが強まるなか、グローバルな需要は急成長している。企業も急速に拡大しており、2018年9月の段階では従業員はわずか39人であったが、訪問時（2019年9月）には312人と、1年で約8倍に成長している。

Veriffのユーザーは、Veriffがオンラインで提供する認証技術を使うことで、たとえば、「いま、写真付IDを提示している人が、本当にIDと同一人物かどうか」を、リアルタイムで確認できる。Veriffは、世界中のID（パスポート、運転免許証など）をデータベース化している。Veriffユーザーの顧客は、自らのIDを提示するとともに、その場でスマートフォンで自分の写真を撮って送る。そして、Veriffの技術を通じて、IDが真正なものかどうか、また、IDの写真とユーザー顧客が自撮りした写真が本当に同一人物のものかどうか、AIを用いてオンラインでリアルタイムに判定する（■3-31）。

Veriffによれば、■3-32のIDカードは、左側が本物で右側が偽物であるが、肉眼ではまず見分けがつかない。この点、Veriffの技術では、どちらが本物でどちらが偽物か、確実に見分けられるとのことである。Veriffによれば、最近の偽造技術に対しては、肉眼よりもAI技術のほうが高い精度での対応が可能となる事例が多く、Veriffの技術へのニーズは世界中で高まっているとの説明であった。

Veriffの認証技術は顔認証や生体認証に限られるわけではなく、書類認証など複数の認証技術を多層的に組み合わせることで、精度の高い本人確認を行っているとのことであった。現在、Veriffは世界中190カ国以上に、22カ国語でサービスを提供している。Veriff幹部は、「世界中の人々が、自分のIDを完全に管理し、自らのデータをコントロールできるようにしたい」と語っていた。

◆ 課題はいかに優秀なIT人材を確保するか

急成長するVeriffにとっての大きな課題は、優秀なIT人材をいかに確保していくかという点である。Veriff社幹部も、若く優秀なIT人材をめぐる獲得競争が世界的に激化するなか、小国のスタートアップ企業が米国のシリコンバレー企業と金銭面で競うのはむずかしいと話していた。しかしながら、

■3－31 Veriffを通じた顔認証

①IDの種類を指定　　　　　②スマホでSelfie撮影　　　　　③写真を指定

④IDの写真を撮影　　　　　⑤認証

 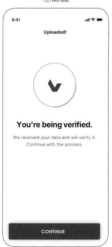

（出所）　"Veriff"の資料に筆者加筆

■3-32 本物の電子IDカードと偽物のカード

(本物)　　　　　　　　　　　(偽物)

「世界中の人々に信頼できるIDを提供する」というVeriffの理念に共感する
人々や、米国でなくあえてエストニアで働きたいという人々もおり、なかに
はGoogleからの転職組もいるとのことであった。そのうえで、今後とも優秀
な人材をグローバルに確保していきたいとの決意を語っていた。

Box 3 - 2　「まずはみんな、靴を脱いでみよう！」

　エストニアを含め、今回の北欧訪問では、とりわけスタートアップ企業の訪問ス
ケジュールが最終段階までなかなか固まらなかった（結果的には、各国の中央銀行
などの協力も得て、ほぼ希望通りの先をフルに訪問できたが）。

　この背景としては、近年、北欧の有望なスタートアップ企業に、日本を含め世界
中から訪問依頼が押し寄せていることがあげられる。もちろん、あえて訪問する以
上、自らビジネスを展開している企業家の人々に会いたいと考えるのは、誰でも同
じであろう。一方で、まさにいまビジネスを拡大中のスタートアップ企業の人々ほ
ど多忙をきわめている。このなかで、日本からの訪問者について北欧の企業では、
「よく勉強しておられるし、説明にもよくわかったとうなずいて帰られるのだが、そ
の後の具体的なアクションのスピードを感じない」との見方が多い。

　実際、今回エストニアで訪問したスタートアップ企業Veriffは、１年間で従業員が
10倍近くに増加し、前のオフィスが手狭になったため新オフィスに引っ越してきた
ばかり。面談中もまさに、事務室のセットアップの真っ最中であった。このなかで、
資源制約のもと、Googleなどとの人材獲得競争に勝ち、新奇なアイデアを生み出す
ため、「皆で靴を脱ぐ」「寝そべれる部屋をつくる」などのオフィスのアイデアを、

次々と実行に移していた。

　日本としても、「イノベーション」や「発想の転換」といった話にうなずいた後、「さて、オフィスに戻って、溜まった書類にハンコつかなきゃ」では意味がない。「イノベーション」は、10年に１度の発明だけを指すわけではない。どんな小さなことでもまず、「今日から実行に移していく」ことが大事だと感じた。

Veriffのオフィス

Bankish

（Web サイトより）

貸し手・借り手双方に与信関連サービスを提供

◆中小金融機関のための、高機能でも低コストのソリューション

　Bankishは、2017年半ばに設立されたばかりのフィンテックスタートアップ企業である。Bankishは、銀行の預貸ビジネス、とりわけ、貸出に関連する活動にフォーカスし、広範なITソリューションを提供している。具体的

には、融資の決定や実行、管理、回収といった融資サイクルの全般にわたり、信用リスク管理や担保管理、返済スケジュール管理などの機能を、デジタルベースで貸し手、借り手の双方に提供している（■3−33）。なお、Bankish自身は銀行ではなく、あくまでソリューション提供者として活動する。Bankish自身が貸出を行うことはない。

　Bankishの主な顧客は、相対的に規模が小さく、これらのサービスを自前でまかなうことのコストが大きくなりがちな中小銀行やローン会社、およびその借り手である。

　Bankishによれば、従来、与信管理にかかるITソリューションを提供している企業としては、まず、主に大銀行など向けて、高機能だが高価な（年間使用料が5,000万円から時に10億円もかかるような）ソリューションを提供している大企業が存在していた（Oracle、Unisys, SAP等）。一方で、中小金融機関向けに安価なソリューションを提供している企業もいた。このなかでBankishのねらいは、両社のニッチ領域、すなわち、「高機能だがコストが安く、中小金融機関やノンバンクでも簡便に導入できるソリューションを提

■3−33　Bankishの与信関連サービス

（出所）　Bankish資料に筆者加筆

供すること」にある。

　Bankishは、"SaaS"（Software as a Service）の発想のもと、与信に関しては、極力幅広い品揃えのサービスを提供するよう努めているとのことであった。一方で、Bankishの顧客（金融機関やノンバンク）は、自らのニーズにあわせて、Bankishのサービスを自らのニーズにあわせてカスタマイズして導入できる。たとえば、Bankishは信用リスクのスコアリングモデルも用意しているが、すでに自前のスコアリングモデルを開発ずみの金融機関は、Bankishのスコアリングモデルを購入しなくてもよく、そのサービスを外して他のサービスを購入することが可能である。このようなサービスをクラウドベースで提供することで、中小金融機関も初期投資コストを抑えながら、高度なサービスを導入できるというのが、Bankishのセールスポイントである（■3 -34）。

　またBankishは、借り手の側にも、ローンを総合的に管理したり、貸し手側と「支払期日が近いですよ」等のコミュニケーションをとったり、新たなローンの申込みができるスマホ用アプリを提供している（■3 -35）。

■3 -34　Bankiishの広範なサービス

（出所）　Bankish

■ 3-35 Bankishのスマホ用アプリ
（住宅ローンに関し、残高、支払期日を過ぎた債務、超過利息、
次の支払いなどが画面に表示される）

（出所）　Bankish

◆海外展開先として日本も有望視

　Bankishはまだ創業 2 年の若い企業であり、創業者がまず50万ユーロを投資し、今年、転換社債の発行を通じて40万ユーロを地場の投資家から調達した。今後、さらなる資金調達を通じて資金を拡充し、海外進出も積極化させたいと考えている。Bankishは、エストニアの他のスタートアップ企業と比べると、従業員の平均年齢も40歳代と高く、金融業界で経験を積んだ者が多い。このことは、金融業界にソリューションを提供していくうえで、業務の理解という点でプラスと考えているとの説明であった。

　Bankishは今後は海外展開も展望している。その際、潜在的な市場として有望となるのは、「相対的に小規模の貸し手が多数存在する貸出市場」であり、その意味ではクレジットユニオンの多い英国などに加え、日本も有望な市場となりうるのではないかと語っていた。

　なお、Bankishのシステムは外部のさまざまなデータベースとの接続が可能であり、自らのスコアリングモデルを構築するにあたっては、これらのデータやエストニアのクレジットビューローのデータなどを利用したとのことであった。一方で、（中国のZhima Creditのように）ネットショッピングやSNSの利用履歴などのデータを取り込んでいく予定はないと説明していた。

ファイナンス・エストニア

95企業が参加する金融産業振興団体

◆国内金融産業と中小企業金融の促進を目的に調査研究

　ファイナンス・エストニア（FinanceEstonia）は、2011年に創設されたエストニアの金融産業振興団体であり、目的はエストニアの金融産業の振興と中小企業金融の促進である。参加企業は95企業であり、彼らの拠出金により100％支えられている。参加企業には、エストニアの地場企業と、海外のグローバル企業の両方が含まれている（■3 -36）。さらに、政府や他の業界団体とも連携している。

　FinanceEstoniaは、その時々の重要なテーマを選定し、ワーキンググループを設けて検討を行っており、これまで、ICO、年金運用などを取り上げてきている。たとえば、エストニアの三層型年金制度（公的年金、公的補助＋民間、民間）をどう考えるか、といったテーマである。

■ 3-36　FinanceEstoniaのメンバー

（出所）　FinanceEstonia

　FinanceEstoniaは2019年の夏、タリン工科大学と共同で、エストニアの
フィンテックに関する報告書も公表している。

　エストニアの金融セクターの特色として、銀行部門では、比較的少数の銀
行が大きなシェアを占めていることがあげられる。エストニアのフィンテッ
ク企業は、FinanceEstoniaによれば84企業である。その内訳（■ 3-37）を
みると、エストニアでは海外との比較でみて、ブロックチェーンや分散型台
帳技術（Distributed Ledger Technology）を取り扱う企業が多く、また、設
立されて 2 年以内の若い企業が多いとのことであった。

◆グローバル志向が強いスタートアップ企業

　FinanceEstoniaによれば、エストニアはもともと資金仲介に占める銀行部
門のウェイトが高いうえ、 2 つのスウェーデン系の銀行、すなわち、Swed-
bankとSEBが圧倒的なシェア（預金・貸出ともに約 8 割）を占めていた、比
較的集中度の高いマーケットであった。このなかで、エストニア発祥のフィ

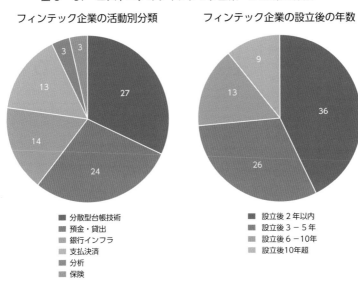

■3－37　エストニアのフィンテック企業─84企業の分類─

フィンテック企業の活動別分類

フィンテック企業の設立後の年数

■ 分散型台帳技術
■ 預金・貸出
■ 銀行インフラ
■ 支払決済
■ 分析
■ 保険

■ 設立後2年以内
■ 設立後3－5年
■ 設立後6－10年
■ 設立後10年超

© "FinanceEstonia" 資料をもとに筆者作成

ンテック企業は、エストニアの国内マーケットが限られていたことから、当初から国外への進出をねらったビジネス展開を行っている。

　このようなグローバル志向型スタートアップ企業の典型例が、海外送金企業TransferWiseである。TransferWiseは、複数の送金依頼を組み合わせ、実質的なネッティングを行うことで、海外送金をなるべく国内送金に置き換え、安価な海外送金を実現している。現在では、毎月40億ユーロ相当（約6,000億円）の送金を取り扱うグローバル企業に成長している。

　また、認証技術を提供するエストニア企業Veriffも、エストニアの人口が小さいため、「エストニアだけで商売をしていたのでは、エストニア国民全員を1日2回認証しないとビジネスとして割に合わない」として、当初から国境を越えて認証技術をグローバルに提供することを企図して創業されている。

■3−38　エストニアのフィンテック企業

（出所）　"FinanceEstonia"資料に筆者加筆

　金融以外のスタートアップ企業をみると、ドイツのダイムラーは、エスト
ニアのユニコーン企業"Bolt"（旧社名Texify）に、すでに１億7,500万ドル
の投資を行っている。これは、先行き自動車の世界も、自家用車から"CaaS
（Cars as a Service）"の世界に移行していくであろうことを、ダイムラー社
も予見しているからであろうとの説明であった。
　FinanceEstoniaは、金融もいずれ"as a Service"の世界に移行していく
であろうが、そこまでに至る道のりは、他産業に比べ長いかもしれないとの
見解を述べていた。これについては、欧州でも銀行業界では、単に「昔から
そうだったから」という理由で、平日の昼間だけ店を開けているといった例
がなお多くみられるなど、過去のしがらみから脱却するのに時間がかかりが
ちな産業であることを理由にあげていた。たとえば、EU統合にもかかわら

ず、EU各国の家計が海外の銀行から受けている融資（クロスボーダー融資）のウェイトは、家計向け融資のわずか３％でしかないとのこと（しかも、これはルクセンブルクを含んだ数字であり、ドイツやエストニアでは、同比率は１％以下であるとのことであった）。このように、預金市場ではある程度国境を越える動きが進んでいても、貸出市場では、なお強いホームバイアス（自国の金融機関から借りようとする傾向）が観察されている。

このように、EU統合にもかかわらず、金融の世界ではなお、EU内の「国境」が強く観察されている背景の一つとして、FinanceEstoniaでは、「AML/CFTおよびKYCの面で、EUの統一ルールが確立されていないこと」を指摘した。さらに、信用リスク審査の手法や体制が各国でバラバラであることもあげた。

そのうえで、FinanceEstoniaは、真にEUレベルで統合された金融市場を構築していくためには、技術進歩はもちろんのこと、フィンテックへのさらなる投資や、EUレベルでのAML/CFTおよびKYC規制の調和、EUレベルで整合的な信用リスク審査が行えるようなデータベースの整備などが必要との見解を述べていた。

FinanceEstoniaは、内外の市場振興団体とも協力している。具体的には、エストニア国内ではEnterprise Estoniaと連携し、これを通じて海外団体との連携や、海外のイベント（Money20/20など）への参加といった活動を行っている。さらに、FinanceEstoniaは "European Financial Roundtable" のメンバーにもなっている。

一方で、FinanceEstoniaのメンバーは金融分野に限られており、メンバーには小規模なスタートアップ企業も多いことから、予算制約が大きく、単独で海外プロモーションツアー等の活動をすることは容易ではないとのことであった。もっとも、そうした制約のなかでも、日本も含め、海外の金融市場関係者と国際的な交流を深めていきたいとの意欲を示していた。

第4章

金融は
"Super Fun"
(超楽しい！)

日本への
インプリケーション

山岡　浩巳

北欧にみたこれからの金融

金融のCool化の影で"負のレガシー"縮小も加速

　今回訪問した北欧諸国では、面談者は皆、「金融機能は今後も経済社会に求められ続ける」という点に確信をもっていた。また、銀行業や金融業が「衰退産業」であるといった声も、まったく聞かれなかった。

　もちろん、金融業界の立場からの「ひいき目」もあろうが、面談者の多くは、情報技術革新とデジタル化のもと、本質的に情報処理産業である金融業は、まさに新技術を応用してイノベーションを主導できる産業なのだと、活き活きと語っていた。北欧では、金融業はITをビジネスに具体的に活用できるイノベーション産業として、学生の就職先としての人気も衰えていないとのことであった。面談者の1人が、「デジタル技術が世界を大きく動かしつつある変革の時代に、その中心である銀行員でいられることは超楽しい！(Super Fun!)」と語っていたのは印象的であった。

　同時に、北欧の金融業界の人々は、銀行業や金融サービス業を常に「ITを積極的に応用する"super cool"なビジネス」にしていく必要があるとの問題意識を強くもち、その方向での取組みを進めていた。

　人口が少なく労働資源が限られ、さらに、IT人材の厳しい争奪戦にも直面するなか、金融業が従来からのビジネスモデルをただ続ければ、「イノベーションから遠い旧来型産業」として、優秀な人材の確保もむずかしくなる。また、金融業自身が"cool"な産業にならなければ、デジタル技術活用による"cool"さを売り物にする新規参入者が、伝統的な金融ビジネスを浸食していくことになる。このなかで、新規参入フィンテック企業（Monese, Klarna, e-Passiなど）だけでなく、北欧の伝統的な銀行（SEB、Nordea銀行）も、デジタル技術の積極的活用に加え、店舗の大胆なIT化やデジタルオフィス化、顧客のリモートサービスへの誘導、執務環境の改革、イノベーション

推進のイメージ戦略などを推し進めていた。

　このような潮流のなか、既存のレガシー資産（店舗網、ATM網、大型電算センターなど）が「負のレガシー化」するリスクは、一段と高まっている。実際、エストニアのチャレンジャーバンクであるLHVグループは、「店舗網やATM網をもともともっていなかったことがプラスに働いている」と述べている。このなかで、物理的資産を多く抱える日本の金融業の大きな課題は、これらの資産の「負のレガシー化」を避けるにはどうすべきか、ということであろう。

　世界の動向をみても、デジタル化の潮流のなか、情報処理を中核とする金融サービスがさらなるデジタル化に向かうことは避け難い。そして、新型コロナウイルスの世界的流行はこの流れを一段と加速するだろう。したがって、銀行が大規模な物理的インフラをそのまま維持できる時代は、続かないであろう。このような問題意識に立って、日本の金融界も、早急にインフラの効率化や再構築を進める必要があると感じた。

　その際必要となるのは、量・質の両面からのインフラの見直しである。北欧の銀行は、店舗網やATM網のスリム化を、日本をはるかに上回るペースで進めている。一方で、店舗やATMがまったく不要になったと考えているわけではなく、店舗は顧客との高度な相談やコンサルティングをフェイス・トゥ・フェイスで行うための媒体、ATMは余剰現金をデジタルマネーに換えるツールなどとして、引き続き有用ととらえ、その「質」の転換も進めていた。

　もちろん、インフラの見直しを進めていくうえでは、社会の理解を得ていくことも重要となろう。この観点からは、「金融業がインフラを効率化することは、中長期的な金融機能の自律的確保という観点から重要」という認識を幅広い主体が共有し、また、デジタル化の便益を実感できる環境づくりが求められる。

　さらに、北欧の銀行は、高齢者をデジタル媒体に親しませるなど、「デジタルディバイド」や「金融阻害（Financial Exclusion）」を防ぐ取組みも積極

的に行っている。高齢化社会の進行や感染症リスクの高まりのもと、そもそも来店できない顧客への対応がますます課題となるなかで、日本でもこうした取組みを進めていくことが、インフラ効率化に対する社会の支持を得ていくために重要となる。

支払レベルでのキャッシュレス化の不可逆的な進展

今回の北欧訪問で、視察団が日常生活で現金を使うことはほぼなく、すべての支払いをクレジットカードで行うことができた（日本からもってきたユーロ紙幣は、土産物屋などでやっとのことで使ったという参加者が多かった）。

北欧諸国でも、残高ベースでは、現金は必ずしもどこの国々でも減少しているわけではない。しかし、日々の支払の面では、スウェーデンに限らず、フィンランド、エストニアでも、キャッシュレス化は着実に進んでいた。

世界一のキャッシュレス先進国スウェーデンでは、脱現金化は徹底しており、ウプサラ教会の寄進ですらSwishで支払える。加えて、フィンランドやエストニアでも、移動型店舗すらクレジットカードを受け入れるなど、ほぼ現金を使わずに生活することが可能となっている。

北欧では、キャッシュレス対応を前提とする銀行ビジネスモデルは、すでに当たり前となっている。北欧各国の銀行は、基本的な取引をオンラインで行うよう顧客を誘導している。多くの銀行支店は現金の扱いをやめ、伝統的なハイカウンターを撤去し、「相談型・コンサルティング型」のオフィスに姿を変えている。旧来型の銀行店舗がレストランに姿を変え、ハイカウンターが「歴史的建造物」として保存されている様は印象的であった。

キャッシュレス化が急速に進んでいる北欧以外の国々（英国、中国、韓国など）の例も示すように、支払決済のキャッシュレス化の流れは、一国によりスピードの差はあれ—以下の点を考えれば、止められないだろうと感じた。

まず、デジタル化が現金のハンドリングコストの節約や取引の効率化につながるという経済合理性である。キャッシュレス化は基本的に、合理的な判

断の結果として進んでいるといえる。今回の訪問で面会した当局者からも、「小国には現金流通のために余計なコストをかけている余裕はない」との発言があった。

　また、競争という観点からも、各国で、Monese、LHV、ePassi等、当初からデジタル化していることをアドバンテージとする新たな企業が、支払決済分野に次々と参入している。既存の銀行が「ポスト現金」のビジネスモデルを構築することは、これらの新規参入者に対抗していく観点からも必要不可欠となっている。実際、Nordea銀行やSEBといった既存の銀行も、このようなビジネスモデルをスピーディーに構築している。

　さらに、マネー・ロンダリングに関する規制も世界的に強化されている。このことも、本質的に「匿名性」を特徴とする現金の利用に制約をかけ、とりわけ高額の支払決済のキャッシュレス化を促す方向に働く。

　加えて、新型コロナウイルスの感染拡大も、リモートでの経済活動の増加や現金に手で触れることへの警戒感を通じてキャッシュレス化を進める要因となりうる。

　もちろん、既存の現金がもつ「ネットワーク外部性」は、キャッシュレス化の「スピード」には影響するだろう。とりわけ、現金が広く使われていた国ほど、そのネットワーク外部性ゆえに、キャッシュレス化のスピードが遅くなることは予想される。しかしながら、キャッシュレス化を「後戻り」させる要因にまではなりにくい。

　また、「金融阻害」や「デジタルディバイド」を防ぐ観点から、キャッシュレス化と並行して、商店などに対し、「現金も受け入れ続けるように」といった社会的要請が強まる可能性も考えられる。現実に、米国や中国ではこのような動きもみられる。しかし、これも基本的には、キャッシュレス化を後退させるものではなく、そのスピードを緩めるものにすぎない。

　このように考えれば、日本の金融機関も、「キャッシュレス化は遅かれ早かれ進行する」ことを想定して、ビジネス戦略を考えていく必要があろう。こうした取組みを怠れば、日本でも、現金を取り扱わないことをアドバン

テージとする内外の新規参入者に、既存の金融機関がシェアを奪われていくことが予想される。

企業間・業種間コラボの重要性高まる

　金融分野、とりわけ支払決済の分野では、健全な競争が求められる一方で、「ネットワーク外部性」や「規模の経済」も重要となる。支払決済手段は、ユーザーにとって「どこでも使える」ことが最も重要である。また、データベースが大きいほど、データ活用の可能性も広がりやすい。

　この点、たとえばスウェーデンでは、モバイル決済ネットワーク "Swish" 導入に際し、銀行横断的な協力体制が瞬く間に形成され、この結果、Swish は「規模の経済」や「ネットワーク外部性」を獲得し、一気に拡大できた。これは、多数のプラットフォームが濫立している日本のキャッシュレス市場の状況とは対照的であった。

　また、スウェーデンおよびフィンランドでは、ATMの運営は共同会社に委任され、これによりATMの台数を大幅に削減していた（街中でのATM台数は、日本よりも相当少なく、ほぼ目にすることはない）。このようなやり方が独占禁止法違反に問われることもなかった。

　さらに、エストニアでは、電子IDカードの保有を国民に義務づけることで、大規模なデータベース構築と行政事務などの効率化を実現していた。

　これらの北欧諸国のやり方を、日本にそのまま導入できるわけではないだろうが、日本においても、「競争すべき分野」と「協力すべき分野」をしっかりと意識したうえで、後者についてはよりいっそうの協力・協調を模索していくべきと思われた。

　とりわけ、規模の経済やネットワーク外部性が強く求められる支払決済分野において、多数のネットワークが濫立する状況は、オールジャパンとしての金融業の競争力を損なうだけでなく、利用者の利便性にもマイナスとなる。この分野での協力・協調関係の構築は、支払決済ビジネスの収益性向上に加え、利用者の利便性向上という観点からも重要となろう。

健全な危機意識・切迫感の共有
sense of urgency

　北欧諸国は総じて、寒冷な土地や痩せた土壌といった厳しい地理的条件に置かれ、人口も少なく、さらに、歴史的にもさまざまな苦難を経験してきた。

　このような地理的・歴史条件を背景に、北欧諸国は、「小国であるわれわれは、人材を最大限に活用し、経済を効率化し、高付加価値経済を築き上げないと生き残れない」という強い危機意識・切迫感（sense of urgency）を有していた。そして、キャッシュレス化もITイノベーションも電子国家化も、いずれもこのような危機意識を背景としていた。スウェーデンのデジタル通貨「e-クローナ」の構想についても、スウェーデン当局者の面談からは、「中央銀行マネー自体のイノベーションに取り組まないと、小国通貨クローナが生き残れなくなる」という危機感が強く感じられた。

　一方、今回の北欧諸国での面談では、経済成長について、金融緩和や財政出動の効果に期待する発言はまったく聞かれなかった。これには、フィンランドとエストニアはユーロ圏であるため自前の金融政策をもたず、財政もEUの監視下にあることや、自国通貨クローナを維持しているスウェーデンでは、クローナの価値下落のほうが警戒されがちであることなど、さまざまな事情もあろう。しかしながら、北欧諸国が、「経済を発展させるには、新しい技術を取り込んで生産性を高め、先進的なプロダクトをつくりだしていくしかない」として、イノベーションに突き進む姿勢には清々しさを覚えた。

　北欧諸国と比較すれば、日本は危機意識のレベルが違うと感じざるをえなかった。北欧諸国と日本との最大の違いは、技術力やITリテラシー、デジタル媒体の普及率などではなく、まさにこのような危機意識・切迫感であろう。もちろん、地理的条件も歴史も異なる日本で、北欧諸国と同様の危機意識をもつことは容易ではない。しかし、逆にいえば、日本が北欧並みの危機意識や切迫感をもつことができれば、イノベーションを通じて経済を飛躍さ

せることも不可能ではないと思われた。

IT・外国語の素養とリカレント教育がイノベーション人材の源泉

IT立国を進めていくうえでは、言うまでもなくIT人材の育成が不可欠となる。北欧諸国では学校の授業日数は決して多くないが、各国とも、幼少期からのIT教育や語学教育に注力している。

フィンランド語、エストニア語はウラル語系であり、英語とは言語系統が異なるが、北欧諸国では共通して、IT人材が皆、英語も流暢であった。幼稚園の時から3カ国語とロボティックスを学べるエストニアの、「これからの時代を生きていくうえでは、自然を学ぶこととITを学ぶことは同様に重要」との考え方は印象的であった。

もちろん、北欧のIT人材が英語も堪能なのは、最先端分野のテキストの多くが英語で書かれており、ITを学ぼうとすれば英語も学ばざるをえないといった事情もあろう。しかしながら、日本がIT分野で競争力を高めていくうえでも、ITと外国語の両方の素養を備える人材を質・量ともに充実させていく必要があり、そのための教育面からのサポートも求められる。

また、ITは栄枯盛衰の激しい分野である。たとえば、フィンランドのノキアはかつて携帯電話の雄であったが、いまや携帯電話部門はすべて切り離し、5Gのグローバルリーダーとして復活している。このような産業構造の持続的な変革を可能としている背景として、企業の再編を支える制度とリカレント教育があげられる。

北欧諸国では、人権や福祉の観点から、特定の従業員を狙い撃ちにする解雇は厳しく監視される。その一方で、特定の人を狙い撃ちにさえしなければ、企業の戦略的な人員削減は比較的容易とのことであった。この間、リストラされた労働者には手厚い失業保険が給付され、公的補助を受けながら、安価に大学などで再教育（リカレント教育）が受けられる。これにより、労働者が新たに最先端の産業に対応できるノウハウを備え、労働市場に戻ってくることが可能となる。加えて、スタートアップで失敗してもやり直しがき

く。北欧諸国の当局者は、自国の貴重な人材を常に活用し続けていく観点からも、リカレント教育の重要性を強調していた。

また、フィンランドでは、教員の給与競争では米国等の有名大学に勝つことがむずかしいなか、自国大学の十分な質を保つため、優秀な教員に対する良質な研究環境と住環境の提供に努めているとのことであった。

このような北欧諸国の取組みをふまえれば、日本においても、いったん離職した人々などが大学等でリカレント教育を受けやすいインフラ整備を進めていくことが選択肢となろう。リカレント教育の拡充は、高齢化社会への対応という観点からも、今後重要性を一段と高めていくだろう。

また、リカレント教育の拡充には、時間の制約のなかでもフレキシブルに授業が受けられるリモート教育のインフラ整備も重要となる。北欧諸国はこの面での取組みも積極的に進めてきたが、このようなインフラは新型コロナウイルスの経験のなかでますます重視されるようになっている。

データ立国を支える政府への信頼（Trust）

人口が少ない北欧諸国では、政府や議会はコンパクトかつ透明性が高く、極力身近な存在となるように設計されている（たとえばエストニアでは、議会は約100人で一院制であり、電子政府化を進めた大きな理由の１つも、人々との情報共有を進め、政府の透明性を高めることにあった）。大統領や首相が日常的に街に出てくることも多く、人々の政府や議会との「距離の近さ」を指摘する声が、面談した人々からも多く聞かれた。

このような北欧諸国の特徴は、イノベーションやデータ立国を進めていくうえでも、大きな利点となっている。すなわち、データ立国を進めるうえでは、データが集まりやすい政府に、データを悪用せずに人々のために使うことへの人々の「信頼」が不可欠となる。たとえば、エストニアの国民IDやスウェーデンのBankIDは、さまざまな目的（医療・保険等）のIDとしても共用できるが、このようなデータの活用は、データを集約する政府がこれを悪用しないという信頼があって、はじめて実現できる。

この点に関し、面談した人々の多くが、「データの集積や利用に関し、われわれは政府を信頼しています」「政府がデータを悪用するようなことはありません」といった発言を行っていたことは印象的であった。

日本ではマイナンバーカード、健康保険証、運転免許証、学生証など多数のIDが並立しているが、これらの統合を進め、効率的なデータの活用を実現していくうえでは、政府への信頼や透明性、政府との距離の近さが重要な要素となるように思われた。

また、北欧諸国は、付加価値税が20％ないしそれを超えており、比較的税率が高いが、イノベーションを原動力として比較的高めの成長を実現できている。この背景として、面談した人々からは、「重税国家ではあるが、老後や、失業などにより働けなくなった場合には政府が面倒をみてくれるとの『信頼』があり、このため、収入が増えた分は心おきなく支出に充てられる」との指摘も多く聞かれた。

この点、日本では、「将来不安が家計支出を慎重化させる方向に働きやすい」との指摘が聞かれ続けている。民間支出に支えられた経済成長を実現していくうえでも、将来不安の払拭が重要との認識をあらためてもった。

ESG・SDGsが企業・金融機関行動にビルトイン

北欧では面談者の多くが、環境関連投資やESG投資に注力していることや、金融ビジネスを行ううえでも、融資先・投資先の環境やESGへの取組みを重要なポイントとして精査していることを述べた。これらの取組みは、地球環境の持続可能性確保のために必要不可欠という強い意識に加え、中長期的には良好な投資パフォーマンスにも資すると考えられていた。また当局者によれば、「環境配慮」が投資判断や企業評価上重要なファクターとなるなか、最近では、環境フレンドリーであることを見せかける"green wash"と呼ばれる行為が大きな問題となっているとのことであった。

日本の企業や金融機関も、世界、とりわけ欧州におけるESGへの意識の高まりや、海外では環境への配慮が投資戦略上も当然組み込まれていることを

十分認識したうえで、ビジネス戦略を考えていく必要がある。このことは、国際的なレピュテーション確保に加え、円滑な資金調達を行い、ステークホルダーの支持を得ていくうえでも、ますます重要となっている。

北欧でも強まる中国の経済的影響力

今回の訪問では、スウェーデンからフィンランド、フィンランドからエストニアへの移動にはいずれも巨大フェリーを利用したが、いずれのフェリーも中国人観光客で溢れていた。また、各国首都の中心部でも、中国人観光客の姿が目立った。

北欧諸国では、歴史的経緯などからロシアへの警戒感が強いなか、その牽制という趣旨からも中国との関係を大事にしておきたいとの意向は強い。一方で中国も、ユーラシア大陸横断的な経済関係の強化を目指す「一帯一路」政策のもと、北欧との関係強化に努めている、このなかで、中国の経済的プレゼンスは、投資家としてのみならず、購買力としてもますます大きくなっているとの印象を受けた。

このような状況下、たとえばフィンランドのe-Passiは、中国のAlipayとWeChat Payをフィンランドの店頭で使えるようにするビジネスを始めており、その利用を大きく伸ばしている。フィンランドの航空会社Finnairも、2017年より機内販売でAlipayを利用できるようにし、売上げの増加に結びついている。さらに、北欧のスタートアップ企業は、Alibaba Cloudなど、中国企業の提供するクラウドやSaaS（Software as a Service）への関心を高めている。日本としても、北欧で中国の経済的プレゼンスが着実に高まっていることを認識しておく必要があるだろう。

金融サービスのデジタル化が促す規制の弾力的再構築

北欧でも、伝統的な金融機関と顧客の間に入ってサービスの付加価値を高めたり、自らが得意とする分野に絞った金融を提供する新しい金融サービス企業が、次々と登場している。こうした企業は、必ずしも銀行免許を保有し

ているわけではないし、そもそも保有を目指さない企業も多い。

　たとえばMoneseは、銀行免許をあえてもたず、移民や出稼ぎ労働者など
をターゲットとして、銀行類似の金融サービスを提供している。また、
BankishやVeriffなども、自らの得意分野に絞ったサービスを提供している。
このように、さまざまな主体が類似のサービスを提供するようになっている
なか、「銀行」と「ノンバンク」といった主体別の線引きは、一段と困難に
なってきている。

　デジタル技術の発達のもとで、金融サービスの提供形態が多様化するな
か、個々の金融サービスの性格やリスクをふまえたうえで、それぞれに適切
な規制を賦課できる枠組みを弾力的に構築していく必要性は高まっていると
感じた。

　また、Nordea銀行は2018年10月より、本店をストックホルムからヘルシ
ンキに移している。その理由の1つは、ユーロ圏に本店を置くことで、ライ
バル行との競争上不利にならないようにしたいということであった。このよ
うに、経済のデジタル化のもと、国境を越えて規制監督を選択することがよ
り容易になっているなか、当局側も、規制監督体系の不断の見直しと、規制
の国際的調和の取組みが求められるだろう。

政策から新サービスまでAML/CFT、KYCの影響広がる

　世界的なAML/CFT（マネー・ロンダリング／テロ資金供与対策）やKYC
（Know Your Customer、顧客確認）に関する関心の高まりも、国の政策や企
業・金融機関の戦略など、さまざまな領域に影響を及ぼしている。

　今回の北欧訪問中には、史上最大規模のマネロン事件の舞台となった
Danske銀行の元エストニア支店長が自殺するという痛ましい事件も起こっ
た。従来エストニア政府は、電子居住権を取得した海外の個人や企業は、エ
ストニアの銀行に預金口座ももてることを強調していた。しかしながら、
Danske銀行を舞台とするマネロン事件などを受け、現在は、「電子居住権を
取得しても、エストニアへの継続的なコミットメントがない限り銀行口座は

与えない」との、慎重な言い方に変わってきている。エストニア政府は、電子居住権政策がマネロンを助長しているといった見方が生じないよう、情報発信にはかなり慎重になっている。このように、AML/CFTをめぐる世界的な監視強化は、国の政策にも影響を及ぼしている。

　また、新たな企業や新規参入が、AML/CFTやKYCに関する世界的な監視強化のなかから起こるケースもみられている。たとえば、移民や出稼ぎ労働者にとっての、口座や送金といった金融サービスへのアクセスのむずかしさは、AML/CFT・KYC規制に由来する部分もある。このなかで、エストニアのMoneseは、「既存の銀行の移民や出稼ぎ労働者に関するAML/CFTやKYCのコンプライアンス負担を肩代わりしている」とみることもできる。また、生体認証などの認証技術に特化し、世界中にサービスを提供するVeriffのような企業の登場も、世界的なKYCのコンプライアンス負担の増加を背景としている。

　また、そもそもAML/CFTに関する監視強化は、「匿名性」を特徴とする現金の、とりわけ高額決済への利用を抑制し、キャッシュレスを進める一因にもなっている。

　AML/CFTは、支払決済に付随するさまざまなデータを効率的に処理できるようになったことに伴い登場した、比較的新しい規制領域である。実際、IT企業が人々の購買履歴などのデータや周辺情報から、消費者としての特性を把握する活動と、人々の送金履歴などのデータや周辺情報から、送金の特性を把握しようとするAML/CFTのスコアリングはよく似ている。「金融面から犯罪の抑止を図る」というニーズが存在し、また、技術革新がそれをある程度可能にする以上、今後とも、AML/CFTやKYCのコンプライアンス負担が減少することは考えにくい。このなかで、これらの規制が各国の経済のオープン化政策や金融サービスの態様などにいかなる影響を及ぼすのか、注視していく必要がある。

　また、AML/CFTやKYCのコンプライアンス負担をめぐり、業態間で競争上の不公平が生じないかどうかも、規制のあり方を考えるうえで重要なポ

イントとなっている。

リブラ計画、中銀デジタル通貨構想がインフラ競争を刺激

　今回の訪問では、安価な国際送金の実現などを企図して、2019年6月に構想が公表された「リブラ」についても、いくつかの面談者から見解を聴取した。しかしながら、リブラそのものに対する反応は、総じて冷淡であった。

　この背景としては、まず、今回訪問した北欧諸国では、自国通貨（ユーロ、クローナ）の信認が確保されているし、人々も金融サービスへのアクセスに特に問題を抱えていないため、あえてリブラを必要としていないことがあげられる。

　また、北欧には、ブロックチェーンや分散台帳などの技術を用いず、実質的なネッティングを使って安価な国際送金の実現を図るスタートアップ企業（TransferWise, Moneseなど）も多い。これらの企業からすれば、リブラは潜在的には競争者となりうる。

　加えて、リブラ計画の実質的な運営母体であるFacebookのデータの取扱いに対し、懐疑的な見方を表明する向きもみられた。

　このような北欧での面談からも、リブラが計画通りのかたちで早期に実現する可能性は低いと感じられた。その一方で、リブラの最大の影響は、他の諸国に北欧諸国並みの危機感をもたせることにあったのではないかとも思われた。

　すなわち、リブラの登場前から北欧には、安価な国際送金の実現を図るスタートアップ企業が次々と登場していた。また、スウェーデンは中央銀行デジタル通貨（CBDC）の検討において先陣を切っているが、その根底には、自国通貨の使い勝手を高めないと他通貨のなかに埋没してしまうという危機感がある。

　リブラ構想自体は、G20などの強い警戒感に直面し、計画の先延ばしを余儀なくされている。同時に、FacebookのザッカーバーグCEOは米国議会での証言において、「送金分野で米国が主導的な役割を果たさなければ、他国が

主導権を握るだろう」と警鐘を発している。

　リブラ計画の公表後、中央銀行デジタル通貨の検討について、より前向きな発言が各国から増加している。本年1月には、主要な6つの中央銀行と国際決済銀行（BIS）が、中央銀行デジタル通貨の活用可能性を評価するためのグループを設立しており、これにはリクスバンクも参加している。また各国で、安価な国際送金を手掛けるスタートアップ企業も新たに登場してきている。

　これらの動きは、リブラを一つの契機として、各国のインフラ競争に対する危機感が、スウェーデンに代表される北欧の意識に近づきつつあることを示しているともいえる。日本も、リブラを1つの刺激として、自国のインフラ改善に努めていくべきであろう。

Box 4－1　北欧にとってリブラは「すでにみたことのある黒船」

　2019年6月に構想が公表された「リブラ」は、Facebookが主導する新たな決済手段である。リブラは、基盤技術としてブロックチェーン・分散台帳技術（"Move"）を用いるところは他の暗号資産（ビットコインなど）と共通しているが、信認の高い通貨建ての安全資産（国債、預金など）を100%裏付けとすることで価値の安定を図る「ステーブルコイン」としていることが特徴である。

　リブラ計画の動機として、Facebookおよびリブラの発行主体となる予定の「リブラ協会」は、情報技術革新の恩恵が国際送金などに十分に及んでおらず、相対的に貧しい人々がコスト高の送金手段の利用を余儀なくされている状況を解消したいとの問題意識を述べている。

　ビットコインに代表されるこれまでの暗号資産がもっぱら投機の対象となり、決済手段として使われなかった主な理由は、価値の変動が激しすぎることと、決済手段として必要な規模を確保できなかったことがあげられる。この点、リブラは、安全資産を裏付けとすることで価値を安定させようとしていることに加え、全世界で20億人を超えるFacebookユーザーの存在により、決済手段たりうる「規模」も備えられる可能性がある。このようにリブラは、ビットコイン登場から10年経って初めて現れた「本当に使われかねない暗号資産」として、世界中の注目を集めた。

G20をはじめとする当局は、リブラのような、広く使われる可能性のあるステーブルコインを「グローバル・ステーブルコイン」と呼称したうえで、マネロン規制や決済関連データの利用制約等に関する高いハードルのクリアを要求するスタンスをとっている。これを受けてFacebook側も、予定されていた2020年前半の発行にはこだわらず、まずはハードルのクリアに努めていくと述べている。

このようなリブラは、北欧諸国ではなかなか受け入れられにくいだろう。リブラを必要とする人々としてまず考えられるのは、相対的に貧しく銀行口座へのアクセスが困難であったり、信認が低下した自国通貨の利用を余儀なくされる人々である。この点、北欧諸国の通貨（ユーロおよびクローナ）は高い信認を維持しているし、人々の所得水準も高く、銀行サービスへのアクセスに問題を抱える人は少ない。また、北欧の当局にとっても、人々がリブラをもてば、間接的に自国通貨からリブラの裏付け資産となる他国通貨への資金流出が起こりうる。したがって、当局もリブラを歓迎しない。

また、スウェーデンは中央銀行デジタル通貨（CBDC）の研究において先陣を切っているが、その動機は、人々に安全な決済手段を提供すること、および、自国通貨の埋没や、主要な決済インフラが海外勢に占拠されることへの警戒感であった。スウェーデンが銀行相乗りのかたちでモバイル決済インフラ"Swish"を構築した動機の1つも、海外系の決済インフラへの対抗であった。加えて、北欧ではリブラの登場以前から、安価な国際送金の実現を目指すスタートアップ企業が登場していた。

リブラは世界の金融界にとっての「黒船」となったわけだが、北欧諸国はリブラ登場よりも前に、すでにリブラ類似の黒船の存在を強く意識し、対応を進めていたといえるだろう。

新型コロナウイルスが加速するデジタル化・リモート対応

2020年の新型コロナウイルスの大流行は、各国において、「対面」に依存するビジネスや、人が特定の拠点に集まる勤務形態を見直し、経済のデジタル化・リモート化を進めていくことの重要性を、あらためて認識させるものであった。

　新型コロナウイルスが欧州で猛威をふるうなか、北欧諸国も新型コロナウイルスと徹底的に戦うとの姿勢を示している。同時に北欧諸国は、これまで経済社会のデジタル化を推し進めてきたことは、今回の新型コロナウイルスの影響を抑えるうえでも有益だと述べている。

　まず、北欧諸国は、新型コロナウイルス関連データの徹底した開示に努めている。たとえば、エストニア政府のサイトは、日々の検査数と陽性・陰性の数値や年齢別・性別構成が一覧できるなど、非常にわかりやすい（■4－1）。

■4－1　日次検査数とその結果〈陽性・陰性〉

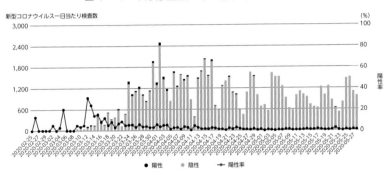

（検査結果と年齢別・性別の分布）

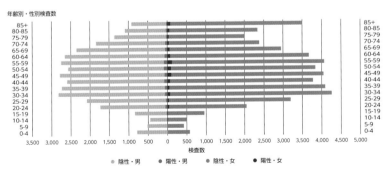

（出所）　エストニア政府ウェブサイト（2020年5月29日時点）

また、エストニアにおいて99％の行政手続がオンラインで可能であり、選挙でもオンライン投票ができることは、新型コロナウイルスの人々の生活への影響をなるべく小さくし、自宅勤務をサポートすること、および、人々の物理的接触を最小限にとどめ、感染拡大のスピードを抑えることの両面で有益であると、エストニア当局は述べている。

　さらに、エストニアはすでに2015年に、学校の教材を2020年までにすべてデジタル化する方針を決定し、取組みを進めてきた。このため、学校の建物が感染対策のため３月16日から閉鎖されているなかでも、生徒たちはほぼ問題なく学業に取り組むことができている。生徒が物理的に通学できないことによって、学習が遅れることはないとの説明である。

　加えて、エストニアのe-Health政策のもとでの遠隔診療と電子処方箋（e-Prescription）の仕組みも、病院での人間同士の物理的接触を避けながら必要な薬の処方を受けられるという意味で、感染拡大の防止に寄与している。

　金融面でも、北欧の銀行はすでに、顧客のオンラインへの誘導を進めていたため、新型コロナウイルスによる顧客や業務への直接の影響はさほど大きくなかったとみられる。

　日本においても、経済のデジタル化を通じたリモート対応は、直接の感染拡大防止という意義に加え、コロナ後の経済の速やかな回復を実現するとともに、感染症全般に対する経済社会の耐性を高めていくうえでも、ますます重要になっている。この面での北欧諸国の経験もふまえながら、経済、行政、教育、医療などのデジタル化およびリモート対応を着実に進めていくべきであろう。

外交の重要性

　北欧の国々はいずれも、近隣国との間に複雑な歴史を抱えている。デンマークに支配されていたスウェーデン、そのスウェーデンに支配され、またロシア（ソ連）の強い影響下にもあったフィンランド、さらには、デンマー

ク、スウェーデン、ロシアの支配を受け、最近までソ連に併合されていたエストニアと、それぞれ近隣国とは複雑な支配・被支配の関係にあった歴史があり、隣国に対する対抗意識は潜在的には強い。たとえば、エストニアの三色旗の「黒」は、過去の被支配時代の暗い記憶を象徴しているとの説もある。また、フィンランドが、国技ともいえるアイスホッケーで、勝っていちばん嬉しい相手はスウェーデンであるとのことであった。

　しかし同時に、このような複雑な歴史的経緯ゆえに、各国の国内には、隣国をルーツとする人々が多数居住している。このため、各国の当局者や経済界の人々、さらには一般の人々も、「周囲の国々と協力できる関係を築かないと、国として生き残っていけないし経済発展もむずかしい」と考えており、それを実現するのが外交ととらえられている。

　たとえばフィンランドでは、とりわけ西部地域にスウェーデンを出身地としスウェーデン語を話す人々が数多く居住していることなどをふまえ、フィンランド語に加え、かつての支配国の言語であるスウェーデン語が公用語とされている。ヘルシンキにある中央銀行（フィンランド銀行）の正門には、フィンランド語（Suomen Pankki）とスウェーデン語の表記（Finlands Bank）が並べて掲示されている。

　また、エストニアの首都タリンでは、ロシア出身の、ロシア語を話しロシア正教を信じる人々が多数居住している。街の中心部にある国会議事堂は、ロシア正教の教会と向き合って立地し、教会には信心深いロシア系の人々が数多く参拝していた。

　このように、歴史上さまざまな経緯のあった隣国とも、何とかうまく付き合っていかなければ国を発展させられないとの意識が、北欧諸国が小国ながら、それぞれに発展を遂げていることの、重要な背景となっているように思われた。

日本への教訓

　1990年代、大きな金融危機を経験し、これを受けて経済が失速するという

323

類似の経験をしたにもかかわらず、北欧と日本では、金融産業に携わる人の心象風景がかなり異なるように感じられた。

すなわち、日本では、金融業、とりわけ銀行業は、リストラ過程にある衰退産業としてのイメージがつくりだされている印象を受ける。これに対し、今回訪問した北欧の金融業の面談者が、「ITが金融のイノベーションを進め、金融の構図が大きく変化しつつあるなか、銀行員でいられることは超楽しい（Super Fun！）」と語っていたことは、強く印象に残った。

金融業は本質的に、デジタル情報技術を取り込んでイノベーションを進める原動力となりうる産業であることを、北欧の金融業の人々は確信している。このことが、彼らの新しい技術の応用や新ビジネスにチャレンジする姿勢にも結びついていた。

日本においても、まずは、「金融業はイノベーション産業」という認識を共有することで、金融ビジネスに関する前向きのイメージを構築していくことが、チャレンジを促す土壌の情勢や人材の確保にもつながっていくのではないか。

また、Moneseのようなビジネスは、「移民や出稼ぎ労働者への金融サービスの提供」にビジネスチャンスを見出し、挑戦し、収益化することで結実したビジネスといえる。同様のビジネスチャンスは、日本を含め、外国人労働者が一定数いる国々であれば広く存在しているはずである。このなかで、北欧企業がそうしたビジネスチャンスを捕まえることができた理由は、「転がっているビジネスチャンスを見つけ出す視点」と「挑戦する勇気」であったように思われる。このような「視点」と「勇気」は、心掛け次第で、日本を含め、どの国の金融機関で持ち得るものであろう。

この間、キャッシュレス化と並行して進んでいる、キャッシュレス決済やモバイル決済分野への新規参入について、中国ではe-CommerceやSNSなどの活用も含む「ビッグデータの活用」に焦点が当てられがちだが、北欧のキャッシュレス決済やモバイル決済では、「データの幅広い活用」に収益源としての期待をする発言は、意外と聞かれなかった。その理由としては、中

国と北欧では、個人のプライバシーに関する意識がかなり異なることなどが
あげられよう。

　逆にいえば、このことは、日本を含めいかなる国でも、また、必ずしも
データの幅広いビジネスでの活用を前提としなくても、キャッシュレス決済
やモバイル決済の推進が可能であることを示している。たとえば、スウェー
デンのSwishでは、現金取扱いコストの削減という動機と銀行間の幅広い協
力が、モバイル決済の拡大を支えている。

　北欧諸国では、「キャッシュレスは“cool”（カッコいい）」という見方が定
着しつつある。キャッシュレスはデジタル時代の新産業やライフスタイルに
も支えられて浸透しつつある。また、フィンランドが先陣を切っている
MaaS（Mobility as a Service）など、さまざまな新しい経済活動を発展させ
ていくうえで、決済がデジタル化されていることが前提となるケースも増え
ている。このように、キャッシュレス化への対応は、金融だけでなく、広範
なデジタル経済発展の基盤を築くうえで重要と考えられる。日本としても、
金融にとどまらない幅広い視点からキャッシュレス化に取り組んでいく必要
があろう。

　また、北欧では、キャッシュレス決済や金融取引のデジタル化を進めるう
えで、高齢者をデジタル媒体に親しませるなどの地道な努力が積み重ねられ
ていた。このような取組みは、経済のデジタル化やキャッシュレス化に対す
る幅広い社会の支持を得るうえで重要となる。

　デジタルベースと紙ベースの両方の事務を並行させれば、コストが増加
し、デジタル化の果実が得られにくくなる。このような事態を防ぐために
も、高齢者を含め、幅広い人々をスムーズにデジタル媒体に移行させる取組
みが必要となる。日本においても、デジタル化を通じた経済の効率化を進め
ていくうえでは、「デジタルディバイドを防ぐ」「誰も取り残さない」という
姿勢と取組みを、金融機関や企業も含む広範な関係者が行動で示していくこ
とが求められる。

　加えて、スウェーデンだけでなく、ウラル語圏であるフィンランドやエス

トニアでも、説明者は皆、英語が流暢であった。今回の訪問では、「印欧語族でない日本人には英語習得はむずかしい」という言い訳が国際的には通じないことを、あらためて認識させられた。

英語は、好む好まざるとにかかわらず、とりわけ金融やITでは分野では、世界の基本的なコミュニケーション・ツールとなっていることは否定し難い。日本でもITや金融分野での国際競争力を維持し、向上させたいと真に望むのであれば、英語力の水準を高めていくことが強く求められる。

また、今回の北欧訪問では、いくつかの企業から、「日本企業は皆、北欧を含め海外の企業のことを深く勉強しているようだが、実際に自らのアクションに結びつけるのが遅いように感じる」といった感想も聞かれた。実際、いくつかの北欧のスタートアップ企業は、1日、1分が貴重との考え方のもと、思い立ったら、たとえ小さな事柄でも（たとえば、「オフィスでは皆靴を脱ぐ」といった思いつきであっても）、直ちに具体的行動に移すことが重視され、奨励されていた。

この点、日本の企業や金融機関、行政機関でも、デジタルイノベーション推進のため、直ちに着手できる小さな事柄も多いように思われた。このような取組みは、新型コロナウイルスの感染拡大への対応としても一段と重要性を増している。たとえば、法律上要求されていない「ハンコ」や「紙の提出」を不要とする、会議資料の紙での配布を取りやめる、出勤・退勤管理や会議室予約、経理事務、お茶出しなどの事務を電子化し「過剰品質」を見直す、フリーのスマホ用アプリを積極的に業務に活用する、所属や連絡先はウェブで閲覧できるようにしておく（今回の面談者の多くが個人のメールアドレス、所属をLinkedInに登録・公開していた）、といったことが考えられる。

さらに、やや長い時間軸では、リモートワークを制度化し、社員に満員電車での通勤を極力させない、プログラムは発展性が高い汎用言語で書く、優秀な若手人材に十分な責任と権限を与えられるよう人事制度を見直すといったことも、比較的早期に取り組むことが可能な領域であろう。

もちろん、これらの取組みが「百発百中」で成功するとは限らない。加え

て、現存する制度や仕組みは何らかの理由があって存在しているわけであり、それを突き動かすのは容易でないことも多いだろう。しかし、現状をより良い方向に変革していくには、「新しいアイデアを出す風土を尊重する（新しい発想をdevil's advocateで潰さない）」「トライ＆エラーでの挑戦を後押しする」といった土壌を形成していくことが、日本の金融や産業のイノベーションのためにも必要と感じた。そのためには、幅広い関係者の意識改革が強く求められるだろう。

あとがき
―― 「北欧フィンテック・キャッシュレス視察団」に参加して

（五十音順、所属は 2020 年 6 月 1 日現在）

神田　一成（山口銀行 取締役頭取）
北欧訪問では、人口小国、移動の不便さ、外交のむずかしさがあるなかで、自国を
発展させていくために、いかにしてテクノロジーを開発、導入し、効率的な社会を
創造していくかということを皆が考えていた。コロナ禍のなか、日本でいま、まさ
に問われていることである。

北谷　展清（三井住友銀行 決済企画部副部長）
北欧視察では現金を使えない環境をここまでつくりあげているのかと印象深かっ
た。キャッシュレス化を利用者と加盟店双方に推進する立場として、インターオペ
ラビリティーの確保、有事の際の対応策の整備など、簡単・便利に加え、「安心」
に利用できる環境を整えていくことが、日本人の国民性をふまえた推進のポイント
になると強く感じている。

近藤　章（有限会社妙音 会長）
金融財政事情研究会主催の視察団への参加は、1976 年のアジア太平洋金融調査団
（吉田太郎一団長）、1982 年のオフショア・バンキング調査団（細見卓団長）に続
いて 3 回目だった。吉田さんはアジア開銀の総裁に選任され、東京オフショア市
場についての細見試案は、東京 IBF 市場の開設に結実した。中曽団長の「東京国
際金融市場」構想の成功の鍵の 1 つは、日本のデジタル化の致命的な遅れを共通
の認識としてもち、これを克服する施策を示すことにある。本書がその一助になっ
てほしい。

立花　潤（播州信用金庫 理事）
金融機能はアンバンドリングされつつあるが、日本における行政・金融市場機能
は北欧に比べ遅滞している。市場の金融サービス拡充には金融機関の IT イノベー
ションが必須であるが、今般のコロナ禍でさらなる未成熟さが露呈。いまがまさに
ターニングポイントである。

村島　正浩（ゆうちょ銀行 専務執行役）
キャシュレス・フィンテック先進国の視察を通じて、このような技術がすでに日常
生活のなかで、普通の様式として定着し、その恩恵をすべての人が享受していると
いうことに感銘を受けた。アフターコロナのなか、わが国でも新様式としての定着
が急がれる。

デジタル化する世界と金融
──北欧のIT政策とポストコロナの日本への教訓

2020年9月10日　第1刷発行
2020年10月2日　第3刷発行

監修者　中　曽　　　宏
著　者　山　岡　浩　巳
　　　　加　藤　　　出
　　　　長　内　　　智
発行者　加　藤　一　浩

〒160-8520　東京都新宿区南元町19
発　行　所　一般社団法人 金融財政事情研究会
企画・制作・販売　株式会社きんざい
出　版　部　TEL 03(3355)2251　FAX 03(3357)7416
販売受付　TEL 03(3358)2891　FAX 03(3358)0037
URL https://www.kinzai.jp/

DTP・校正：株式会社アイシーエム／印刷：株式会社日本制作センター

・本書の内容の一部あるいは全部を無断で複写・複製・転訳載すること、および
磁気または光記録媒体、コンピュータネットワーク上等へ入力することは、法
律で認められた場合を除き、著作者および出版社の権利の侵害となります。
・落丁・乱丁本はお取替えいたします。定価はカバーに表示してあります。

ISBN978-4-322-13558-9